친절한영어 제석강

기본을
완성하는
독해

친절한영어를 만나면 누구나 합격할 수 있습니다

..... 제석강 편저 .....

출제경향 반영
최신개정판
9급·소방 공무원 영어
시험 완벽 대비

모두공·모두소 친절한영어 제석강
동영상강의·무료강의·해설강의·다양한 학습 www.modoogong.com | www.modoofire.com

머리말

독해 공부를 올바르게 하면 경쟁에서 앞설 수 있습니다.

수험 영어에서 독해는 일반적으로 10문항이 출제되며 대개 변별력이 있는 문제가 3문항 이상 출제됩니다. 따라서 독해 실력을 제대로 기르지 않고서는 영어 고득점을 달성할 수 없다는 것은 주지의 사실입니다. 그럼에도 독해 공부를 어떻게 해야 하는지 잘 모르고 '감'으로 문제를 풀거나 또는 독해 공부는 다른 특별한 방법이 없으니까 그냥 많은 문제를 풀 수밖에 없다고 생각하는 수험생들이 있는 것 같습니다.

수험생들이 독해 공부를 어떻게 해 나가야 하는지에 대해 그 방법을 명확하게 설명하고 독해 실력을 올리기 위한 가장 좋은 방법이 무엇인지 제시하기 위해 「기본을 완성하는 독해」를 출간하게 되었습니다.

첫째, 독해란 글쓴이의 중심생각, 글의 구조 그리고 세부적인 정보를 파악하는 것입니다. 이것을 바탕으로 독해 지문을 능동적으로 읽어나가야 합니다. 글쓴이가 자신의 중심생각을 어떠한 논리구조로 전개해 나가고 있는지를 파악하면서 글을 읽으면 글쓴이의 의견이 더욱 분명하게 드러나고 독해가 흥미로워 집니다.

둘째, 수험영어에서 독해 문제는 제한된 시간 내에서 정확하게 답을 찾아야 합니다. 문제 유형별로 출제자가 출제하는 방식이 있으므로 풀이 방식도 당연이 있습니다. 출제자의 시각과 의도를 분석해 보면 문제 유형별로 정확하게 정답에 접근하는 방법이 있습니다. 이를 집중적으로 연습하여 자기 것으로 만드는 과정이 필요합니다.

「기본을 완성하는 독해」는 기출 문제를 정확하고 엄밀하게 분석하고, 체계적으로 독해 공부를 할 수 있도록 8개의 Chapter로 나누어 구성하였습니다. 이 책은 독해가 무엇인지 그리고 문제 유형별로 어떻게 접근하고 풀어야 하는지 가장 명확하게 제시했다고 자신합니다. 이 책을 통해 독해에 대한 올바른 이해를 가지게 되고 수험생의 독해 실력이 향상될 것을 확신합니다.

2021년 10월 제석강

: 영문 독해 공부방법

기초가 많이 부족한 수험생들에게

처음 독해를 공부할 때에는 독해 문제 유형별로 어떻게 문제를 접근하는지 그 방식을 익힌다는 생각으로 가볍게 공부하면 좋습니다. 그리고 단어 실력이 많이 부족할 때에는 독해 지문 왼편에 있는 단어 공부를 먼저 하고 독해 지문을 읽으면 됩니다. 낯설게 보이던 지문이 조금은 보이게 될 겁니다. 그리고 오른쪽에 있는 지문분석을 자신의 노트에 옮겨 적으면서 공부하는 것도 좋다고 생각합니다.

영어 독해에 대한 자신감이 부족한 수험생들에게

교재에서 제시한 문제 유형별 풀이 방식을 명확하게 자신의 것으로 만들어야 합니다. 독해 문제 유형별 풀이 방식을 스스로 자신의 노트에 적어보는 것도 좋습니다. 그리고 문제를 풀고 난 후에는 다시 한 번 글의 주제, 글의 구조, 정답의 근거를 확인하는 것이 필요합니다. 마지막으로 교재 오른편에 있는 지문분석의 끊어 읽기를 바탕으로 교재 왼편에 있는 지문을 스스로 끊어 읽기를 해 보기를 추천합니다. 익숙하지 않았던 문장 구조나 단어는 자신의 노트에 옮겨 적어보는 것도 좋습니다.

영어 고득점을 목표로 하는 수험생들에게

글쓴이가 자신의 중심생각인 주제를 어떠한 글의 구조를 선택해서 전개하고 있는지 그리고 어떠한 어구를 활용해서 설명하고 있는지를 확인합니다. 그리고 지문 전체를 소리 내어 반복적으로 읽으면서 독해 지문 내에 있는 여러 표현을 자신의 것으로 만들면 좋습니다. 마지막으로 정답 뿐 아니라 오답을 어떻게 구성하고 있는지 확인하는 것도 출제자의 시각을 파악하는데 도움이 됩니다.

목차

Chapter 01　독해 접근법　008

Chapter 02　제목, 주제, 요지　020

Chapter 03　연결어 넣기　060

Chapter 04　내용 일치와 불일치　092

Chapter 05　흐름상 어색한 문장　134

Chapter 06　빈칸 완성　162

Chapter 07　순서 배열　206

Chapter 08　문장 삽입　238

독해 접근법

친절한영어 기본을 완성하는 독해

Chapter 01　독해 접근법

Chapter 02　제목, 주제, 요지

Chapter 03　연결어 넣기

Chapter 04　내용 일치와 불일치

Chapter 05　흐름상 어색한 문장

Chapter 06　빈칸 완성

Chapter 07　순서 배열

Chapter 08　문장 삽입

www.modoogong.com | www.modoofire.com

친절한영어 기본을 완성하는 독해

CHAPTER 01 독해 접근법

- UNIT 1 주제문 파악
- UNIT 2 글의 구조와 흐름
- UNIT 3 세부 사항 파악

UNIT 1 | 주제문 파악

❶ 독해란?

수험 영어에서 독해란 주제, 글의 구조, 세부적 사항을 묻고 답하는 것입니다. 독해 지문에는 항상 글쓴이가 말하고 싶은 글의 소재 및 글의 주제가 있습니다. 그리고 주제를 담고 있는 문장이 주제문입니다. 독해 지문은 이 주제문을 중심으로 다른 문장이 유기적으로 연결되어 있습니다. 수험 영어에서 독해란 주제문은 특히 주의 깊게 읽고, 부연 설명하는 다른 문장들은 빠르게 훑어 내려가면서 내용을 덧붙여 나가는 것입니다.

❷ 글의 소재와 주제문

(1) 소재 파악

글을 읽을 때에는 먼저 글의 소재가 무엇인지 염두에 두고 읽어 내려가는게 좋습니다. 글의 소재는 선택지 ①~④와 지문의 첫 문장에 있습니다. 그리고 나서 이제 글의 소재를 중심으로 주제문을 찾아나가야 합니다.

(2) 주제문 파악

주제문은 주로 다음과 같은 표현과 함께 쓰이는 경우가 많습니다.
주제문을 찾아가는 과정을 자신의 것으로 만들어 나가야 합니다.

① 연구결과

　지문 내에 연구결과가 나오면 이 글을 쓴 이유인 주제문이 됩니다.

　· The researchers have found that ~
　　연구자들은 ~를 발견했다

② 예시

지문에서 예시를 나타내는 연결어인 for example(예컨대), for instance(예컨대) 앞에 일반적 명제를 포함하는 문장이 나오면 주제문입니다.

③ 대조

대조를 나타내는 연결어인 but(하지만), however(하지만) 다음에 일반적 명제를 포함하는 문장이 나오면 주제문이 됩니다.

④ 재 진술

지문에서 앞 문장을 다시 진술하는 연결어 in other words(다시 말해서), that is(다시 말해서) 등이 나오면 바로 앞 문장과 재 진술 문장을 종합해서 주제를 파악할 수 있게 됩니다.

⑤ 결론

지문에서 인과를 나타내는 연결어 therefore(그러므로), thus(따라서) 다음에 일반적 명제를 포함하는 문장이 나오면 주제문이 됩니다.

지문에서 결론을 나타내는 in short(요컨대), in a nutshell(간단히 말하면) 다음에 일반적 명제를 포함하는 문장이 나오면 주제문이 됩니다.

⑥ 시간의 흐름

주제문이 드러나지 않는 경우, 시간의 흐름에 따른 변화의 내용을 파악하면 글의 중심내용인 주제를 추론할 수 있게 됩니다.

⑦ 명령문과 의문문

명령문이 나오거나, 의문문에 대한 답변이 나오면 글쓴이의 중심 생각을 담고 있는 주제문이 될 가능성이 큽니다.

⑧ 전문가 및 권위자의 의견 인용

글쓴이가 전문가 및 권위자의 의견을 인용하여 자신의 주장을 뒷받침하려는 경우 그 인용문은 주제문이 됩니다.

⑨ 의견을 강하게 나타내는 동사 또는 형용사

suggest(제안하다), believe(믿는다), request(요구하다), important(중요한), necessary(필수적인) 등을 포함하는 문장이 글쓴이 또는 권위자의 의견을 표현하는 경우 주제문이 됩니다.

- **Experts suggest that ~**
  전문가들은 ~를 제안한다

⑩ 강조 구문

it ~ that - 강조 구문 (-인 것은 바로 ~이다), not A but B(A가 아니라 B), 최상급 표현 등이 나오면 주제문일 가능성이 큽니다.

/ MEMO /

UNIT 2 | 글의 구조와 흐름

❶ 글의 구조

글의 구조란 지문 내에 있는 문장들의 연결 방식을 말합니다.

다시 말하면 주제문을 중심으로 여러 문장들이 유기적으로 맺고 있는 논리적 관계를 말합니다. 글의 구조와 흐름을 이해함으로써 독해 지문에 포함되어 있는 글쓴이의 중심 생각과 세부적인 정보를 정확하고 빠르게 파악할 수 있으므로 독해에서 상당히 중요한 부분입니다.

❷ 글의 구조의 종류

(1) 두 가지

글의 구조는 크게 두 가지로 나누면, 글의 흐름이 바뀌는 것과 바뀌지 않는 것으로 나눌 수 있습니다. 글의 구조를 두 가지로 나누는 것의 장점은 핵심어(key word)를 중심으로 글을 빠르게 읽어 내려갈 수 있다는 점입니다.

예컨대, 글의 전반부에 생산성을 높이기 위한 방법으로 물리적(physical) 환경을 언급하다가, 글의 후반부에 심리적(psychological) 환경을 설명하고 있다면, 글의 흐름이 바뀐 것으로 파악하고 이것을 설명하는 핵심어인 building(건물), work hours(근무시간), morale(사기), stress(스트레스) 등을 중심으로 글쓴이의 생각 및 글의 구조를 빠르게 파악할 수 있게 됩니다.

(2) 네 가지

글의 구조를 네 가지로 분류하면 부연, 유추/대조, 인과, 나열 등으로 나눌 수 있습니다. 네 가지로 분류하는 것의 장점은 보다 정확하게 글 전체의 큰 그림을 그리면서 이해할 수 있다는 점입니다.

① 부연

글의 논리적 구조에서 부연이란 내용을 추가하는 방식, 구체화하는 방식, 또는 예시와 가정을 들어 설명하는 방식을 말합니다. 독해 지문 구조에서 가장 많이 차지하는 글의 흐름이라고 할 수 있으며 글의 전반부에 글쓴이의 중심 생각이 드러나는 경우가 많습니다.

② 유추 또는 대조

비슷한 내용을 설명해서 글쓴이의 중심 생각을 유추할 수 있게 하거나 또는 대조적인 내용을 대비시킴으로써 글쓴이의 중심 생각을 보다 뚜렷하게 드러내는 방식을 말합니다. 시험장에서 이러한 구조가 파악이 되면 글의 주제를 명확하고 빠르게 파악할 수 있는 유형으로 시간을 절약할 수 있는 글의 흐름이라고 할 수 있습니다.

③ 인과

글의 논리적 구조에서 인과란 먼저 원인을 제시하고 이에 대한 결론을 글의 후반부에 나타내거나, 글의 전반부에서 결론을 제시하고 이에 대한 원인을 분석해 나가는 유형으로 나눌 수 있습니다. 독해 지문 구조에서 가장 설득력 있게 다가오는 글의 흐름이라고 할 수 있습니다.

④ 나열

글의 논리적 구조에서 나열이란 사건의 내용을 시간적 순서에 따라 전개하는 방식과 일정한 사실이나 주장을 첫째, 둘째, 셋째 등으로 나열해 나가는 방식을 말합니다. 특히 시간적 순서에 따른 글의 흐름은 독해 문제 유형에서 순서 배열 찾기, 글의 분위기 등을 묻는 문제에서 종종 볼 수 있는 글의 구조라고 할 수 있습니다.

/ MEMO /

UNIT 3 | 세부 사항 파악

❶ 세부 사항 자세히 보기

이제 개개의 문장이 주는 정보를 정확히 파악하는 단계입니다. 실제 개개의 문장에서 드러나는 정보를 통해 글쓴이의 중심 생각과 구체적인 정보를 알 수 있게 됩니다. 세부 사항을 자세히 보기 위해서는 문법 및 구문 학습을 통해 이해한 문장의 구조를 적극 활용하는 것이 좋습니다.

❷ 문장의 구조

(1) 주부와 술부

먼저 문장을 볼 때에는 주어 부분과 술어 부분을 구분하는 것이 좋습니다. 일반적으로 동사 앞까지가 주어 부분이 됩니다. 물론 주어 부분이 아주 짧을 때에는 주어 부분과 술어 부분을 구분하지 않는 것이 좋습니다.

· A study by the USA's Northwestern University / provides biological evidence that people who are bilingual / have a more powerful brain.

주부	A study by the USA's Northwestern University
술부	provides -

접속사	that 다음
주부	people who are bilingual
술부	have -

(2) **주요소와 부수요소**

다음으로 문장에서 뼈대를 이루는 주요소인 주어, 동사, 목적어, 보어와 부수요소인 수식어를 염두에 두면서 필요한 정보를 얻게 됩니다.

· A study (by the USA's Northwestern University) / provides biological evidence / that people (who are bilingual) / have a more powerful brain.
한 연구는 (미국 노스웨스턴 대학의) / 생물학적 증거를 제공한다 / 사람들이 (두 개 언어를 할 줄 아는) / 더 강력한 뇌를 가지고 있다는

❸ 세부 정보 파악 및 이해

문장의 세부사항을 파악한다고 해서 문장에 있는 모든 개개의 단어를 한글로 정확하게 옮기는 것으로 오해하면 안 됩니다. 이 과정에서 우리가 하려는 목표는 글쓴이가 문장을 통해 전하려는 정보를 정확하고 빠르게 파악하는 것입니다.

· A study (by the USA's Northwestern University) / provides biological evidence / that **people** (who are bilingual) / have a more **powerful** brain.
한 연구는 (미국 노스웨스턴 대학의) / 생물학적 증거를 제공한다 / 사람들이 (두 개 언어를 할 줄 아는) / 더 강력한 뇌를 가지고 있다는

2

제목, 주제, 요지

친절한영어 기본을 완성하는 독해

Chapter 01   독해 접근법

Chapter 02   제목, 주제, 요지

Chapter 03   연결어 넣기

Chapter 04   내용 일치와 불일치

Chapter 05   흐름상 어색한 문장

Chapter 06   빈칸 완성

Chapter 07   순서 배열

Chapter 08   문장 삽입

www.modoogong.com | www.modoofire.com

친절한영어 기본을 완성하는 독해

제목, 주제, 요지

CHAPTER 02

- UNIT 1 경쟁자보다 한발 앞서는 독해 TIP
- UNIT 2 문제 풀이

UNIT 1 | 경쟁자보다 한발 앞서는 독해 TIP

❶ 접근 방법

글쓴이가 자신이 말하고 싶은 내용을 어떻게 전개하고 있을까?

글쓴이는 먼저 자신이 말하고 싶은 중심 생각 즉 주제를 정하고 다음으로 이것을 전달하는 글의 구조를 정해서 글을 씁니다. 즉 글의 논리적 구조는 글을 쓰기 전에 글쓴이가 말하고 싶은 내용을 효과적으로 전달하기 위해 글쓴이가 정한 방법입니다. 따라서 이를 염두에 두고 글을 읽으면 글쓴이의 생각을 보다 빠르게 파악할 수 있습니다.

❷ 독해 해법

(1) 선택지 분석

선택지 ①~④는 문제를 푸는 중요한 단서가 됩니다. 먼저 선택지에서 글의 소재를 살펴보아야 합니다. 즉 글의 소재 간의 비교 및 대조, 소재를 다루는 범위, 바라보는 시각의 차이 등을 확인하고 나면 지문을 읽을 때 무엇을 중심으로 지문을 읽어야 하는지 미리 알 수 있습니다.

① 비교 및 대조

- Reflect on Time that Surrounds You Now
  현재 당신을 둘러싸고 있는 시간에 대한 숙고

- Architecture of a Futuristic Life
  미래의 삶에 대한 건축

② 소재를 다루는 범위의 차이
- **Processing and Analysis** of Archaeological Finds
  고고학적 발견물의 처리와 분석

- **Various Laboratory Analysis** of Archaeological Finds
  고고학적 발견물의 다양한 실험실 분석

③ 소재를 바라보는 시각의 차이
- **Camouflage: A Slight Edge**
  위장: 약간의 우위

- **Predators** in Disguise
  변장한 포식자들

(2) 지문 읽기

이제 지문을 읽어 내려갈 차례입니다. 선택지 ①~④와 글의 첫 문장을 읽으면 글쓴이의 소재가 조금 더 분명하게 드러나기 시작합니다. Chapter 1에서 다룬 주제문 및 글의 구조를 생각하면서 글을 읽어 내려가는 것이 중요합니다. 연구 및 실험 결과를 말해주는 문장, for example 앞 문장, however 다음 문장, therefore 다음 문장, 글쓴이가 강조한 문장, 첫 문장 및 마지막 문장 등은 주의 깊게 읽을 필요가 있습니다. 글의 논리적 구조를 알려 주는 연결어가 있다면 이를 확인하면서 읽고, 눈에 띄는 연결사 등이 없다면 글의 구조는 부연 설명이 됩니다. 그리고 정답의 근거를 찾는다는 생각을 가지고 글을 읽어 내려가는 것이 좋습니다.

(3) 정답 결정

글의 소재 및 주제를 글쓴이가 어떠한 논리적 구조로 전개했는지 확인하고 정답을 결정하면 됩니다.

어구

- shrink 줄어들게 하다
- previously 이전에
- conclude 결론을 내리다
- speed up 가속화하다
- metabolism 신진대사
- water-breathing 수중 호흡
- draw 끌어당기다, 들이마시다
- reduce 줄이다
- availability 이용가능성
- argue 주장하다
- gill 아가미
- sustain 유지하다, 지속하다
- Celsius 섭씨
- impact 영향

UNIT 2 | 문제 풀이

01 ★★☆

다음 글의 제목으로 가장 적절한 것은? 2021 국가직 9급

Warming temperatures and loss of oxygen in the sea will shrink hundreds of fish species — from tunas and groupers to salmon, thresher sharks, haddock and cod — even more than previously thought, a new study concludes. Because warmer seas speed up their metabolisms, fish, squid and other water-breathing creatures will need to draw more oxygen from the ocean. At the same time, warming seas are already reducing the availability of oxygen in many parts of the sea. A pair of University of British Columbia scientists argue that since the bodies of fish grow faster than their gills, these animals eventually will reach a point where they can't get enough oxygen to sustain normal growth. "What we found was that the body size of fish decreases by 20 to 30 percent for every 1 degree Celsius increase in water temperature," says author William Cheung.

① Fish Now Grow Faster than Ever
② Oxygen's Impact on Ocean Temperatures
③ Climate Change May Shrink the World's Fish
④ How Sea Creatures Survive with Low Metabolism

- **Warming temperatures and loss of oxygen / in the sea / will shrink hundreds of fish species /** — from tunas and groupers to salmon, thresher sharks, haddock and cod — **/ even more than previously thought, / a new study concludes.**
  따뜻해지는 온도와 산소의 손실이 / 바다의 / 수백의 물고기 종을 줄어들게 할 것이다 / 참치와 그루퍼부터 연어, 진환도 상어, 해덕과 대구까지 / 이전에 생각되었던 것보다 훨씬 더 / 한 새로운 연구는 결론을 내린다

- **Because warmer seas speed up their metabolisms, / fish, squid and other water-breathing creatures / will need to draw more oxygen / from the ocean.**
  더 따뜻한 바다는 그것들의 신진대사를 가속화하기 때문에, / 물고기, 오징어 그리고 다른 수중 호흡 생물들은 / 더 많은 산소를 들이마셔야 할 것이다 / 바다에서

- **At the same time, / warming seas are already reducing the availability of oxygen / in many parts of the sea.**
  동시에 / 따뜻해지는 바다는 이미 산소의 이용가능성을 줄이고 있다 / 바다의 많은 부분에서

- **A pair of University of British Columbia scientists / argue / that since the bodies of fish grow faster / than their gills, / these animals eventually will reach a point / where they can't get enough oxygen / to sustain normal growth.**
  British Columbia 대학의 두 명의 과학자는 / 주장한다 / 물고기의 몸통이 더 빨리 자라기 때문에 / 그것들의 아가미보다 / 이 동물들은 결국 지점에 이를 것이다 / 그것들이 충분한 산소를 얻을 수 없는 / 정상적인 성장을 지속할 만큼

- **"What we found / was that the body size of fish decreases / by 20 to 30 percent / for every 1 degree Celsius increase / in water temperature," / says author William Cheung.**
  우리가 발견한 것은 / 물고기의 몸집이 감소한다는 것이었다 / 20에서 30퍼센트만큼 / 섭씨 1도의 상승마다 / 수온의 / 작가 William Cheung은 말한다.

해석 한 새로운 연구는 바다의 따뜻해지는 온도와 산소의 손실이 — 참치와 그루퍼부터 연어, 진환도 상어, 해덕과 대구까지 — 수백의 물고기 종을 이전에 생각되었던 것보다 훨씬 더 줄어들게 할 것이라고 결론을 내린다. 더 따뜻한 바다는 그것들의 신진대사를 가속화하기 때문에, 물고기, 오징어 그리고 다른 수중 호흡 생물들은 바다에서 더 많은 산소를 들이마셔야 할 것이다. 동시에, 따뜻해지는 바다는 바다의 많은 부분에서 이미 산소의 이용가능성을 줄이고 있다. British Columbia 대학의 두 명의 과학자는, 물고기의 몸통이 아가미보다 더 빨리 자라기 때문에, 동물들은 결국 정상적인 성장을 지속할 만큼 충분한 산소를 얻을 수 없는 지점에 이를 것이라고 주장한다. "우리가 발견한 것은 수온의 섭씨 1도의 상승마다 물고기의 몸집이 20에서 30퍼센트만큼 감소한다는 것이었다."라고 작가 William Cheung은 말한다.

① 지금 물고기는 그 어느 때보다 더 빠르게 자란다.
② 바다의 온도에 미치는 산소의 영향
③ 기후 변화가 세계의 물고기를 줄어들게 할 수 있다.
④ 해양 생물들이 낮은 신진대사로 살아남는 방법

해설 이 글은 첫 문장에서 바다의 따뜻해지는 온도와 산소의 손실이 물고기 종을 줄어들게 할 것이라는 주제문을 쓰고 그 이하에서 이를 부연 설명하고 있으므로 이 글의 제목으로 ③이 적절하다.

정답 ③

02 ★★☆

다음 글의 주제로 가장 알맞은 것은? 2021 법원직 9급

> Language gives individual identity and a sense of belonging. When children proudly learn their language and are able to speak it at home and in their neighborhood, the children will have a high self-esteem. Moreover, children who know the true value of their mother tongue will not feel like they are achievers when they speak a foreign language. With improved self-identity and self-esteem, the classroom performance of a child also improves because such a child goes to school with less worries about linguistic marginalization.
>
> *linguistic marginalization 언어적 소외감

① the importance of mother tongue in child development
② the effect on children's foreign language learning
③ the way to improve children's self-esteem
④ the efficiency of the linguistic analysis

어구
- individual 개인의, 개별의
- identity 정체성
- a sense of belonging 소속감
- neighborhood 이웃
- self-esteem 자존감
- mother tongue 모국어
- achiever 성취한 사람
- performance 성적, 성과
- efficiency 효율성
- linguistic 언어(학)의

지문 분석

· Language gives / individual identity and a sense of belonging.
  언어는 제공한다 / 개별적 정체성과 소속감을

· When children proudly learn their language / and are able to speak it / at home and in their neighborhood, / the children will have a high self-esteem.
  아이들이 자랑스럽게 자신의 언어를 배울 때 / 그리고 그것을 말할 수 있을 때 / 가정과 자신의 이웃에서 / 그 아이들은 높은 자존감을 가질 것이다

· Moreover, / children who know the true value of their mother tongue / will not feel / like they are achievers / when they speak a foreign language.
  게다가 / 모국어의 진정한 가치를 아는 아이들은 / 느끼지 않을 것이다 / 그들이 성취한 사람처럼 / 그들이 외국어를 말할 때

· With improved self-identity and self-esteem, / the classroom performance of a child / also improves / because such a child goes to school / with less worries / about linguistic marginalization.
  향상된 자아 정체성과 자존감을 가지면 / 아이의 학급 성적이 / 또한 향상된다 / 왜냐하면 그러한 아이는 학교에 가게 되기 때문이다 / 더 적은 걱정을 가지고 / 언어적 소외감에 대한

해석 언어는 개별적 정체성과 소속감을 제공한다. 아이들이 자랑스럽게 자신의 언어를 배우고 가정과 자신의 이웃에서 그것을 말할 수 있을 때, 그 아이들은 높은 자존감을 가질 것이다. 게다가, 모국어의 진정한 가치를 아는 아이들은 외국어를 말할 때 성취한 사람처럼 느끼지 않을 것이다. 향상된 자아 정체성과 자존감을 가지면 아이의 학급 성적이 또한 향상되는데, 왜냐하면 그러한 아이는 언어적 소외감에 대한 더 적은 걱정을 가지고 학교에 가게 되기 때문이다.

① 아동 발달에서의 모국어의 중요성
② 아이들의 외국어 학습에 대한 효과
③ 아이들의 자존감을 향상시키는 방법
④ 언어 분석의 효율성

해설 언어는 정체성과 소속감을 제공하고, 모국어의 학습을 통해 아이들이 자존감을 가지게 되며, 이와 함께 학급 성적 또한 향상된다는 내용이므로 이 글의 주제로 ①이 가장 적절하다.

정답 ①

03 ★★☆

다음 글에서 필자가 주장하는 바로 가장 적절한 것은?

2021 소방공채 9급

> It's drilled into us that we need to be more active to lose weight. So it spins the mind to hear that a key to staying thin is to spend more time doing the most sedentary inactivity humanly possible. Yet this is exactly what scientists are finding. In light of Van Cauter's discoveries, sleep scientists have performed a flurry of analyses on large datasets of children. All the studies point in the same direction: on average, children who sleep less are fatter than children who sleep more. This isn't just in America — scholars all around the world are considering it because children everywhere are both getting fatter and getting less sleep.

① 과도한 다이어트는 건강에 좋지 않다.
② 수면 부족은 체중 증가와 관계가 있다.
③ 균형 잡힌 식습관은 수면의 질을 높인다.
④ 신체 성장을 위해 충분한 수면이 필요하다.

어구

drill A into B: A를 B에 주입시키다
spin 회전시키다, 혼란스럽게 하다
sedentary 앉아서 하는, 몸을 많이 움직이지 않는
humanly 인간적으로
in light of ~에 비추어
a flurry of 갑작스럽게 몰아치는, 분주하게 많은
point 가리키다

- It's drilled into us / that we need to be more active / to lose weight.
  우리에게 주입되고 있다 / 우리가 더 활동적일 필요가 있다는 것이 / 체중을 줄이기 위해서
- So / it spins the mind / to hear / that a key to staying thin / is to spend more time / doing the most sedentary inactivity / humanly possible.
  그래서 / 마음을 혼란스럽게 한다 / 듣는 것은 / 날씬한 몸매를 유지하기 위한 비결이 / 더 많은 시간을 보내는 것이다 / 가장 움직이지 않는 일을 하면서 / 인간적으로 가능한
- Yet / this is exactly / what scientists are finding.
  하지만 / 이것은 정확히 -이다 / 과학자들이 발견하고 있는 것
- In light of Van Cauter's discoveries, / sleep scientists have performed a flurry of analyses / on large datasets of children.
  Van Cauter의 발견에 비추어 / 수면 과학자들이 분주하게 많은 분석을 수행해 왔다 / 아이들의 대용량 데이터세트에 대한
- **All the studies point / in the same direction: / on average, / children who sleep less / are fatter / than children who sleep more.**
  모든 연구들은 가리키고 있다 / 같은 방향을 / 평균적으로 / 더 적게 잠을 자는 아이들이 / 더 뚱뚱하다 / 더 많이 잠을 자는 아이들보다
- This isn't / just in America / — scholars all around the world are considering it / because children everywhere are both getting fatter and getting less sleep.
  이것은 있는 일이 아니다 / 미국에만 / 전 세계의 학자들이 그것을 고려하고 있다 / 왜냐하면 모든 곳의 아이들이 더 뚱뚱해지고 있을 뿐 아니라 더 적은 잠을 자고 있기 때문이다

해석 체중을 줄이기 위해서 우리가 더 활동적일 필요가 있다는 것이 우리에게 주입되고 있다. 그래서 날씬한 몸매를 유지하기 위한 비결이 더 많은 시간을 인간적으로 가능한 가장 움직이지 않는 일을 하면서 보내는 것이라고 듣는 것은 마음을 혼란스럽게 한다. 하지만 이것은 정확히 과학자들이 발견하고 있는 것이다. Van Cauter의 발견에 비추어, 수면 과학자들이 아이들의 대용량 데이터세트에 대한 분주하게 많은 분석을 수행해 왔다. 모든 연구들은 같은 방향을 가리키고 있다: 평균적으로, 더 적게 잠을 자는 아이들이 더 많이 잠을 자는 아이들보다 더 뚱뚱하다. 이것은 미국에만 있는 일이 아니다 — 전 세계의 학자들이 그것을 고려하고 있는데, 왜냐하면 모든 곳의 아이들이 더 뚱뚱해지고 있을 뿐 아니라 더 적은 잠을 자고 있기 때문이다.

해설 체중을 줄이기 위해 더 활동적일 필요가 있다는 일반적인 통념과는 달리, 수면과 관련하여 과학자들의 연구는 평균적으로 잠을 적게 자는 아이들이 더 뚱뚱하다는 내용이므로 이 글의 주장으로 ②가 적절하다.

정답 ②

04 ★☆☆

다음 글의 주제로 가장 적절한 것은? 2020 국가직 9급

For many people, work has become an obsession. It has caused burnout, unhappiness and gender inequity, as people struggle to find time for children or passions or pets or any sort of life besides what they do for a paycheck. But increasingly, younger workers are pushing back. More of them expect and demand flexibility — paid leave for a new baby, say, and generous vacation time, along with daily things, like the ability to work remotely, come in late or leave early, or make time for exercise or meditation. The rest of their lives happens on their phones, not tied to a certain place or time — why should work be any different?

① ways to increase your paycheck
② obsession for reducing inequity
③ increasing call for flexibility at work
④ advantage of a life with long vacations

어구

obsession 강박
burnout 극도의 피로
inequity 불평등
struggle to do ~하려고 고군분투하다
passion 열정적으로 하는 취미활동
paycheck 급여
push back 반발하다
flexibility 유연성
paid leave 유급휴가
say 이를테면
generous 넉넉한
ability 능력, 할 수 있음
remotely 원격으로
meditation 명상
tie 묶다, 얽매다
call 요구, 요청

- For many people, / work has become an obsession.
  많은 사람들에게 / 일은 강박이 되었다

- It has caused burnout, unhappiness and gender inequity, / as people struggle to find time / for children or passions or pets or any sort of life / besides what they do / for a paycheck.
  그것(일)은 극도의 피로, 불행, 성 불평등을 야기했다 / 사람들이 시간을 내려고 고군분투하는 동안 / 아이들, 취미활동, 애완동물 또는 어떤 종류의 삶을 위해서든 / 그들이 하는 일 외에 / 급여를 위해

- But / increasingly, / younger workers are pushing back.
  하지만 / 점점 / 젊은 근로자들이 반발하고 있다

- **More of them / expect and demand flexibility** / — paid leave for a new baby, / say, / and generous vacation time, / along with daily things, / like the ability / to work remotely, / come in late or leave early, / or make time for exercise or meditation.
  그들 중 더 많은 이들이 / 유연성을 기대하고 요구한다 / 막 새로 태어난 아기를 위한 유급휴가 / 이를테면 / 그리고 넉넉한 휴가시간 / 일상적인 것들과 함께 / 할 수 있음과 같은 / 원격으로 근무하거나 / 늦게 출근 또는 일찍 퇴근하거나 / 운동 또는 명상을 위해 시간을 내는

- The rest of their lives / happens / on their phones, / not tied to a certain place or time / — why should work be any different?
  그들의 삶의 나머지는 / 벌어진다 / 전화기 상에서 / 특정한 장소나 시간에 얽매여 있지 않고 / 일은 왜 달라야 하는가?

해석 많은 사람들에게 일은 강박이 되었다. 사람들이 급여를 위해 하는 일 외에 아이들, 취미활동, 애완동물 또는 어떤 종류의 삶을 위해서든 시간을 내려고 고군분투하는 동안 그것(일)은 극도의 피로, 불행, 성 불평등을 야기했다. 하지만 점점 젊은 근로자들이 반발하고 있다. 그들 중 더 많은 이들이 유연성을 기대하고 요구한다 — 이를테면 막 새로 태어난 아기를 위한 유급휴가와 넉넉한 휴가시간, 원격으로 근무하거나 늦게 출근 또는 일찍 퇴근하거나 운동 또는 명상을 위해 시간을 낼 수 있음과 같은 일상적인 것들과 함께, 그들의 삶의 나머지는 특정한 장소나 시간에 얽매여 있지 않고 전화기 상에서 벌어진다 — 일은 왜 달라야 하는가?

① 당신의 급여를 올리는 방법들
② 불평등을 줄이기 위한 강박
③ 직장에서 유연성에 대한 증가하는 요구
④ 긴 휴가가 있는 삶의 이점

해설 이 글은 강박관념이 되어버린 직장에 대해서 젊은 근로자들이 점점 유연성을 기대하고 요구한다고 말하고 있다. 이러한 구체적인 예로 출산에 대한 유급 휴가, 원격 근무, 늦게 출근하고 일찍 퇴근 하는 것, 운동이나 명상을 위한 시간 마련 등에 대해 말하고 있다. 따라서 글의 주제로 가장 적절한 것은 ③이다.

정답 ③

05 ★★☆

다음 글의 주제로 가장 적절한 것은? 2020 지방직 9급

The e-book applications available on tablet computers employ touchscreen technology. Some touchscreens feature a glass panel covering two electronically-charged metallic surfaces lying face-to-face. When the screen is touched, the two metallic surfaces feel the pressure and make contact. This pressure sends an electrical signal to the computer, which translates the touch into a command. This version of the touchscreen is known as a resistive screen because the screen reacts to pressure from the finger. Other tablet computers feature a single electrified metallic layer under the glass panel. When the user touches the screen, some of the current passes through the glass into the user's finger. When the charge is transferred, the computer interprets the loss in power as a command and carries out the function the user desires. This type of screen is known as a capacitive screen.

① how users learn new technology
② how e-books work on tablet computers
③ how touchscreen technology works
④ how touchscreens have evolved

어구

available 이용할 수 있는
employ 사용하다, 고용하다
feature ~을 특징으로 하다
electronically-charged 전자적으로 충전되는
metallic 금속의
face-to-face 마주보는
make contact 접촉하다
translate 바꾸다
command 명령어
resistive 저항식의
electrified 전기가 통하는
current 전류
charge 전하
transfer 이동하다
interpret 해석하다, 이해하다
carry out 수행하다
capacitive 정전식의
evolve 진화하다

- **The e-book applications** / available on tablet computers / **employ touchscreen technology.**
  전자책 애플리케이션은 / 태블릿 컴퓨터에서 이용할 수 있는 / 터치스크린 기술을 사용한다.
- Some touchscreens feature a glass panel / covering two electronically-charged metallic surfaces / lying face-to-face.
  일부 터치스크린은 유리 패널을 특징으로 한다 / 두 개의 전자적으로 충전되는 금속 표면을 덮고 있는 / 마주보고 놓인
- When the screen is touched, / the two metallic surfaces feel the pressure / and make contact.
  스크린이 터치되면 / 두 개의 금속 표면이 압력을 느낀다 / 그리고 접촉한다
- This pressure sends an electrical signal / to the computer, / which translates the touch into a command.
  이 압력은 전기 신호를 보낸다 / 컴퓨터로 / 그리고 그것(컴퓨터)은 그 터치를 명령어로 바꾼다.
- **This version of the touchscreen is known** / **as a resistive screen** / because the screen reacts / to pressure from the finger.
  이 버전의 터치스크린은 알려져 있다 / 저항식 스크린으로 / 스크린이 반응하기 때문에 / 손가락의 압력에
- Other tablet computers feature a single electrified metallic layer / under the glass panel.
  다른 태블릿 컴퓨터들은 전기가 통하는 단일의 금속 막을 특징으로 한다 / 유리 패널 아래에 있는
- When the user touches the screen, / some of the current passes / through the glass / into the user's finger.
  사용자가 스크린을 터치하면 / 일부 전류가 전해진다 / 유리를 통과해 / 사용자의 손가락으로
- When the charge is transferred, / the computer interprets the loss in power / as a command / and carries out the function / the user desires.
  전하가 이동되면 / 컴퓨터는 전력의 손실을 해석한다 / 명령어로 / 그리고 기능을 수행한다 / 사용자가 원하는
- **This type of screen is known** / **as a capacitive screen.**
  이러한 유형의 스크린은 알려져 있다 / 정전식 스크린으로

해석 태블릿 컴퓨터에서 이용할 수 있는 전자책 애플리케이션은 터치스크린 기술을 사용한다. 일부 터치스크린은 마주보고 놓인 두 개의 전자적으로 충전되는 금속 표면을 덮고 있는 유리 패널을 특징으로 한다. 스크린이 터치되면, 두 개의 금속 표면이 압력을 느끼고 접촉한다. 이 압력은 전기 신호를 컴퓨터로 보내고, 그것(컴퓨터)은 그 터치를 명령어로 바꾼다. 이 버전의 터치스크린은 스크린이 손가락의 압력에 반응하기 때문에 저항식 스크린으로 알려져 있다. 다른 태블릿 컴퓨터들은 유리 패널 아래에 있는 전기가 통하는 단일의 금속 막을 특징으로 한다. 사용자가 스크린을 터치하면, 일부 전류가 유리를 통과해 사용자의 손가락으로 전해진다. 전하가 이동되면, 컴퓨터는 전력의 손실을 명령어로 해석하고 사용자가 원하는 기능을 수행한다. 이러한 유형의 스크린은 정전식 스크린으로 알려져 있다.

① 사용자들이 새로운 기술을 배우는 방법
② 전자책이 태블릿 컴퓨터상에서 작동하는 방법
③ 터치스크린 기술이 작동하는 방법
④ 터치스크린이 진화해 온 방법

해설 이 글은 터치스크린 기술이 어떠한 원리로 작동하는지에 대해 설명하고 있다. 즉 손가락의 압력을 이용하는 저항성 스크린의 작동 방법과 손가락에 전류를 흘리는 정전식 스크린의 작동 방법에 대해 설명하고 있으므로 글의 주제로 가장 적절한 것은 ③이다.

정답 ③

06 ★★☆

다음 글의 주제로 가장 적절한 것은?   2020 법원직 9급

In addition to controlling temperatures when handling fresh produce, control of the atmosphere is important. Some moisture is needed in the air to prevent dehydration during storage, but too much moisture can encourage growth of molds. Some commercial storage units have controlled atmospheres, with the levels of both carbon dioxide and moisture being regulated carefully. Sometimes other gases, such as ethylene gas, may be introduced at controlled levels to help achieve optimal quality of bananas and other fresh produce. Related to the control of gases and moisture is the need for some circulation of air among the stored foods.

① The necessity of controlling harmful gases in atmosphere
② The best way to control levels of moisture in growing plants and fruits
③ The seriousness of increasing carbon footprints every year around the world
④ The importance of controlling certain levels of gases and moisture in storing foods

어구

in addition to ~에 더하여
control 조절하다, 관리하다
produce 농산물
atmosphere 공기
moisture 습기
dehydration 건조
storage 저장, 보관
mold 곰팡이
commercial 상업의
level 수준, 정도
carbon dioxide 이산화탄소
regulate 조절하다, 규제하다
ethylene 에틸렌
optimal 최상의
circulation 순환
grow 재배하다
seriousness 심각성
carbon footprint 탄소발자국

- In addition to controlling temperatures / **when handling fresh produce,** / **control of the atmosphere is important**.
  온도를 조절하는 것에 더하여 / 신선한 농산물을 다룰 때 / 공기의 조절이 중요하다.
- **Some moisture is needed** / in the air / to prevent dehydration / during storage, / but / too much moisture / can encourage growth of molds.
  약간의 습기는 필요하다 / 공기에 / 건조를 예방하기 위해 / 저장하는 동안 / 하지만 / 너무 많은 습기는 / 곰팡이의 성장을 촉진할 수 있다
- Some commercial storage units / have controlled atmospheres, / with the levels of both carbon dioxide and moisture being regulated / carefully.
  일부 상업적 저장고는 / 공기를 조절해왔다 / 이산화탄소와 습기 둘 다의 수준을 조절하면서 / 세심하게
- Sometimes / **other gases, such as ethylene gas,** / **may be introduced** / at controlled levels / to help achieve optimal quality / of bananas and other fresh produce.
  때때로 / 에틸렌 가스와 같은 다른 가스들이 / 주입될 수 있다 / 조절된 수준으로 / 최상의 품질을 달성하는 것을 돕도록 / 바나나와 다른 신선한 농산물의
- Related to the control of gases and moisture is / the need / for some circulation of air / among the stored foods.
  가스와 습기의 조절과 관련이 있다 / 필요성은 / 약간의 공기 순환의 / 저장된 식품들 사이에서

해석 신선한 농산물을 다룰 때 온도를 조절하는 것에 더하여 공기의 조절이 중요하다. 저장하는 동안 건조를 예방하기 위해 공기에 약간의 습기는 필요하지만, 너무 많은 습기는 곰팡이의 성장을 촉진할 수 있다. 일부 상업적 저장고는 이산화탄소와 습기 둘 다의 수준을 세심하게 조절하면서 공기를 조절해왔다. 때때로 에틸렌 가스와 같은 다른 가스들이 바나나와 다른 신선한 농산물의 최상의 품질을 달성하는 것을 돕도록 조절된 수준으로 유입될 수 있다. 저장된 식품들 사이에서 약간의 공기 순환에 대한 필요성은 가스와 습기의 조절과 관련이 있다.
① 공기 중의 유해가스를 조절할 필요성
② 식물과 과일을 재배할 때 습도를 조절하는 최선의 방법
③ 전 세계에 해마다 증가하는 탄소발자국의 심각성
④ 식품을 저장할 때 일정 수준의 가스와 습기를 조절하는 것의 중요성

해설 이 글은 첫 문장에서 신선한 농산물을 취급할 때 공기의 조절이 중요하다고 말한다. 그리고 이에 대해 구체적으로 습기와 몇몇 가스의 일정 수준의 조절이 필요하다고 설명하고 있다. 따라서 ④가 이 글의 주제로 적절하다.

정답 ④

07 ★★☆

다음 글의 요지로 가장 적절한 것은? 2019 국가직 9급

When giving performance feedback, you should consider the recipient's past performance and your estimate of his or her future potential in designing its frequency, amount, and content. For high performers with potential for growth, feedback should be frequent enough to prod them into taking corrective action, but not so frequent that it is experienced as controlling and saps their initiative. For adequate performers who have settled into their jobs and have limited potential for advancement, very little feedback is needed because they have displayed reliable and steady behavior in the past, knowing their tasks and realizing what needs to be done. For poor performers — that is, people who will need to be removed from their jobs if their performance doesn't improve — feedback should be frequent and very specific, and the connection between acting on the feedback and negative sanctions such as being laid off or fired should be made explicit.

① Time your feedback well.
② Customize negative feedback.
③ Tailor feedback to the person.
④ Avoid goal-oriented feedback.

- When giving performance feedback, / you should consider / the recipient's past performance / and your estimate of his or her future potential / in designing its frequency, amount, and content.
  성과피드백을 제공할 때 / 당신은 고려해야 한다 / 받는 사람의 과거 성과 / 그리고 그 또는 그녀의 미래 잠재력에 대한 당신의 평가를 / 그것(피드백)의 빈도, 양 및 내용을 설계하는데 있어

- For high performers / with potential for growth, / feedback should be frequent / enough / to prod them / into taking corrective action, / but / not so frequent / that it is experienced as controlling / and saps their initiative.
  고성과자들에게는 / 성장가능성을 가진 / 피드백은 빈번해야 한다 / 충분히 / 그들을 자극할 만큼 / 시정조치를 취하도록 / 하지만 / 너무 빈번해서는 안 된다 / 그것이 통제로서 느껴지고 / 그들의 진취적인 마음을 약화시킬 만큼

- For adequate performers / who have settled into their jobs / and have limited potential for advancement, / very little feedback is needed / because they have displayed / reliable and steady behavior / in the past, / knowing their tasks / and realizing / what needs to be done.
  그런대로 괜찮은 성과자들에게는 / 자신의 일에 자리를 잡고 / 그리고 한정된 발전가능성을 가진 / 거의 피드백이 필요하지 않다 / 왜냐하면 그들은 보여주었기 때문이다 / 믿을만하고 꾸준한 행동을 / 과거에 / 자신의 업무를 알면서 / 그리고 인식하면서 / 무엇이 행해져야 하는지

- For poor performers / — that is, / people who will need to be removed / from their jobs / if their performance doesn't improve — / feedback should be frequent and very specific, / and the connection / between acting on the feedback and negative sanctions / such as being laid off or fired / should be made explicit.
  형편없는 성과자들에게는 / 즉 / 해고되어야 할 사람들에게는 / 자신의 직장에서 / 자신의 성과가 개선되지 않으면 / 피드백은 빈번하고 매우 구체적이어야 한다 / 그리고 연관성이 / 피드백에 따라 행동하는 것과 부정적인 제재 사이의 / 일시해고 또는 해고되는 것과 같은 / 명확히 되어야 한다.

해석 성과 피드백을 제공할 때, 당신은 그것(피드백)의 빈도, 양 및 내용을 설계하는데 있어 받는 사람의 과거 성과와 그 또는 그녀의 미래 잠재력에 대한 당신의 평가를 고려해야 한다. 성장가능성을 가진 고성과자들에게는, 피드백은 그들이 시정조치를 취하도록 자극할 만큼 충분히 빈번해야 하지만, 그것이 통제로서 느껴지고 그들의 진취적인 마음을 약화시킬 만큼 너무 빈번해서는 안 된다. 자신의 일에 자리를 잡고 한정된 발전가능성을 가진 그런대로 괜찮은 성과자들에게는, 거의 피드백이 필요하지 않는데, 왜냐하면 그들은 자신의 업무를 알고 무엇이 행해져야 하는지 인식하면서 과거에 믿을만하고 꾸준한 행동을 보여주었기 때문이다. 형편없는 성과자들에게는 — 즉 자신의 성과가 개선되지 않으면 직장에서 해고되어야 할 사람들에게는 — 피드백은 빈번하고 매우 구체적이어야 하며, 피드백에 따라 행동하는 것과 일시해고 또는 해고되는 것과 같은 부정적인 제재 사이의 연관성이 명확히 되어야 한다.

① 당신의 피드백의 시간을 잘 맞춰라.
② 부정적인 피드백을 사용자의 사정에 맞춰라.
③ 피드백을 그 사람에게 맞춰라.
④ 목표 지향적인 피드백을 피하라.

해설 이 글은 첫 문장에서 성과에 대한 피드백을 제공할 때 받는 사람의 과거의 성과와 미래의 가능성에 대한 평가를 고려하라는 주제문을 쓰고, 피드백을 받는 사람의 유형을 세 가지로 분류하여 각각 다르게 피드백을 제공할 것을 설명하고 있다. 따라서 이 글의 요지로 가장 적절한 것은 ③이다.

정답 ③

08 ★☆☆

다음 글의 제목으로 가장 적절한 것은? 2019 서울시 9급

Economists say that production of an information good involves high fixed costs but low marginal costs. The cost of producing the first copy of an information good may be substantial, but the cost of producing(or reproducing) additional copies is negligible. This sort of cost structure has many important implications. For example, cost-based pricing just doesn't work: a 10 or 20 percent markup on unit cost makes no sense when unit cost is zero. You must price your information goods according to consumer value, not according to your production cost.

① Securing the Copyright
② Pricing the Information Goods
③ Information as Intellectual Property
④ The Cost of Technological Change

어구

economist 경제학자
information good 정보재
involve 수반하다
fixed cost 고정비용
marginal cost 한계비용
copy 한부, 사본
substantial 상당한
reproduce 재생산하다, 복제하다
negligible 무시해도 될 정도의
implication 의미, 영향
price 가격을 정하다
markup 이윤폭, 가격인상
unit cost 단위원가
make sense 말이 되다, 타당하다
secure 획득하다, 확보하다
copyright 저작권
intellectual property 지적 재산

지문분석
- Economists say / that production of an information good / involves / high fixed costs but low marginal costs.
  경제학자들은 말한다 / 정보재의 생산은 / 수반한다고 / 높은 고정비용을 하지만 낮은 한계비용을
- The cost of producing the first copy / of an information good / may be substantial,/ but the cost of producing(or reproducing) additional copies / is negligible.
  첫 번째 한부를 제작하는 비용은 / 정보재의 / 상당할 수 있다 / 하지만 추가 사본을 제작(또는 재생산)하는 비용은 / 무시해도 될 정도이다
- This sort of cost structure / has many important implications.
  이런 유형의 비용 구조는 / 많은 중요한 의미를 가지고 있다.
- For example, / cost-based pricing just doesn't work: / a 10 or 20 percent markup / on unit cost / makes no sense / when unit cost is zero.
  예컨대 / 원가기준 가격책정이 작동하지 않는다 / 10퍼센트 또는 20퍼센트의 이윤폭은 / 단위원가에 대한 / 말이 되지 않는다 / 단위원가가 영(0)일 때
- You must price your information goods / according to consumer value, / not according to your production cost.
  당신은 당신의 정보재의 가격을 정해야 한다 / 소비자 가치에 따라 / 당신의 생산비에 따라서가 아니라

해석 경제학자들은 정보재의 생산은 높은 고정비용을 하지만 낮은 한계비용을 수반한다고 말한다. 정보재의 첫 번째 한부를 제작하는 비용은 상당할 수 있지만, 추가 사본을 제작(또는 재생산)하는 비용은 무시해도 될 정도이다. 이런 유형의 비용 구조는 많은 중요한 의미를 가지고 있다. 예컨대. 원가기준 가격책정이 작동하지 않는다: 단위원가가 영(0)일 때, 단위원가에 대한 10퍼센트 또는 20퍼센트의 이윤폭은 말이 되지 않는다. 당신은 당신의 생산비가 아니라 소비자 가치에 따라 당신의 정보재의 가격을 정해야 한다.

① 저작권을 획득하는 것
② 정보재의 가격을 정하는 것
③ 지적 재산으로서의 정보
④ 기술변화의 비용

해설 이 글은 정보재의 경우 생산비용 구조의 특수성 때문에 생산비가 아니라 소비자의 가치에 따라 가격을 책정해야 한다는 내용이다. 따라서 이 글의 제목으로 가장 적절한 것은 ②이다.

정답 ②

09 ★☆☆

다음 글의 주제로 가장 적절한 것은? *2019 소방공채 9급*

Having a children's party can be an example of a relatively inexpensive benefit to provide for your employees that can yield great returns on the investment. There are unlimited occasions and places to entertain children today. As a boss, you can help your employees' children celebrate holidays, Halloween, spring, or any other event or season. Employees and their children will appreciate the company providing this benefit. This is an excellent way to show appreciation to your employees' families for all the sacrifices they make to support their husbands, wives, fathers, or mothers as they go off to work each day. Finally, everyone will feel good about the company or organization.

① drawbacks of regular family gatherings
② merits of medical support for employees
③ employees' sacrifices for company growth
④ supporting family-related events and its effects

어구
- relatively 상대적으로
- yield 내다, 산출하다
- return 수익
- unlimited 무한한
- occasion 기회, 행사
- entertain 즐겁게 하다
- celebrate 축하하다, 기념하다
- appreciate 감사하다
- sacrifice 희생
- support 지원하다
- drawback 단점
- regular 정기적인
- gathering 모임
- merit 장점

지문 분석

- **Having a children's party / can be an example of a relatively inexpensive benefit / to provide for your employees / that can yield great returns / on the investment.**
  아이들을 위한 파티를 여는 것은 / 상대적으로 비싸지 않은 혜택의 예시가 될 수 있다 / 당신의 직원들에게 제공하는 / 큰 수익을 낼 수 있는 / 투자에 대한

- **There are unlimited occasions and places / to entertain children / today.**
  무한한 기회와 장소가 있다 / 아이들을 즐겁게 해 줄 수 있는 / 오늘날

- **As a boss, / you can help / your employees' children celebrate / holidays, Halloween, spring, or any other event or season.**
  상사로서 / 당신은 도울 수 있다 / 당신의 직원들의 아이들이 축하하는 것을 / 휴일, 핼러윈, 봄, 또는 다른 어떤 행사나 계절을

- **Employees and their children / will appreciate the company / providing this benefit.**
  직원들과 그들의 아이들은 / 회사에 감사할 것이다 / 이런 혜택을 제공하는

- **This is an excellent way / to show appreciation / to your employees' families / for all the sacrifices / they make / to support their husbands, wives, fathers, or mothers / as they go off to work / each day.**
  이것은 훌륭한 방법이다 / 감사를 표할 수 있는 / 당신의 직원들의 가족들에게 / 모든 희생에 대해 / 그들이 하는 / 그들의 남편, 아내, 아버지 또는 어머니를 지원하기 위해 / 그들이 일하러 갈 때 / 매일

- **Finally, / everyone will feel good / about the company or organization.**
  마지막으로 / 모든 사람이 좋게 느낄 것이다 / 회사나 조직에 대해

해석 아이들을 위한 파티를 여는 것은 투자에 대한 큰 수익을 낼 수 있는 당신의 직원들에게 제공하는 상대적으로 비싸지 않은 혜택의 예시가 될 수 있다. 오늘날 아이들을 즐겁게 해 줄 수 있는 무한한 기회와 장소가 있다. 상사로서 당신은 당신의 직원들의 아이들이 휴일, 핼러윈, 봄, 또는 다른 어떤 행사나 계절을 축하하는 것을 도울 수 있다. 직원들과 그들의 아이들은 이런 혜택을 제공하는 회사에 감사할 것이다. 이것은 그들이 매일 일하러 갈 때, 그들의 아내, 아버지 또는 어머니를 지원하기 위해 그들이 하는 모든 희생에 대해, 당신의 직원들의 가족들에게 감사를 표할 수 있는 훌륭한 방법이다. 마지막으로, 모든 사람이 회사나 조직에 대해 좋게 느낄 것이다.

① 정기적인 가족 모임의 단점
② 직원들을 위한 의료 지원의 장점
③ 회사 성장을 위한 직원들의 희생
④ 가족 관련 행사 지원 및 그 효과

해설 이 글은 아이들의 파티와 같은 가족 관련 행사를 지원하는 것이 직원들에게 큰 혜택이 될 수 있으며, 직원들과 그들의 자녀들은 회사에 고마워하고, 모든 사람들이 회사에 대해 좋게 생각할 것이라고 설명하는 글이다. 따라서 ④가 글의 주제로 적절하다.

정답 ④

10

다음 글의 주제로 가장 적절한 것은? 2018 국가직 9급

Worry is like a rocking horse. No matter how fast you go, you never move anywhere. Worry is a complete waste of time and creates so much clutter in your mind that you cannot think clearly about anything. The way to learn to stop worrying is by first understanding that you energize whatever you focus your attention on. Therefore, the more you allow yourself to worry, the more likely things are to go wrong! Worrying becomes such an ingrained habit that to avoid it you consciously have to train yourself to do otherwise. Whenever you catch yourself having a fit of worry, stop and change your thoughts. Focus your mind more productively on what you do want to happen and dwell on what's already wonderful in your life so more wonderful stuff will come your way.

① What effects does worry have on life?
② Where does worry originate from?
③ When should we worry?
④ How do we cope with worrying?

- Worry is like a rocking horse.
  걱정은 흔들 목마와 같다
- No matter how fast you go, / you never move / anywhere.
  당신이 아무리 빨리 가더라도 / 당신은 결코 이동하지 못한다 / 어디로도
- Worry is a complete waste of time / and creates so much clutter / in your mind / that you cannot think clearly / about anything.
  걱정은 완전한 시간 낭비이다 / 그리고 너무나 많은 혼란을 만든다 / 당신의 마음속에 / 그래서 당신은 분명하게 생각할 수 없다 / 어떤 것에 대해서도
- The way / to learn to stop worrying / is by first understanding / that you energize / whatever you focus your attention on.
  방법은 / 걱정을 멈추는 것을 배우는 / 먼저 이해함으로써 이다 / 당신이 정력을 쏟는다는 것을 / 당신이 주의를 집중하는 무엇에든
- Therefore, / the more you allow / yourself to worry, / the more likely things are to go wrong!
  그러므로 / 당신이 더 허락할수록 / 자신에게 걱정하도록 / 일들이 잘못될 가능성이 더 커진다
- Worrying becomes such an ingrained habit / that **to avoid it / you consciously have to train yourself** / to do otherwise.
  걱정하는 것은 너무 깊이 몸에 밴 습관이 된다 / 그래서 그것을 피하기 위해서는 / 당신은 의식적으로 자신을 훈련시켜야 한다 / 달리 행동하도록
- Whenever you catch / yourself having a fit of worry, / stop and change your thoughts.
  당신은 발견할 때마다 / 당신자신이 울컥 걱정하는 것을 / 당신의 생각을 멈추고 바꾸어라
- **Focus your mind** / more productively / **on what you do want to happen** / and **dwell on what's already wonderful / in your life** / so more wonderful stuff will come your way.
  당신의 마음을 집중해라 / 더 생산적으로 / 당신이 일어나기를 정말 원하는 것에 / 그리고 이미 멋진 것들에 대해 깊게 생각해라 / 당신의 삶에서 / 더 멋진 일이 당신에게 일어나도록

해석 걱정은 흔들 목마와 같다. 당신이 아무리 빨리 가더라도 당신은 결코 어디로도 이동하지 못한다. 걱정은 완전한 시간 낭비이며 당신의 마음속에 너무나 많은 혼란을 만들어서 당신은 어떤 것에 대해서도 분명하게 생각할 수 없다. 걱정을 멈추는 것을 배우는 방법은 주의를 집중하는 무엇에든 당신이 정력을 쏟는다는 것을 먼저 이해함으로써 이다. 따라서 당신이 자신에게 걱정하도록 더 허락할수록, 일들이 잘못될 가능성이 더 커진다. 걱정하는 것은 너무 깊이 몸에 밴 습관이 되어서 그것을 피하기 위해서는 당신은 의식적으로 달리 행동하도록 자신을 훈련시켜야 한다. 당신은 자신이 울컥 걱정하는 것을 발견할 때마다, 당신의 생각을 멈추고 바꾸어라. 당신이 일어나기를 정말 원하는 것에 당신의 마음을 더 생산적으로 집중하고, 그리고 더 멋진 일이 당신에게 일어나도록 당신의 삶에서 이미 멋진 것들에 대해 깊게 생각해라.

① 걱정이 삶에 어떤 영향을 미치는가? ② 걱정은 어디에서 비롯되는가?
③ 우리는 언제 걱정해야 하는가? ④ 우리는 어떻게 걱정에 대처하는가?

해설 이 글은 글의 전반부에서 걱정이 삶에 미치는 부정적 영향을 언급하고 그리고 나서 이에 대처하는 방법을 설명해 나가고 있으므로 이 글의 주제로 ④가 가장 적절하다.

정답 ④

11 ★★☆

〈보기〉 글의 제목으로 적절한 것은?   2018 서울시 9급

> Many visitors to the United States think that Americans take their exercise and free time activities too seriously. Americans often schedule their recreation as if they were scheduling business appointments. They go jogging every day at the same time, play tennis two or three times a week, or swim every Thursday. Foreigners often think that this kind of recreation sounds more like work than relaxation. For many Americans, however, their recreational activities are relaxing and enjoyable, or at least worthwhile, because they contribute to health and physical fitness.

① Health and fitness
② Popular recreational activities in the United States
③ The American approach to recreation
④ The definition of recreation

어구

take seriously ~를 진지하게 여기다
free time activity 여가활동
schedule 일정을 잡다
relaxing 휴식을 주는, 편안한
enjoyable 즐거운
at least 적어도
worthwhile 가치 있는
contribute to ~에 기여하다
physical 신체의
fitness 신체 단련, 건강
popular 인기 있는
approach 접근 방법
definition 정의

- Many visitors to the United States / think / that Americans take their exercise and free time activities / too seriously.
  미국의 많은 방문객들은 / 생각한다 / 미국인들이 자신들의 운동과 여가활동을 여긴다고 / 너무 진지하게

- Americans often schedule their recreation / as if they were scheduling business appointments.
  미국인들은 종종 자신의 레크리에이션의 일정을 잡는다 / 그들이 비즈니스 약속의 일정을 잡는 것처럼

- They go jogging / every day / at the same time, / play tennis / two or three times a week, / or swim / every Thursday.
  그들은 조깅을 한다 / 매일 / 같은 시간에 / 테니스를 친다 / 일주일에 두세 번 / 또는 수영을 한다 / 매주 목요일에

- Foreigners often think / that this kind of recreation / sounds more like work / than relaxation.
  외국인들은 종종 생각한다 / 이런 종류의 레크리에이션은 / 일처럼 들린다고 / 휴식이라기보다는

- For many Americans, / however, / their recreational activities are relaxing and enjoyable, / or at least worthwhile, / because they contribute to health and physical fitness.
  많은 미국인들에게 / 하지만 / 그들의 레크리에이션 활동들은 휴식을 주고 즐겁다 / 그렇지 않다면 적어도 가치가 있다 / 왜냐하면 그것들이 건강과 신체 단련에 기여하기 때문이다

해석 미국의 많은 방문객들은 미국인들이 자신들의 운동과 여가활동을 너무 진지하게 여긴다고 생각한다. 미국인들은 비즈니스 약속의 일정을 잡는 것처럼 종종 자신의 레크리에이션의 일정을 잡는다. 그들은 매일 같은 시간에 조깅을 하거나 일주일에 두세 번 테니스를 치거나 또는 매주 목요일에 수영을 한다. 외국인들은 이런 종류의 레크리에이션은 휴식이라기보다는 일처럼 들린다고 종종 생각한다. 하지만 많은 미국인들에게 레크리에이션 활동들은 휴식을 주고 즐거우며, 그렇지 않다면 적어도 가치가 있는데, 왜냐하면 그것들이 건강과 신체 단련에 기여하기 때문이다.

① 건강과 신체단련
② 미국에서 인기 있는 레크리에이션 활동들
③ 미국인들의 레크리에이션에 대한 접근 방법
④ 레크리에이션의 정의

해설 미국인들의 레크리에이션에 대한 접근방법에 대해 외국인들이 느끼는 점과 미국인들이 생각을 설명하고 있으므로 이 글의 제목으로 ③이 적절하다.

정답 ③

12 ★★☆

다음 글의 제목으로 가장 적절한 것은? 2018 기상직 9급

The start of modern democracy reaches back to the 13th century when the nobility in England forced the king to accept the instituting of a Parliament. This later was divided into the aristocratic upper house and a lower house where elected commoners met. The Parliament slowly evolved from a council to an independent arbitrator. In 1688, the king was generally deprived of power, and the Parliament became the actual sovereign of politics with the right to legislate laws. Over time, the upper house increasingly lost significance and the elected lower house assumed more and more authority. English parliamentarianism became the model for the revolutions in America and France. Yet the majority of the population still remained excluded from the political process.

① How to Legislate Laws in Parliament
② Development of Parliamentary Systems
③ Origin of Parliament Election
④ Political Status of Medieval King

어구

reach back 거슬러 올라가다
nobility 귀족
instituting 설치, 도입
Parliament 의회
aristocratic 귀족의
upper(lower) house 상(하)원
commoner 평민
evolve 진화하다, 발전하다
council 심의회
independent 독립된, 독자적인
arbitrator 중재자
be deprived of ~를 빼앗기다
sovereign 주권자
legislate 제정하다
assume 맡다
authority 권한
parliamentarianism 의회주의
revolution 혁명
exclude 배제하다
status 지위

- The start of modern democracy / reaches back to **the 13th century** / when the nobility in England forced / the king to accept / the instituting of a Parliament.
  현대 민주주의의 시작은 / 13세기로 거슬러 올라간다 / 영국의 귀족이 강요했던 / 왕에게 받아들이도록 / 의회의 도입을

- This **later** was divided / into the aristocratic upper house and a lower house / where elected commoners met.
  이것은 나중에 나누어졌다 / 귀족의 상원과 하원으로 / 선출된 평민들이 모이는

- The Parliament slowly evolved / from a council to an independent arbitrator.
  의회는 천천히 발전했다 / 심의회에서 독립된 중재자로

- In 1688, / the king was generally deprived of power, / and the Parliament became the actual sovereign / of politics / with the right to legislate laws.
  1688년에 / 왕은 전체적으로 권력을 빼앗겼다 / 그리고 의회는 실질적인 주권자가 되었다 / 정치의 / 법률을 제정하는 권한을 가진

- **Over time,** / the upper house increasingly lost significance / and the elected lower house assumed / more and more authority.
  시간이 지나면서, / 상원은 점점 중요성을 잃었다 / 그리고 선출된 하원은 맡게 되었다 / 점점 더 많은 권한을

- English parliamentarianism became the model / for the revolutions / in America and France.
  영국 의회주의는 모델이 되었다 / 혁명의 / 미국과 프랑스에서

- Yet / the majority of the population / still remained excluded / from the political process.
  하지만 / 주민의 대다수는 / 여전히 배제되었다 / 정치 과정에서

해석 현대 민주주의의 시작은 영국에서 귀족이 왕에게 의회의 도입을 받아들이도록 강요했던 13세기로 거슬러 올라간다. 이것은 나중에 귀족의 상원과 선출된 평민들이 모이는 하원으로 나누어졌다. 의회는 심의회에서 독립된 중재자로 천천히 발전했다. 1688년에 왕은 전체적으로 권력을 빼앗겼고, 의회가 법률을 제정하는 권한을 가진 실질적인 정치의 주권자가 되었다. 시간이 지나면서, 상원은 점차적으로 중요성을 잃었고 선출된 하원은 점점 더 많은 권한을 맡게 되었다. 영국 의회주의는 미국과 프랑스에서 혁명의 모델이 되었다. 하지만 주민의 대다수는 여전히 정치 과정에서 배제되었다.

① 의회에서 법률을 제정하는 방법　　② 의회제도의 발전
③ 의회 선거의 기원　　　　　　　　④ 중세의 왕의 정치적 지위

해설 영국에서 의회가 도입되는 것으로부터 시간이 지남에 따라 발전해 나가는 과정을 설명하고 있으므로 이 글의 제목으로 ②가 가장 적절하다

정답 ②

13 ★★☆

다음 글의 제목으로 가장 적절한 것은?　　　2017 국가직 9급

Drama is doing. Drama is being. Drama is such a normal thing. It is something that we all engage in every day when faced with difficult situations. You get up in the morning with a bad headache or an attack of depression, yet you face the day and cope with other people, pretending that nothing is wrong. You have an important meeting or an interview coming up, so you talk through the issues with yourself beforehand and decide how to present a confident, cheerful face, what to wear, what to do with your hands, and so on. You've spilt coffee over a colleague's papers, and immediately you prepare an elaborate excuse. Your partner has just run off with your best friend, yet you cannot avoid going in to teach a class of inquisitive students. Getting on with our day-to-day lives requires a series of civilized masks if we are to maintain our dignity and live in harmony with others.

① Dysfunctions of Drama
② Drama in Our Daily Lives
③ Drama as a Theatrical Art
④ Dramatic Changes in Emotions

어구

- being 실재
- engage in ~에 참여하다, ~를 하다
- face 직면하다, 받아들이다
- attack 발병, 엄습
- cope with ~을 대하다, 대처하다
- pretend ~인체하다
- come up 다가오다
- present 보여주다, 나타내다
- confident 자신감 있는
- spill 엎지르다
- elaborate 정교한, 공들인
- run off with ~와 눈이 맞아 달아나다
- inquisitive 호기심이 많은
- get on with ~을 계속해 나가다
- a series of 일련의
- civilized 교양 있는, 고상한
- maintain 유지하다
- dignity 품위
- dysfunction 역기능
- theatrical art 무대 예술
- dramatic 극적인

- Drama is doing. Drama is being. Drama is such a normal thing.
  연극은 행위이다. 연극은 실재이다. 연극은 대단히 평범한 것이다.

- **It is something / that we all engage in / every day / when faced with difficult situations.**
  그것은 어떤 것이다 / 우리 모두가 하는 / 매일 / 어려운 상황에 직면할 때

- You get up / in the morning / with a bad headache or an attack of depression, / yet you face the day / and cope with other people, / pretending / that nothing is wrong.
  당신이 일어난다 / 아침에 / 심한 두통이나 우울증의 엄습과 함께 / 하지만 당신은 그날을 받아들인다 / 그리고 다른 사람들을 대한다 / 체 하면서 / 아무것도 잘못되지 않은

- You have an important meeting or an interview / coming up, / so you talk through the issues / with yourself / beforehand / and decide / how to present a confident, cheerful face, / what to wear, / what to do with your hands, / and so on.
  당신은 중요한 회의 또는 인터뷰가 있다 / 다가오는 / 그래서 당신은 그 문제들을 얘기해 본다 / 자신과 / 미리 / 그리고 결정한다 / 자신감 있고 쾌활한 표정을 어떻게 보여줄지 / 무엇을 입을지 / 손으로는 무엇을 할지 / 기타 등등을

- You've spilt coffee / over a colleague's papers, / and immediately / you prepare an elaborate excuse.
  당신이 커피를 쏟았다 / 동료의 서류에 / 그리고 즉시 / 당신은 정교한 변명을 준비한다

- Your partner has just run off with your best friend, / yet you cannot avoid / going in / to teach a class / of inquisitive students.
  당신의 배우자가 당신의 가장 친한 친구와 눈이 맞아 달아났다 / 하지만 당신은 피할 수 없다 / 들어가는 것을 / 수업을 하러 / 호기심이 많은 학생들의

- Getting on with our day-to-day lives / requires a series of civilized masks / if we are to maintain our dignity / and live in harmony with others.
  일상생활을 계속해 나가는 것은 / 일련의 교양 있는 가면을 필요로 한다. / 우리가 자신의 품위를 유지하려면 / 그리고 다른 사람들과 사이좋게 지내려면

해석 연극은 행위이다. 연극은 실재이다. 연극은 대단히 평범한 것이다. 그것은 어려운 상황에 직면할 때 우리 모두가 매일 하는 어떤 것이다. 당신이 심한 두통이나 우울증의 엄습과 함께 아침에 일어나지만 당신은 그날을 받아들이고 아무것도 잘못되지 않은 체 하면서 다른 사람들을 대한다. 당신은 다가오는 중요한 회의 또는 인터뷰가 있어서, 당신은 미리 그 문제들을 자신과 얘기해 보고, 자신감 있고 쾌활한 표정을 어떻게 보여줄지, 무엇을 입을지, 손으로는 무엇을 할지 기타 등등을 결정한다. 당신이 동료의 서류에 커피를 쏟았으면 즉시 당신은 정교한 변명을 준비한다. 당신의 배우자가 당신의 가장 친한 친구와 눈이 맞아 달아났지만 당신은 호기심이 많은 학생들의 수업을 하러 들어가는 것을 피할 수 없다. 우리가 자신의 품위를 유지하고 다른 사람들과 사이좋게 지내려면, 일상생활을 계속해 나가는 것은 일련의 교양 있는 가면을 필요로 한다.

① 연극의 역기능　　　　　　　　② 우리의 일상생활 속 연극
③ 무대 예술로서의 연극　　　　　④ 감정에서의 극적인 변화

해설 두 번째 문장에서 연극은 우리 모두가 일상 속에서 매일하는 어떤 것이라는 주제문을 말하고 일련의 여러 예를 들면서 설명하고 있으므로 이 글의 제목으로 가장 적절한 것은 ②이다.

정답 ②

14

다음 글의 제목으로 가장 적절한 것은? 2017 지방직 9급

Fear and its companion pain are two of the most useful things that men and animals possess, if they are properly used. If fire did not hurt when it burnt, children would play with it until their hands were burnt away. Similarly, if pain existed but fear did not, a child would burn himself again and again, because fear would not warn him to keep away from the fire that had burnt him before. A really fearless soldier — and some do exist — is not a good soldier, because he is soon killed; and a dead soldier is of no use to his army. Fear and pain are therefore two guards without which human beings and animals might soon die out.

① Obscurity of Fear and Pain in Soldiers
② Indispensability of Fear and Pain
③ Disapproval of Fear and Pain
④ Children's Association with Fear and Pain

어구
- companion 동반자
- possess 지니다, 소유하다
- properly 적절하게
- burn 타다, 태우다, 화상을 입히다
- warn 경고하다
- keep away from ~를 멀리하다, 가까이 하지 않다
- fearless 두려움을 모르는
- die out 멸종되다
- obscurity 모호함
- indispensability 필수 불가결함
- disapproval 반감
- association 연관, 연상

지문분석

- Fear and its companion pain / are two of the most useful things / that men and animals possess, / if they are properly used.
  두려움과 그 동반자인 고통은 / 가장 유용한 것들 중 두 가지이다 / 인간과 동물이 지니는 / 그것들이 적절하게 이용된다면

- If fire did not hurt / when it burnt, / children would play with it / until their hands were burnt away.
  불이 아프게 하지 않는다면 / 그것이 탈 때 / 아이들은 그것을 가지고 놀 것이다 / 자신의 손이 타서 없어질 때까지

- Similarly, / if pain existed but fear did not, / a child would burn himself / again and again, / because fear would not warn him / to keep away from the fire / that had burnt him / before.
  마찬가지로 / 고통은 있지만 두려움이 없다면 / 아이는 불에 델 것이다 / 되풀이해서 / 왜냐하면 두려움이 그에게 경고하지 않기 때문이다 / 불을 멀리하도록 / 그를 화상 입혔던 / 이전에

- A really fearless soldier / — and some do exist — / is not a good soldier, / because he is soon killed; / and a dead soldier is of no use / to his army.
  정말로 두려움을 모르는 병사는 / 그리고 일부가 정말 존재한다 / 훌륭한 병사가 아니다 / 왜냐하면 그는 곧 죽을 것이기 때문이다 / 그리고 죽은 병사는 아무런 쓸모가 없다 / 그의 군대에

- Fear and pain / are therefore two guards / without which / human beings and animals might soon die out.
  두려움과 고통은 / 그러므로 두 개의 보호자들이다 / 그것들이 없다면 / 인간과 동물이 곧 멸종될 수도 있는

해석 두려움과 그 동반자인 고통은 그것들이 적절하게 이용된다면 인간과 동물이 지니는 가장 유용한 것들 중 두 가지이다. 불이 탈 때 아프게 하지 않는다면 아이들은 자신의 손이 타서 없어질 때까지 그것을 가지고 놀 것이다. 마찬가지로 고통은 있지만 두려움이 없다면 아이는 되풀이해서 불에 델 것인데, 왜냐하면 두려움이 그에게 이전에 그를 화상 입혔던 불을 멀리하도록 경고하지 않기 때문이다. 정말로 두려움을 모르는 병사는 — 그리고 일부 정말 존재한다 — 훌륭한 병사가 아닌데, 왜냐하면 그는 곧 죽을 것이기 때문이다; 그리고 죽은 병사는 그의 군대에 아무런 쓸모가 없다. 그러므로 두려움과 고통은 그것들이 없다면 인간과 동물이 곧 멸종될 수도 있는 두 개의 보호자들이다.

① 병사들에게 두려움과 고통의 모호함
② 두려움과 고통의 필수불가결함
③ 두려움과 고통에 대한 반감
④ 아이들의 두려움과 고통과의 연관

해설 첫 문장에서 두려움과 고통이 인간과 동물의 생존에 가장 유용한 것들 중 두 가지라고 말하고 그 예시로 불과 아이, 병사의 예를 들며 설명하고 있으므로 ②가 글의 제목으로 적절하다.

정답 ②

15 ★★★

다음 글의 요지로 가장 적절한 것은? 2017 사회복지직 9급

> On a bright spring morning 50 years ago, two young astronomers at Bell Laboratories were tuning a 20-foot, horn-shaped antenna pointed toward the sky over New Jersey. Their goal was to measure the Milky Way galaxy, home to planet Earth. To their puzzlement, Robert W. Wilson and Arno A. Penzias heard the insistent hiss of radio signals coming from every direction — and from beyond the Milky Way. It was cosmic microwave background radiation, a residue of the primordial explosion of energy and matter that suddenly gave rise to the universe some 13.8 billion years ago. The scientists had found evidence that would confirm the Big Bang Theory, first proposed by Georges Lemaître in 1931.

① The light helps rule the Big Bang Theory out.
② The mysterious signal means a steady state of the universe.
③ The universe was in a steady state without a singular beginning.
④ The radiation is a residual effect of the explosion which Lemaître theorized.

어구

- astronomer 천문학자
- tune 조정하다
- horn-shaped 뿔 모양의
- Milky Way galaxy 은하계
- puzzlement 당황
- insistent 계속되는
- hiss 쉭 소리, 고음역의 잡음
- radio signal 전파 신호
- cosmic microwave background radiation 우주 마이크로파 배경 방사능
- residue 잔여물
- primordial 최초의, 태고의
- give rise to ~를 생기게 하다
- confirm 확인해 주다
- rule out 배제하다
- steady state 안정된 상태, 정상 상태
- singular 특이한, 두드러진
- theorize 이론화하다

- On a bright spring morning / 50 years ago, / two young astronomers at Bell Laboratories / were tuning a 20-foot, horn-shaped antenna / pointed toward the sky / over New Jersey.
  화창한 봄날 아침에 / 50년 전 / Bell 연구소의 두 젊은 천문학자들이 / 20피트짜리 뿔 모양의 안테나를 조정하고 있었다 / 하늘을 향한 / 뉴저지 위

- Their goal / was to measure the Milky Way galaxy, / home to planet Earth.
  그들의 목적은 / 은하계를 측정하는 것이었다 / 지구의 고향인

- To their puzzlement, / Robert W. Wilson and Arno A. Penzias heard / the insistent hiss of radio signals coming / from every direction — and from beyond the Milky Way.
  당황스럽게도 / Robert W. Wilson과 Arno A. Penzias는 들었다 / 계속되는 전파 신호의 쉭 소리가 나오는 것을 / 모든 방향으로부터 / 그리고 은하계 저편으로부터

- It was cosmic microwave background radiation, / a residue of the primordial explosion / of energy and matter / that suddenly gave rise to the universe / some 13.8 billion years ago.
  그것은 우주 마이크로파 배경 방사능이었다 / 최초의 폭발의 잔여물인 / 에너지와 물질의 / 갑자기 우주를 생기게 했던 / 약 138억 년 전에

- **The scientists had found evidence / that would confirm the Big Bang Theory, / first proposed / by Georges Lemaître / in 1931.**
  그 과학자들은 증거를 발견한 것이었다 / 빅뱅이론을 확인해 줄 / 처음 제안된 / Georges Lemaître에 의해 / 1931년에

해석 50년 전 화창한 봄날 아침에, Bell 연구소의 두 젊은 천문학자들이 뉴저지 위 하늘을 향한 20피트짜리 뿔 모양의 안테나를 조정하고 있었다. 그들의 목적은 지구의 고향인 은하계를 측정하는 것이었다. 당황스럽게도, Robert W. Wilson과 Arno A. Penzias는 계속되는 전파 신호의 쉭 소리가 모든 방향으로부터 그리고 은하계 저편으로부터 나오는 것을 들었다. 그것은 약 138억 년 전에 갑자기 우주를 생기게 했던 에너지와 물질의 최초 폭발의 잔여물인 우주 마이크로파 배경 방사능이었다. 그 과학자들은 1931년에 Georges Lemaître에 의해 처음 제안된 빅뱅이론을 확인해 줄 증거를 발견한 것이었다.

① 그 빛은 빅뱅 이론을 배제하는데 도움을 준다.   ② 그 불가사의한 신호는 우주의 안정된 상태를 의미한다.
③ 우주는 특이한 시작 없이 안정된 상태에 있었다.   ④ 그 방사능은 Lemaître가 이론화했던 폭발의 잔여 효과이다.

해설 두 명의 천문학자들이 발견한 것에 대한 글로서, 마지막 문장에서 이 발견은 Lemaître가 처음 제안한 빅뱅이론을 확인시켜주는 증거라고 설명하고 있으므로 ④가 글의 요지로 가장 적절하다.

정답 ④

16 ★☆☆

다음 글의 제목으로 가장 적절한 것은?

2016 국가직 9급

After analyzing a mass of data on job interview results, a research team discovered a surprising reality. Did the likelihood of being hired depend on qualifications? Or was it work experience? In fact, it was neither. It was just one important factor: did the candidate appear to be a pleasant person. Those candidates who had managed to ingratiate themselves were very likely to be offered a position; they had charmed their way to success. Some had made a special effort to smile and maintain eye contact. Others had praised the organization. This positivity had convinced the interviewers that such pleasant and socially skilled applicants would fit well into the workplace, and so should be offered a job.

① To Get a Job, Be a Pleasant Person
② More Qualifications Bring better Chances
③ It Is Ability That Counts, Not Personality
④ Show Yourself As You Are at an Interview

어구

- a mass of 많은
- likelihood 가능성
- qualifications 자격요건
- candidate 지원자, 후보자
- pleasant 상냥한, 유쾌한
- manage to do 어떻게든 해내다, 용케 해내다
- ingratiate oneself 환심을 사다
- be likely to do ~할 가능성이 있다
- charm A to B: A에 마법을 걸어 B하게 하다
- maintain 유지하다
- positivity 적극성
- convince 확신시키다
- socially skilled 사회적 기술을 가진
- applicant 지원자
- fit into ~에 꼭 들어맞다
- chance 기회, 가능성
- count 중요하다

- After analyzing a mass of data / on job interview results, / a research team discovered a surprising reality.
  많은 양의 자료를 분석한 후 / 취업 면접 결과에 대한 / 한 연구 팀은 놀라운 사실을 발견했다.
- Did the likelihood of being hired / depend on qualifications?
  채용될 가능성은 / 자격요건에 의존했을까?
- Or / was it work experience?
  아니면 / 그것은 근무경력이었을까?
- In fact, / it was neither.
  사실은 / 둘 다 아니었다.
- **It was just one important factor: / did the candidate appear / to be a pleasant person.**
  그것은 단 하나의 중요한 요소였다 / 지원자가 보였는가 / 상냥한 사람으로
- Those candidates / who had managed to ingratiate themselves / were very likely to be offered / a position; / they had charmed their way to success.
  지원자들이 / 어떻게든 환심을 산 / 제안 받을 가능성이 높았다 / 일자리를 / 그들은 자신의 길에 마법을 걸어 성공하게 했다
- Some had made a special effort / to smile and maintain eye contact.
  어떤 이들은 특별한 노력을 했다 / 웃고 눈 맞춤을 유지하기 위한
- Others had praised the organization.
  다른 이들은 그 조직을 칭찬했다
- This positivity had convinced the interviewers / that such pleasant and socially skilled applicants / would fit well into the workplace, / and so should be offered a job.
  이러한 적극성은 면접관에게 확신시켰다 / 그런 상냥하고 사회적 기술을 가진 지원자들이 / 직장에 잘 들어맞는다고 / 그래서 일자리를 제안 받아야 한다고

해석 취업 면접 결과에 대한 많은 양의 자료를 분석한 후, 한 연구 팀은 놀라운 사실을 발견했다. 채용될 가능성은 자격요건에 의존했을까? 아니면 그것은 근무경력이었을까? 사실은 둘 다 아니었다. 그것은 단 하나의 중요한 요소였다: 지원자가 상냥한 사람으로 보였는가. 어떻게든 환심을 산 지원자들이 일자리를 제안 받을 가능성이 높았다; 그들은 자신의 길에 마법을 걸어 성공하게 했다. 어떤 이들은 웃고 눈 맞춤을 유지하기 위한 특별한 노력을 했다. 다른 이들은 그 조직을 칭찬했다. 이러한 적극성은 그런 상냥하고 사회적 기술을 가진 지원자들이 직장에 잘 들어맞고 그래서 일자리를 제안 받아야 한다고 면접관에게 확신시켰다.

① 일자리를 얻기 위해서는 상냥한 사람이 되어라.   ② 더 많은 자격요건이 더 나은 기회를 가져온다.
③ 중요한 것은 능력이지 성격이 아니다.   ④ 면접에서 네 모습 그대로를 보여 주어라.

해설 많은 취업 면접 자료를 분석한 결과 자격 요건이나 직무 경력보다는 상냥한 사람이 일자리를 얻을 가능성이 더 컸다는 내용이므로 이 글의 제목으로 ①이 가장 적절하다.

정답 ①

17 ★★☆

글의 요지로 가장 적절한 것은?

2016 사회복지직 9급

> How do you describe the times we live in, so connected and yet fractured? Linda Stone, a former Microsoft techie, characterizes ours as an era of continuous partial attention. At the extreme end are teenagers instant-messaging while they are talking on the cell phone, downloading music and doing homework. But adults too live with all systems go, interrupted and distracted, scanning everything, multi-technological-tasking everywhere. We suffer from the illusion, Stone says, that we can expand our personal bandwidth, connecting to more and more. Instead, we end up overstimulated, overwhelmed and, she adds, unfulfilled.

① Modern technology helps us to enrich our lives.
② We live in an age characterized by lack of full attention.
③ Family bond starts to weaken as a result of smart phone development.
④ The older generation can be as technologically smart as the younger one.

어구

fracture 분열시키다, 부러뜨리다
techie 기술전문가
characterize 특징짓다
era 시대
continuous 지속적인
attention 관심, 주의
extreme 극단
go 준비된, 순조로운
interrupt 방해하다
distracted 산만해진
illusion 환상, 오해
expand 확대하다
bandwidth 대역폭
instead 그 대신에, 오히려
end up 결국 ~되다
overstimulate 지나치게 자극하다
overwhelm 압도하다
unfulfilled 성취감을 못 느끼는
enrich 풍요롭게 하다
lack 부족, 결핍
bond 유대

- How do you describe the times / we live in, / so connected and yet fractured?
  당신은 이 시대를 어떻게 묘사하는가 / 우리가 사는 / 매우 연결되어 있지만 분열되어 있는
- Linda Stone, a former Microsoft techie, / characterizes ours / as an era of continuous partial attention.
  Linda Stone은 / 전직 마이크로소프트의 기술전문가인 / 우리의 것(시대)을 특징짓는다 / 지속적인 부분적 주의의 시대로
- At the extreme end / are teenagers / instant-messaging / while they are talking / on the cell phone, / downloading music / and doing homework.
  그 최극단에 / 10대들이 있다 / 인스턴트 메시지를 보내는 / 그들이 이야기하는 동안 / 휴대폰으로 / 음악을 다운로드 하면서 / 그리고 숙제를 하면서
- But adults too live / with all systems go, / interrupted and distracted, / scanning everything, / multi-technological-tasking / everywhere.
  하지만 성인들도 또한 살아간다 / 모든 시스템이 준비된 채로 / 방해받고 산만해지며 / 모든 것을 훑어보면서 / 여러 가지 기술적 일을 하면서 / 어디에서나
- We suffer from the illusion, / Stone says, / that we can expand our personal bandwidth, / connecting to more and more.
  우리가 환상으로 고통 받고 있다 / Stone은 말한다 / 우리가 우리의 개인적 대역폭을 확대할 수 있다는 / 점점 더 많은 것에 연결되면서
- Instead, / we end up overstimulated, overwhelmed / and, she adds, / unfulfilled.
  그 대신에 / 우리는 결국 지나치게 자극을 받고, 압도된다 / 그리고 그녀는 덧붙인다 / 성취감을 못 느끼게 된다고

해석 당신은 매우 연결되어 있지만 분열되어 있는 우리가 사는 이 시대를 어떻게 묘사하는가? 전직 마이크로소프트의 기술전문가인 Linda Stone은 우리 시대를 지속적인 부분적 관심의 시대로 특징짓는다. 그 최극단에 휴대폰으로 이야기하고 음악을 다운로드 하면서, 숙제를 하는 동안 인스턴트 메시지를 보내는 10대들이 있다. 하지만 성인들도 또한 어디에서나 모든 시스템이 준비된 채로, 방해받고 산만해지며, 모든 것을 훑어보고, 여러 가지 기술적 일을 하면서 살아간다. 점점 더 많은 것에 연결되면서 우리의 개인적 대역폭을 확대할 수 있다는 환상으로 우리가 고통 받고 있다고 Stone은 말한다. 그 대신에, 우리는 결국 지나치게 자극을 받고, 압도되며 그리고 성취감을 못 느끼게 된다고 그녀는 덧붙인다.
① 현대의 기술은 우리의 삶을 풍요롭게 하도록 도와준다.
② 우리는 충분한 주의의 부족에 의해 특징지어진 시대를 살아간다.
③ 스마트폰의 개발의 결과로 가족의 유대가 약해지기 시작한다.
④ 구세대는 젊은 세대만큼 기술적으로 똑똑해 질 수 있다.

해설 두 번째 문장에서 우리의 시대를 지속적인 부분적 주의를 특징으로 하는 시대라고 말하고 이에 대해서 휴대폰 전화, 음악 다운로드, 숙제를 하는 동시에 메시지를 보내는 10대와 여러 가지 일을 하면서 방해받고 산만해지는 성인의 예시를 들면서 설명하고 있으므로 이 글의 요지로 ②가 가장 적절하다.

정답 ②

18 ★★☆

다음 글의 제목으로 가장 적절한 것은?

2016 기상직 9급

Chimpanzees' performance seems quite primitive when compared to that of a human child. It took Sheba, female chimpanzee, several years of trial and error before she could master the digits 0 through 9. In the end, the chimpanzee still made frequent errors in using them, as did all the animals trained on number tasks. A young child, by contrast, spontaneously counts on its fingers, can often count up to 10 before the age of three, and rapidly moves on to multidigit numerals whose syntax is much more complex. The developing human brain seems to absorb numerical language effortlessly — quite the opposite of animals, which always seem to need hundreds of repetitions of the same lesson before they retain anything.

① Necessities to Protect Chimpanzees
② Wonders of Geometric Abilities in Children
③ Limits of Mathematical Competence of Chimpanzees
④ Linguistic Similarity between Human and Chimpanzees

- **Chimpanzees' performance seems quite primitive / when compared / to that of a human child.**
  침팬지의 수행능력은 꽤 원시적인 것 같다 / 비교될 때 / 인간의 아이의 그것과
- **It took Sheba, female chimpanzee, / several years of trial and error / before she could master / the digits 0 through 9.**
  암컷 침팬지인 Sheba는 필요로 했다 / 수년간의 시행착오를 / 그녀가 완전히 익히기 전에 / 0에서 9까지의 숫자들을
- **In the end, / the chimpanzee still made frequent errors / in using them, / as did all the animals / trained on number tasks.**
  결국 / 그 침팬지는 여전히 빈번한 실수들을 했다 / 그것들을 사용할 때 / 모든 동물들이 그랬듯이 / 숫자 과제에 훈련을 받은
- **A young child, / by contrast, / spontaneously counts on its fingers, / can often count up to 10 / before the age of three, / and rapidly moves on to multidigit numerals / whose syntax is much more complex.**
  어린 아이는 / 그에 반해서 / 자연스럽게 자신의 손가락으로 수를 세고 / 종종 10까지 셀 수 있다 / 세 살 전에 / 그리고 빠르게 여러 자리 숫자로 나아간다 / 그것의 배열이 훨씬 더 복잡한
- **The developing human brain / seems to absorb numerical language / effortlessly / — quite the opposite of animals, / which always seem to need / hundreds of repetitions / of the same lesson / before they retain anything.**
  발달하는 인간의 뇌는 / 숫자 언어를 흡수하는 것 같다 / 쉽게 / 이는 동물들과는 정반대다 / 그리고 그들(동물)은 항상 필요한 것 같다 / 수백 번의 반복이 / 똑같은 학습의 / 그들이 어떤 것이든 기억하기 전에

해석 침팬지의 수행능력은 인간의 아이의 그것과 비교될 때 꽤 원시적인 것 같다. 암컷 침팬지인 Sheba는 0에서 9까지의 숫자들을 완전히 익히기 전에 수년간의 시행착오를 필요로 했다. 결국 그 침팬지는 그것들을 사용할 때 숫자 과제에 훈련을 받은 모든 동물들이 그랬듯이 여전히 빈번한 실수들을 했다. 그에 반해서 어린 아이는 자연스럽게 자신의 손가락으로 수를 세고, 세 살 전에 종종 10까지 셀 수 있으며 그리고 그것의 배열이 훨씬 더 복잡한 여러 자리 숫자로 빠르게 나아간다. 발달하는 인간의 뇌는 쉽게 숫자 언어를 흡수하는 것 같다 — 이는 동물들과는 정반대인데, 그들(동물)은 어떤 것이든 기억하기 전에 똑같은 학습에 대해 항상 수백 번의 반복이 필요한 것 같다.

① 침팬지를 보호할 필요성　　　　　　② 아이들의 기하학의 능력에 대한 놀라움
③ 침팬지의 수학의 능력의 한계　　　　④ 인간과 침팬지 사이의 언어적 유사성

해설 첫 문장에서 침팬지의 수행 능력이 인간과 비교해 볼 때 원시적으로 보인다고 말하고, 두 번째 문장부터 그 수학적 능력이 한계가 있음을 설명하고 있으므로 이 글의 제목으로 ③이 가장 적절하다.

정답 ③

3 연결어 넣기

친절한영어 기본을 완성하는 독해

Chapter 01　독해 접근법

Chapter 02　제목, 주제, 요지

Chapter 03　연결어 넣기

Chapter 04　내용 일치와 불일치

Chapter 05　흐름상 어색한 문장

Chapter 06　빈칸 완성

Chapter 07　순서 배열

Chapter 08　문장 삽입

www.modoogong.com　|　www.modoofire.com

친절한영어 기본을 완성하는 독해

연결어 넣기

- UNIT 1 경쟁자보다 한발 앞서는 독해 TIP
- UNIT 2 문제 풀이

UNIT 1 | 경쟁자보다 한발 앞서는 독해 TIP

❶ 접근 방법

연결사 넣기 문제는 주제문을 중심으로 해서 여러 문장들이 어떠한 논리적 구조를 가지고 있는지 묻는 문제입니다. 글의 흐름이 자연스럽게 이어질 수 있도록 빈칸 앞 뒤 문장의 논리적 관계를 파악하고 그에 적합한 연결어를 넣으면 됩니다. 난이도가 높은 문제는 빈칸 앞 뒤 문장만으로는 정답이 나오지 않으므로 글 전체의 흐름과 논리적 구조를 염두에 두면서 글을 읽어 내려가야 합니다.

❷ 독해 해법

(1) 선택지 분석

선택지 ①~④에 나온 연결어를 확인합니다. 일반적으로 빈칸 (A), (B)와 같이 두 개의 연결어를 묻는 경우가 많습니다. 먼저 (A)에 있는 연결어를 확인하고 글의 구조와 흐름을 예상해 봅니다. However가 보이면 대조의 흐름으로 예상하고, Moreover가 보이면 부연의 흐름으로 예상해 보는 겁니다.

(2) 지문 읽기

이제 지문을 읽어 내려갈 차례입니다. 글쓴이가 자신의 중심 생각을 어떠한 논리적 구조로 전개하는지 궁금해 하면서 적극적으로 글을 읽는 게 필요합니다. 첫 문장부터 글을 읽어 내려가다가 빈칸 앞 뒤 문장에서 조금 더 자세히 논리적 관계를 확인하면서 적절한 연결어를 선택하면 됩니다. 그리고 나서 다시 (B)에 있는 연결어를 확인하고 글의 구조와 흐름을 예상해 봅니다. 그리고 지문을 읽어 내려가다가 두 번째 빈칸 앞뒤 문장에서 논리적 관계를 확인하고 적절한 연결어를 선택하면 됩니다.

(3) **정답 결정**

글의 소재 및 주제를 글쓴이가 어떠한 논리적 구조로 전개했는지 확인하고 정답을 결정하면 됩니다.

❸ 대표적 연결어

(1) **예시**
- for example, for instance, to illustrate 예를 들어

(2) **첨가**
- also 또한
- besides, moreover, furthermore, in addition, what is more 게다가
- at the same time 동시에

(3) **유사**
- similarly, likewise, in the same way 마찬가지로

(4) **역접**
- but, yet, however 하지만

(5) **대조와 전환**
- on the contrary 그와는 반대로
- by contrast, in contrast 그와 대조적으로
- instead, rather 대신에, 오히려
- on the other hand 반면에

(6) **양보**
- still, nonetheless, nevertheless 그럼에도
- in spite of this 이것에도 불구하고

(7) 경과
- meanwhile, meantime 그 동안에, 한편
- otherwise 그렇지 않으면

(8) 인과
- so, thus, hence, therefore, accordingly 따라서, 그러므로
- as a result, consequently, in conclusion 따라서, 결과적으로
- for this reason 이러한 이유로

(9) 요약
- in summary, to sum up, in short 요컨대
- in a nutshell 간단히 말하면

(10) 강조
- indeed 사실
- in fact 사실
- particularly 특히

(11) 재 진술
- in other words, that is 다시 말해서

/ MEMO /

UNIT 2 | 문제 풀이

01 ★★☆

(A)와 (B)에 들어갈 말로 가장 적절한 것은?   2021 지방직 9급

Ancient philosophers and spiritual teachers understood the need to balance the positive with the negative, optimism with pessimism, a striving for success and security with an openness to failure and uncertainty. The Stoics recommended "the premeditation of evils," or deliberately visualizing the worst-case scenario. This tends to reduce anxiety about the future: when you soberly picture how badly things could go in reality, you usually conclude that you could cope. __(A)__, they noted, imagining that you might lose the relationships and possessions you currently enjoy increases your gratitude for having them now. Positive thinking, __(B)__, always leans into the future, ignoring present pleasures.

	(A)	(B)
①	Nevertheless	in addition
②	Furthermore	for example
③	Besides	by contrast
④	However	in conclusion

어구
- philosopher 철학자
- spiritual 정신적인
- optimism 낙관주의
- pessimism 비관주의
- strive 노력하다, 분투하다
- security 안전
- openness 개방성
- uncertainty 불확실성
- Stoics 스토아학파
- premeditation 미리 생각하기
- evil 악, 불행
- deliberately 의도적으로
- visualize 마음속에 그리다, 상상하다
- worst-case scenario 최악의 시나리오
- tend to do ~하는 경향이 있다
- reduce 줄이다
- soberly 진지하게
- picture 상상하다
- conclude 결론을 내리다
- cope 대처하다
- note 주목하다, 언급하다
- possession 소유물
- currently 현재
- gratitude 감사
- lean 기대다, 의지하다
- ignore 무시하다

- **Ancient philosophers and spiritual teachers** / understood the need / to balance / **the positive with the negative,** / optimism with pessimism, / a striving for success and security with an openness to failure and uncertainty.
  고대 철학자들과 정신적 스승들은 / 필요성을 알고 있었다 / 균형을 유지할 / 긍정적인 것과 부정적인 것의 / 낙관주의와 비관주의의 / 성공 및 안전을 위한 노력과 실패 및 불확실성에 대한 개방성의

- **The Stoics recommended** / "the premeditation of evils," / or deliberately visualizing the worst-case scenario.
  스토아학파는 권고했다 / 불행에 대해 미리 생각하기를 / 즉 의도적으로 최악의 시나리오를 상상하는 것을

- **This tends to reduce anxiety** / **about the future:** / when you soberly picture / how badly things could go / in reality, / you usually conclude / that you could cope.
  이것은 불안을 줄이는 경향이 있다 / 미래에 대한 / 당신은 진지하게 상상할 때 / 상황이 얼마나 나쁘게 진행될지 / 실제로 / 당신은 대개 결론을 내린다 / 당신이 대처할 수 있다고

- (A) <u>Besides</u>, / they noted, / **imagining** / **that you might lose the relationships and possessions** / you currently enjoy / **increases your gratitude** / for having them now.
  (A) 게다가 / 그들은 주목했다 / 상상하는 것은 / 당신이 관계와 소유물을 잃을 수 있다고 / 당신이 현재 누리는 / 당신의 감사함을 증가시킨다는 것에 / 지금 그것들을 가지고 있는 것에 대한

- **Positive thinking,** / (B) <u>by contrast</u>, / **always leans into the future,** / **ignoring present pleasures.**
  긍정적인 생각은 / (B) <u>그와 대조적으로</u> / 항상 미래에 기댄다 / 현재의 기쁨을 무시하면서

해석 고대 철학자들과 정신적 스승들은 긍정적인 것과 부정적인 것의, 낙관주의와 비관주의의, 성공 및 안전을 위한 노력과 실패 및 불확실성에 대한 개방성의 균형을 유지할 필요성을 알고 있었다. 스토아학파는 '불행에 대해 미리 생각하기' 즉 의도적으로 최악의 시나리오를 상상하는 것을 권고했다. 이것은 미래에 대한 불안을 줄이는 경향이 있다: 당신은 상황이 실제로 얼마나 나쁘게 진행될지 진지하게 상상할 때 당신은 대개 당신이 대처할 수 있다고 결론을 내린다. (A) 게다가, 그들은 당신이 현재 누리는 관계와 소유물을 잃을 수 있다고 상상하는 것은 지금 그것들을 가지고 있는 것에 대한 당신의 감사함을 증가시킨다는 것에 주목했다. (B) 그와 대조적으로, 긍정적인 생각은 현재의 기쁨을 무시하면서 항상 미래에 기댄다.

① 그럼에도 불구하고 - 게다가
② 게다가 - 예를 들어
③ 게다가 - 그와 대조적으로
④ 하지만 - 결론적으로

해설 (A) 앞에서는 '불행에 대해 미리 생각하기'가 미래에 대한 불안을 줄이는 경향이 있다고 말하고, (A) 뒤에서는 현재 누리고 있는 관계나 소유물이 잃을 수 있다고 상상하는 것이 지금 그것을 갖고 있는 것에 대한 감사함을 증가시킨다고 말하고 있다. 즉 부정적인 생각이 가지는 좋은 점을 병렬적으로 연결하고 있으므로 (A)에는 Furthermore 또는 Besides가 적절하다. (B)가 포함된 문장에서는 부정적인 생각이 가지는 좋은 점과는 달리 긍정적인 생각은 현재의 기쁨을 무시하고 미래에 기댄다고 말함으로써 (B) 앞에 나온 내용과 대조적인 내용을 서술하고 있으므로 (B)에는 by contrast가 들어가야 자연스럽다.

정답 ③

02 ★★☆

(A)와 (B)에 들어갈 말로 가장 적절한 것은?　　　2021 소방 공채 9급

When you're a first responder, work hours are often long and unpredictable. Firefighters can't control when a fire starts; they just have to stop it, no matter how inconvenient the time. __(A)__ , police officers can't leave a crime scene just because their scheduled shift is over and it's time to go home. They have to make sure the situation is safe before leaving. Because of the time commitment alone, first responders make substantial personal sacrifices. Whatever activities, hobbies, or family time they enjoy often takes a backseat to their service to the community. __(B)__ , time isn't the only thing first responders sacrifice. Every day, they put their safety on the line for our benefit. They run into dangerous situations so that we don't have to, sometimes risking their lives in the process.

	(A)	(B)
①	On the contrary	Similarly
②	In short	Moreover
③	Consequently	Nevertheless
④	Likewise	However

어구

- **first responder** 긴급처치요원, 응급대응요원
- **unpredictable** 예측할 수 없는
- **inconvenient** 불편한
- **shift** 근무교대
- **make sure** 확인하다, 확실하게 하다
- **commitment** (시간, 인력 등) 투입, 충당
- **substantial** 상당한
- **sacrifice** 희생, 희생하다
- **take a backseat to** ~에 밀리다
- **on the line** 위태로운
- **run into** ~를 겪다, 만나다
- **risk one's life** 목숨을 걸다

- **When you're a first responder, / work hours are often long and unpredictable.**
  당신이 긴급처치요원이라면, / 근무시간은 종종 길어지며 예측할 수 없다.

- **Firefighters can't control / when a fire starts; / they just have to stop it, / no matter how inconvenient the time.**
  소방관들은 통제할 수 없다 / 화재가 시작되는 때를 / 그들은 그저 그것(화재)을 막아야 한다 / 그 시간이 아무리 불편하더라도

- **(A) Likewise, / police officers can't leave a crime scene / just because their scheduled shift is over / and it's time / to go home.**
  (A) 마찬가지로 / 경찰관들은 범죄현장을 떠날 수는 없다 / 그저 그들의 예정된 교대근무가 끝났다고 해서 / 그리고 시간이라고 해서 / 귀가할

- **They have to make sure / the situation is safe / before leaving.**
  그들은 확인해야 한다 / 그 상황이 안전하다는 것을 / 떠나기 전에

- **Because of the time commitment alone, / first responders make substantial personal sacrifices.**
  충당된 시간 때문만으로도 / 긴급처치요원은 상당한 개인적 희생을 한다

- **Whatever activities, hobbies, or family time they enjoy / often takes a backseat / to their service to the community.**
  그들이 즐기는 어떠한 활동, 취미 또는 가족과의 시간이든 / 종종 밀린다 / 지역사회에 대한 봉사에

- **(B) However, / time isn't the only thing / first responders sacrifice.**
  (B) 하지만 / 시간이 유일한 것은 아니다 / 긴급처치요원들이 희생하는

- **Every day, / they put their safety on the line / for our benefit.**
  매일 / 그들은 자신의 안전을 위태롭게 하고 있다 / 우리의 이익을 위하여

- **They run into dangerous situations / so that we don't have to, / sometimes risking their lives / in the process.**
  그들은 위험한 상황을 겪는다 / 우리가 그럴 필요가 없도록 / 그리고 때때로 목숨을 건다 / 그 과정에서

해석 당신이 긴급처치요원이라면, 근무시간은 종종 길어지며 예측할 수 없다. 소방관들은 화재가 시작되는 때를 통제할 수 없다; 그 시간이 아무리 불편하더라도, 그저 그것을 막아야 한다. (A) 마찬가지로, 경찰관들은 단지 그들의 예정된 교대근무가 끝나고 귀가할 시간이라고 해서 범죄현장을 떠날 수는 없다. 그들은 떠나기 전에 그 상황이 안전하다는 것을 확인해야 한다. 충당된 시간 때문만으로도, 긴급처치요원들은 상당한 개인적 희생을 한다. 그들이 즐기는 어떠한 활동, 취미 또는 가족과의 시간이든 종종 지역사회에 대한 봉사에 밀린다. (B) 하지만, 시간이 긴급처치요원들이 희생하는 유일한 것은 아니다. 매일, 그들은 우리의 이익을 위하여 자신의 안전을 위태롭게 하고 있다. 그들은 우리가 그럴 필요가 없도록 위험한 상황을 겪으며 때때로 그 과정에서 목숨을 건다.

① 그와는 반대로 – 마찬가지로
② 요컨대 – 게다가
③ 그 결과 – 그럼에도 불구하고
④ 마찬가지로 – 하지만

해설 (A) 앞에서는 소방관들이 아무리 불편한 시간이라도 화재를 막아야 한다고 하고, (A) 뒤에서는 경찰관들도 근무시간이 끝났다고 하더라도 범죄현장을 떠날 수는 없다고 말하고 있으므로, (A)에는 동일한 내용을 연결하는 Likewise가 들어가야 자연스럽다. (B) 앞에서는 시간적인 부분이 희생된다는 내용을 말하고, (B) 뒤에서는 시간이 긴급조치요원이 희생하는 유일한 부분이 아님을 말하고 있으므로, (B)에는 However가 들어가야 자연스럽다.

정답 ④

03 ★★☆

밑줄 친 (A), (B)에 들어갈 말로 가장 적절한 것은?   2020 국가직 9급

Advocates of homeschooling believe that children learn better when they are in a secure, loving environment. Many psychologists see the home as the most natural learning environment, and originally the home was the classroom, long before schools were established. Parents who homeschool argue that they can monitor their children's education and give them the attention that is lacking in a traditional school setting. Students can also pick and choose what to study and when to study, thus enabling them to learn at their own pace.   (A) , critics of homeschooling say that children who are not in the classroom miss out on learning important social skills because they have little interaction with their peers. Several studies, though, have shown that the home-educated children appear to do just as well in terms of social and emotional development as other students, having spent more time in the comfort and security of their home, with guidance from parents who care about their welfare.   (B) , many critics of homeschooling have raised concerns about the ability of parents to teach their kids effectively.

	(A)	(B)
①	Therefore	Nevertheless
②	In contrast	In spite of this
③	Therefore	Contrary to that
④	In contrast	Furthermore

어구
- advocate 옹호자
- secure 안전한
- psychologist 심리학자
- establish 설립하다
- monitor 감시하다
- lacking 부족한
- pick and choose 까다롭게 고르다
- miss out on ~을 놓치다
- peer 또래
- in terms of ~의 면에서
- care about ~에 마음을 쓰다
- concern 우려, 염려
- effectively 효과적으로

- Advocates of homeschooling believe / that children learn better / when they are / in a secure, loving environment.
  홈스쿨링의 옹호자들은 믿는다 / 아이들이 더 잘 배운다고 / 그들이 있을 때 / 안전한 사랑의 환경에

- Many psychologists see / the home / as the most natural learning environment, / and originally the home was the classroom, / long before schools were established.
  많은 심리학자들은 여긴다 / 가정을 / 가장 자연스러운 학습 환경으로 / 그리고 원래 가정은 교실이었다 / 학교가 설립되기 훨씬 이전에

- Parents who homeschool / argue / that they can monitor their children's education / and give them the attention / that is lacking / in a traditional school setting.
  홈스쿨링을 하는 부모들은 / 주장한다 / 그들(부모들)이 자신의 아이들의 교육을 감시할 수 있다 / 그리고 그들(자녀들)에게 관심을 줄 수 있다고 / 부족한 / 전통적인 학교 환경에서는

- Students can also pick and choose / what to study and when to study, / thus enabling them to learn / at their own pace.
  학생들은 또한 까다롭게 고를 수 있다 / 무엇을 공부할지 그리고 언제 공부할지를 / 그래서 이것은 그들을 학습할 수 있게 한다 / 그들 자신의 속도로

- (A) In contrast, / critics of homeschooling say / that children who are not in the classroom / miss out on learning important social skills / because they have little interaction / with their peers.
  (A) 그에 반해서 / 홈스쿨링에 대한 비평가들은 말한다 / 교실에 있지 않은 아이들이 / 중요한 사회적 기술을 배우는 것을 놓친다고 / 그들이 상호작용이 거의 없기 때문에 / 그들의 또래와의

- Several studies, though, have shown / that the home-educated children appear to do just as well / in terms of social and emotional development / as other students, / having spent more time / in the comfort and security of their home, / with guidance from parents / who care about their welfare.
  하지만 몇몇 연구들은 보여주었다 / 가정에서 교육을 받은 아이들이 잘 하는 것 같다는 것을 / 사회적 그리고 정서적 발달의 면에서 / 다른 학생들만큼 / 더 많은 시간을 보내면서 / 그들의 가정의 편안함과 안전 속에서 / 부모의 지도와 함께 / 그들의 행복에 마음을 쓰는

- (B) In spite of this, / many critics of homeschooling / have raised concerns / about the ability of parents / to teach their kids / effectively.
  (B) 이것에도 불구하고 / 홈스쿨링에 대한 많은 비평가들은 / 우려를 제기해왔다 / 부모의 능력에 대한 / 자신의 아이들을 가르칠 수 있는 / 효과적으로

해석 홈스쿨링의 옹호자들은 아이들이 안전한 사랑의 환경에 있을 때 더 잘 배운다고 믿는다. 많은 심리학자들은 가정을 가장 자연스러운 학습 환경으로 여기며 그리고 원래 가정은 학교가 설립되기 훨씬 이전에 교실이었다. 홈스쿨링을 하는 부모들은 그들이 자신의 아이들의 교육을 감시할 수 있고 전통적인 학교 환경에서는 부족한 관심을 줄 수 있다고 주장한다. 학생들은 또한 무엇을 공부할지 그리고 언제 공부할지를 까다롭게 고를 수 있으며, 그래서 이것은 그들을 그들 자신의 속도로 학습할 수 있게 한다. (A) 그에 반해서, 홈스쿨링에 대한 비평가들은 교실에 있지 않은 아이들이 또래와의 상호작용이 거의 없기 때문에 중요한 사회적 기술을 배우는 것을 놓친다고 말한다. 하지만 몇몇 연구들은 가정에서 교육을 받은 아이들이 그들의 행복에 마음을 쓰는 부모의 지도와 함께 가정의 편안함과 안전 속에서 더 많은 시간을 보내면서 사회적 그리고 정서적 발달의 면에서 다른 학생들만큼 잘 하는 것 같다는 것을 보여주었다. (B) 이것에도 불구하고, 홈스쿨링에 대한 많은 비평가들은 자신의 아이들을 효과적으로 가르칠 수 있는 부모의 능력에 대한 우려를 제기해왔다.

① 그러므로 – 그럼에도 불구하고
② 그에 반해서 – 이것에도 불구하고
③ 그러므로 – 그것과는 반대로
④ 그에 반해서 – 게다가

해설 (A) 앞에서는 홈스쿨링을 옹호하는 사람들이 주장하는 홈스쿨링에 대한 좋은 점에 대한 설명이 나오고, (A) 뒤에서는 홈스쿨링을 반대하는 비평가들이 주장하는 홈스쿨링에 대한 좋지 않은 점을 설명하고 있으므로, (A)에는 In contrast가 적절하다. (B) 앞에서는 홈스쿨링을 하는 학생들이 다른 학생들만큼 사회적 및 정서적 발달의 면에서 잘 하고 있음을 보여주는 몇몇 연구결과에 대해 말하고, (B) 뒤에서는 홈스쿨링의 비평가들이 제기하는 아이들을 가르칠 수 있는 부모의 능력에 대한 우려를 말하고 있으므로 (B)에는 In spite of this가 들어가야 자연스럽다.

정답 ②

/ MEMO /

04 ★★☆

다음 밑줄 친 (A)와 (B)에 들어갈 가장 적절한 표현은?   2020 국회직 9급

More and more people and communities are changing their habits in order to protect the environment. One reason for this change is that space in landfills is running out and the disposal of waste has become difficult. __(A)__, the practices of recycling, reusing, and reducing waste are becoming more commonplace. In some countries the technology for disposing of, or getting rid of, waste has actually become big business. Individuals have also taken actions to reduce landfill waste; for example, people are recycling newspapers and donating clothes to charities. __(B)__, some people take leftover food and turn it into rich garden compost, an excellent fertilizer for vegetable and flower gardens.

	(A)	(B)
①	As a result	In addition
②	However	In general
③	Incidentally	Overall
④	Consequently	For instance
⑤	Accordingly	Particularly

- More and more people and communities / are changing their habits / in order to protect the environment.
  점점 더 많은 사람들과 지역사회들이 / 그들의 습관을 바꾸고 있다 / 환경을 보호하기 위해
- One reason for this change / is that **space in landfills is running out** / and the disposal of waste has become difficult.
  이러한 변화의 한 가지 이유는 / 쓰레기 매립지의 공간이 바닥나고 있기 때문이다 / 그리고 쓰레기의 처리가 어려워졌기 때문이다
- (A) As a result, / the practices of recycling, reusing, and reducing waste / are becoming more commonplace.
  (A) 그 결과 / 쓰레기를 재활용하고 재사용하고 그리고 줄이는 실천이 / 더 흔해지고 있다
- In some countries / the technology / for disposing of, or getting rid of, waste / has actually become big business.
  일부 국가에서는 / 기술이 / 쓰레기를 처리하거나 없애는 / 실제로 큰 사업이 되었다
- Individuals have also taken actions / to reduce landfill waste; / for example, **people are recycling newspapers** / and donating clothes to charities.
  개인들 또한 조치를 취해 왔다 / 매립지 쓰레기를 줄이기 위한 / 예컨대 사람들은 신문을 재활용하고 있다 / 그리고 자선단체에 옷을 기부하고 있다
- (B) In addition, / some people take leftover food / and turn it / into rich garden compost, / an excellent fertilizer / for vegetable and flower gardens.
  (B) 게다가 / 일부 사람들은 남은 음식을 가져간다 / 그리고 그것을 바꾼다 / 비옥한 정원 퇴비로 / 훌륭한 비료인 / 채소밭과 꽃밭을 위한

해석 점점 더 많은 사람들과 지역사회들이 환경을 보호하기 위해 그들의 습관을 바꾸고 있다. 이러한 변화의 한 가지 이유는 쓰레기 매립지의 공간이 바닥나고 있고 쓰레기의 처리가 어려워졌기 때문이다. (A) 그 결과, 쓰레기를 재활용하고 재사용하고 그리고 줄이는 실천이 더 흔해지고 있다. 일부 국가에서는 쓰레기를 처리하거나 없애는 기술이 실제로 큰 사업이 되었다. 개인들 또한 매립지 쓰레기를 줄이기 위한 조치를 취해 왔다; 예컨대 사람들은 신문을 재활용하고 자선단체에 옷을 기부하고 있다. (B) 게다가, 일부 사람들은 남은 음식을 가져가서 그것을 채소밭과 꽃밭을 위한 훌륭한 비료인 비옥한 정원 퇴비로 바꾼다.

① 그 결과 – 게다가
② 하지만 – 일반적으로
③ 덧붙여 말하자면 – 전반적으로
④ 그 결과 – 예컨대
⑤ 따라서 – 특히

해설 (A) 앞에서는 쓰레기 매립지의 공간이 바닥나고 있고 쓰레기의 처리가 어려워졌다고 말하고, (A) 뒤에서는 앞의 내용을 원인으로 해서 쓰레기의 재활용, 재사용 및 실천이 더 흔해지고 있다는 결과를 말하고 있으므로 (A)에는 As a result, Consequently, Accordingly가 적절하다. (B) 앞에서는 쓰레기를 재활용하고 줄이기 위한 실천으로 개인들 차원에서 사람들이 신문을 재활용하고 의류를 기부하는 내용을 말하고, (B) 뒤에서는 어떤 사람들은 남은 음식을 가져가서 퇴비로 사용한다는 추가적인 내용이 있으므로 (B)에는 In addition이 적절하다.

정답 ①

05 ★★☆

다음 글의 빈칸 (A), (B)에 들어갈 말로 가장 적절한 것은?   2019 국가직 9급

Visionaries are the first people in their industry segment to see the potential of new technologies. Fundamentally, they see themselves as smarter than their opposite numbers in competitive companies — and, quite often, they are. Indeed, it is their ability to see things first that they want to leverage into a competitive advantage. That advantage can only come about if no one else has discovered it. They do not expect, __(A)__, to be buying a well-tested product with an extensive list of industry references. Indeed, if such a reference base exists, it may actually turn them off, indicating that for this technology, at any rate, they are already too late. Pragmatists, __(B)__, deeply value the experience of their colleagues in other companies. When they buy, they expect extensive references, and they want a good number to come from companies in their own industry segment.

	(A)	(B)
①	therefore	on the other hand
②	however	in addition
③	nonetheless	at the same time
④	furthermore	in conclusion

어구
visionary 선지자
industry segment 업계부문
fundamentally 근본적으로
opposite number 상대방
leverage 활용하다
competitive advantage 경쟁우위
come about 생기다
well-tested 철저히 시험을 거친
extensive 광범위한
reference 참조, 참조사항
turn off ~에게 흥미를 잃게 하다
indicate 보여주다, 나타내다
at any rate 어쨌든
pragmatist 실용주의자
value 가치 있게 생각하다

- **Visionaries are the first people** / in their industry segment / to see the potential / of new technologies.
  선지자들은 최초의 사람들이다 / 그들의 업종부문에서 / 잠재력을 볼 수 있는 / 새로운 기술의
- **Fundamentally,** / they see themselves as smarter / than their opposite numbers / in competitive companies / — and, quite often, / they are.
  근본적으로 / 그들은 자기 자신을 더 똑똑하다고 여긴다 / 상대방보다 / 경쟁회사의 / 그리고 꽤 자주 / 그들은 그러하다
- **Indeed,** / it is their ability / to see things first / that they want to leverage / into a competitive advantage.
  사실 / 그들의 능력이다 / 것들을 먼저 발견하는 것은 / 그들이 활용하기를 원하는 / 경쟁 우위로
- **That advantage can only come about** / if no one else has discovered it.
  그 우위는 단지 생길 수 있다 / 다른 어느 누구도 그것을 발견하지 못한 경우에만
- **They do not expect,** / (A) therefore, / to be buying a well-tested product / with an extensive list of industry references.
  그들은 기대하지 않는다 / (A) 그러므로 / 철저히 시험을 거친 제품을 구매할 것을 / 광범위한 업계 참조 목록이 있는
- **Indeed,** / if such a reference base exists, / it may actually turn them off, / indicating that / for this technology, / at any rate, / they are already too late.
  사실 / 그러한 참조 기반이 존재한다면 / 그것은 실제로 그들에게 흥미를 잃게 할 수 있다 / 그리고 이것은 보여준다 / 이 기술에 대해 / 어쨌든 / 그들이 이미 너무 늦다는 것을
- **Pragmatists,** / (B) on the other hand, / deeply value the experience / of their colleagues / in other companies.
  실용주의자들은 / (B) 반면에 / 경험을 매우 가치 있게 생각한다 / 그들의 동료들의 / 다른 회사에 있는
- **When they buy,** / they expect extensive references, / and they want / a good number to come / from companies in their own industry segment.
  그들이 구매할 때 / 그들은 광범위한 참조사항들을 기대한다 / 그리고 그들은 원한다 / 많은 것들이 나오기를 / 그들 자신의 업종부문에 있는 회사들로부터

해석 선지자들은 그들의 업종부문에서 새로운 기술의 잠재력을 볼 수 있는 최초의 사람들이다. 근본적으로, 그들은 자기 자신을 경쟁회사의 상대방보다 더 똑똑하다고 여긴다 — 그리고 꽤 자주 그들은 그러하다. 사실, 그들이 경쟁 우위로 활용하기를 원하는 것들을 먼저 발견하는 것은 그들의 능력이다. 그 우위는 다른 어느 누구도 그것을 발견하지 못한 경우에만 생길 수 있다. (A) 그러므로, 그들은 광범위한 업계 참조 목록이 있는 철저히 시험을 거친 제품을 구매할 것을 기대하지 않는다. 사실, 그러한 참조 기반이 존재한다면, 그것은 실제로 그들에게 흥미를 잃게 할 수 있는데, 이것은 이 기술에 대해, 어쨌든 그들이 이미 너무 늦다는 것을 보여준다. (B) 반면에, 실용주의자들은 다른 회사에 있는 그들의 동료들의 경험을 매우 가치 있게 생각한다. 그들이 구매할 때, 그들은 광범위한 참조사항들을 기대하며, 그들은 그들 자신의 업종부문에 있는 회사들로부터 많은 것들이 나오기를 원한다.

① 그러므로 – 반면에　② 하지만 – 게다가　③ 그럼에도 불구하고 – 동시에　④ 게다가 – 결론적으로

해설 (A) 앞에서는 경쟁우위는 다른 누구도 이를 발견하지 못한 경우에만 생길 수 있다고 말하고, (A)가 포함된 문장에서는 업계 참조 목록이 있는 철저하게 시험을 거친 제품이라면 선지자들이 구매할 것을 기대하지 않는다고 말하고 있다. 앞 뒤 문장이 인과관계를 이루고 있으므로 빈칸에는 therefore가 들어가야 자연스럽다. (B) 앞에서는 선지자들의 경우, 참조기반이 존재하면 흥미를 잃어버린다는 설명을 하고, (B)가 포함된 문장과 그 다음에는 선지자들과 달리 실용주의자들은 업계의 경험을 가치 있게 생각하고 참조사항들을 기대한다고 했으므로 (B)에는 내용을 대비시키는 on the other hand가 적절하다.

정답 ①

06

빈칸에 들어갈 표현으로 가장 적절한 것은? 2019 사회복지직 9급

HUANG QI, who has spent two decades documenting human rights abuses and corruption in China, is now enduring his third term in prison for his efforts. The Chinese penal system has a record of denying proper medical care to prisoners ___(A)___ they die, including Nobel Prize laureate Liu Xiaobo and others. Mr. Huang is now in ill health, and, ___(B)___ activists and his mother, his life is in danger. China should free him for medical care now and not add his name to the rolls of dissidents left to expire in a jail cell.

	(A)	(B)
①	though	without
②	while	with
③	until	according to
④	when	for

어구
- document 기록하다
- abuse 학대, 침해
- corruption 부패
- endure 견디다
- term 기간, 형기
- effort 노력, 활동
- penal system 형벌제도
- deny 거부하다
- laureate 수상자
- roll 명부, 명단
- dissident 반체제인사
- expire 만기가 되다, 죽다
- jail cell 교도소 독방

- **HUANG QI, / who has spent two decades / documenting human rights abuses and corruption / in China, / is now enduring his third term / in prison / for his efforts.**
  HUANG QI는 / 20년을 보내었는데 / 인권 침해와 부패를 기록하면서 / 중국에서 / 지금은 세 번째 형기를 견디고 있다 / 교도소에서 / 자신의 활동들에 대한

- **The Chinese penal system has a record / of denying proper medical care / to prisoners / (A) until they die, / including Nobel Prize laureate Liu Xiaobo and others.**
  중국의 형벌제도는 전력을 가지고 있다 / 적절한 치료를 거부한 / 수감자들에게 / 그들이 죽을 (A) 때까지 / 노벨상 수상자인 Liu Xiaobo과 다른 사람들을 포함하여

- **Mr. Huang is now in ill health, / and, (B) according to activists and his mother, / his life is in danger.**
  Mr. Huang은 지금 건강이 좋지 않다 / 그리고 활동가들과 그의 모친 (B) 에 따르면 / 그의 생명이 위험에 처해 있다

- **China should free him / for medical care / now / and not add his name / to the rolls of dissidents / left to expire / in a jail cell.**
  중국은 그를 석방해야 한다 / 치료를 위해 / 지금 / 그리고 그의 이름을 추가하지 말아야 한다 / 반체제 인사들의 명부에 / 만기가 되도록 남겨지는 / 교도소 독방에서

해석 HUANG QI는, 중국에서 인권 침해와 부패를 기록하면서 20년을 보내었는데, 지금은 교도소에서 자신의 활동들에 대한 세 번째 형기를 견디고 있다. 중국의 형벌제도는 노벨상 수상자인 Liu Xiaobo과 다른 사람들을 포함하여 수감자들이 죽을 (A) 때까지 그들에게 적절한 치료를 거부한 전력을 가지고 있다. Mr. Huang은 지금 건강이 좋지 않으며, 활동가들과 그의 모친 (B) 에 따르면, 그의 생명이 위험에 처해 있다. 중국은 치료를 위해 지금 그를 석방해야 하며, 교도소 독방에서 만기가 되도록 남겨지는 반체제 인사들의 명부에 그의 이름을 추가하지 말아야 한다.

① 비록 ~이지만, ~없이
② ~동안, ~와 함께
③ ~때까지, ~에 따르면
④ ~때, ~를 위해

해설 (A)가 포함된 문장은 중국 형벌체계가 수감자들에 대해 적절한 치료를 인정하지 않는다는 내용이다. 문맥상 수감자가 죽을 때까지 치료를 제공하지 않는다는 의미가 가장 적절하므로 (A)에는 접속사 until이 가장 적절하다. (B)가 포함된 문장에서는 그의 모친과 다른 활동가들의 말을 인용해서 Mr. Huang의 생명이 위험에 처해 있다는 것을 말하고 있으므로 (B)에는 according to가 들어가야 자연스럽다.

정답 ③

07 ★★☆

글의 흐름상 빈칸에 들어갈 표현으로 가장 옳은 것은?   2018 서울시 9급

> Contemporary art has in fact become an integral part of today's middle class society. Even works of art which are fresh from the studio are met with enthusiasm. They receive recognition rather quickly — too quickly for the taste of the surlier culture critics. _____, not all works of them are bought immediately, but there is undoubtedly an increasing number of people who enjoy buying brand new works of art. Instead of fast and expensive cars, they buy the paintings, sculptures and photographic works of young artists. They know that contemporary art also adds to their social prestige. _____, since art is not exposed to the same wear and tear as automobiles, it is a far better investment.

① Of course – Furthermore
② Therefore – On the other hand
③ Therefore – For instance
④ Of course – For example

어구

- **contemporary art** 현대 미술
- **integral** 필수적인, 없어서는 안 될
- **middle class** 중산층
- **fresh** 갓 나온
- **meet with** ~을 받다, ~와 만나다
- **enthusiasm** 열정, 열광
- **recognition** 인정
- **surly** 무뚝뚝한, 퉁명스러운
- **undoubtedly** 확실히
- **brand new** 아주 새로운, 완전 새것인
- **sculpture** 조각품
- **add to** ~를 늘리다
- **prestige** 명성
- **wear and tear** 마모

지문분석

- Contemporary art has in fact become an integral part / of today's middle class society.
  현대 미술은 사실 필수적인 부분이 되었다 / 오늘날 중산층 사회의

- Even works of art / which are fresh from the studio / are met with enthusiasm.
  미술 작품들조차도 / 작업실에서 갓 나온 / 열광을 받는다

- They receive recognition / rather quickly / — too quickly / for the taste / of the surlier culture critics.
  그것들은 인정을 받는다 / 다소 빠르게 / 너무 빠르게 / 감각에는 / 더 무뚝뚝한 문화 비평가들의

- Of course, / not all works of them are bought / immediately, / but there is undoubtedly an increasing number of people / who enjoy buying / brand new works of art.
  물론 / 그것들 중 모든 작품들이 구매되는 것은 아니다 / 즉시 / 하지만 확실히 점점 더 많은 수의 사람들이 있다 / 구매하기를 즐기는 / 새로운 미술작품들을

- Instead of fast and expensive cars, / they buy the paintings, sculptures and photographic works / of young artists.
  빠르고 비싼 자동차 대신에 / 그들은 그림, 조각품 그리고 사진 작품을 구매한다 / 젊은 예술가들의

- They know / that contemporary art / also adds to their social prestige.
  그들은 알고 있다 / 현대미술이 / 또한 그들의 사회적 명성을 높여준다는 것을

- Furthermore, / since art is not exposed / to the same wear and tear as automobiles, / it is a far better investment.
  게다가 / 예술은 노출되지 않기 때문에 / 자동차와 같은 마모에 / 그것은 훨씬 더 좋은 투자이다

해석 현대 미술은 사실 오늘날 중산층 사회의 필수적인 부분이 되었다. 작업실에서 금방 갓 미술 작품들조차도 열광을 받는다. 그것들은 다소 빠르게, 더 무뚝뚝한 문화 비평가들의 감각에는 너무 빠르게 인정을 받는다. 물론, 그것들 중 모든 작품들이 즉시 구매되는 것은 아니지만, 확실히 새로운 미술작품들을 구매하기를 즐기는 점점 더 많은 수의 사람들이 있다. 그들은 빠르고 비싼 자동차 대신에 젊은 예술가들의 그림, 조각품, 사진 작품을 구매한다. 그들은 현대미술이 또한 그들의 사회적 명성을 높여준다는 것을 알고 있다. 게다가, 예술은 자동차와 같은 마모에 노출되지 않기 때문에, 그것은 훨씬 더 좋은 투자이다.

① 물론 – 게다가　　　　② 그러므로 – 반면에
③ 그러므로 – 예컨대　　④ 물론 – 예컨대

해설 첫 번째 빈칸 앞에서는 현대 미술 작품들이 다소 빠르게 인정을 받는다는 말을 하고, 빈칸 뒤에서는 앞의 말을 강조하는 모든 작품들이 팔리는 것은 아니지만 미술 작품을 구매하는 사람들이 점점 많아지고 있다는 내용이 나오므로 첫 번째 빈칸에는 Of course가 들어가야 자연스럽다. 두 번째 빈칸 앞에서는 사람들이 예술 작품을 구매하는 이유에 대해 사회적 명성을 높여준다는 말을 하고, 빈칸 뒤에서는 자동차와 같은 마모에 노출되지 않기 때문에 좋은 투자일 수 있다는 예술작품 구매의 추가적인 이유에 대해 설명하므로 두 번째 빈칸에는 Furthermore가 적절하다.

정답 ①

08 ★★☆

다음 글의 (A), (B)에 들어갈 말로 가장 적절한 것은? 2018 소방공채 9급

No one know the exact date forks made their first appearance in European society. What is known is that in the fourteenth century, etiquette, or the rules for polite behaviors, dictated that food be eaten with the fingers. References to forks begin to appear in letters and journals written in the fifteenth century.   (A) , at this point, forks were used only to serve food, not to eat it. By the sixteenth century, there are many references to the use of forks at banquets and feasts. Writing in his diary in 1520,   (B) , the silk merchant Jacques Le Saige marveled at the expensive silver forks used to cut meat in the homes of his wealthy customers.

	(A)	(B)
①	Still	in contrast
②	Still	for example
③	In other words	on the contrary
④	In other words	in a nutshell

어구

exact 정확한
make one's appearance 나타나다
dictate 명령하다, 지시하다
reference 언급
journal 저널, 일기
at this point 이 때
banquet 연회
feast 잔치
merchant 상인
marvel at ~에 놀라다
in a nutshell 간단히 말해

지문분석

- No one know the exact date / forks made their first appearance / in European society.
  아무도 정확한 날짜를 알지 못한다 / 포크가 처음으로 나타난 / 유럽 사회에
- What is known / is that in the fourteenth century, / etiquette, or the rules for polite behaviors, dictated / that food be eaten / with the fingers.
  알려진 것은 / 14세기에는 / 에티켓 즉 공손한 행동에 대한 규칙은 명령했다는 것이다 / 음식은 먹어야한다고 / 손으로
- References to forks / begin to appear / in letters and journals / written in the fifteenth century.
  포크에 대한 언급은 / 나타나기 시작한다 / 편지와 저널에 / 15세기에 쓰인
- (A) Still, / at this point, / forks were used / only to serve food, / not to eat it.
  (A) 그럼에도 / 이 때 / 포크는 사용되었다 / 단지 음식을 내놓기 위해 / 음식을 먹기 위해서가 아니라
- By the sixteenth century, / there are many references / to the use of forks / at banquets and feasts.
  16세기에는 / 많은 언급이 있다 / 포크의 사용에 대한 / 연회와 잔치에서
- Writing in his diary / in 1520, / (B) for example, / the silk merchant Jacques Le Saige / marveled at the expensive silver forks / used to cut meat / in the homes of his wealthy customers.
  자신의 일기를 쓴 / 1520년에 / (B) 예컨대 / 비단 상인 Jacques Le Saige는 / 값비싼 은 포크에 놀랐다 / 고기를 자르기 위해 사용되는 / 그의 부유한 고객들의 집에서

해석 아무도 포크가 유럽 사회에 처음으로 나타난 정확한 날짜를 알지 못한다. 알려진 것은 14세기에는 에티켓 즉 공손한 행동에 대한 규칙은 음식은 손으로 먹어야한다고 명령했다는 것이다. 포크에 대한 언급은 15세기에 쓰인 편지와 저널에 나타나기 시작한다. (A) 그럼에도, 이 때 포크는 음식을 먹기 위해서가 아니라 단지 음식을 내놓기 위해 사용되었다. 16세기에는, 연회와 잔치에서 포크의 사용에 대한 많은 언급이 있다. (B) 예컨대, 1520년에 자신의 일기를 쓴, 비단 상인 Jacques Le Saige는 그의 부유한 고객들의 집에서 고기를 자르기 위해 사용되는 값비싼 은 포크에 놀랐다.

① 그럼에도 – 그에 반해서   ② 그럼에도 – 예컨대
③ 다시 말해서 – 그와는 반대로   ④ 다시 말해서 – 간단히 말해

해설 (A) 앞에서는 포크에 대한 언급이 15세기의 편지와 잡지에 나타나기 시작했다고 언급하고, (A) 뒤에서는 이 때 포크는 음식을 먹기 위해서가 아니라 오로지 음식을 내놓기 위해서만 사용되었다고 말하고 있으므로, (A)에는 양보를 나타내는 Still이 들어가야 자연스럽다. (B) 앞에서 16세기는 연회와 잔치에서 포크에 대한 많은 언급이 있다고 말하고 (B) 뒤에서는 그러한 언급의 예시라고 할 수 있는 비단 상인 Jacques Le Saige의 일기를 들고 있으므로, (B)에는 for example이 들어가야 자연스럽다.

정답 ②

09 ★★☆

다음 글의 빈칸 (A), (B)에 들어갈 말로 가장 적절한 것은? 2017 법원직 9급

Many people find it difficult to relate to someone who has a physical disability, often because they have not had any personal interaction with anyone with a disability. (A) , they might be unsure what to expect from a person who has a mobility impairment and uses a wheelchair because they have never spent any time with wheelchair users. This lack of understanding can create additional challenges for people with disabilities. If society responded more adequately to people who have impairments, they would not experience nearly as many challenges and limitations. Consider office workers who happen to use wheelchairs. Provided that there is only one level or there are ramps or elevators between levels, they may need no assistance whatsoever in the workplace. (B) , in an adapted work environment, they do not have a disability.

	(A)	(B)
①	However	Thus
②	In contrast	Similarly
③	Furthermore	In addition
④	For example	In other words

- Many people find it difficult / to relate to someone / who has a physical disability, / often because they have not had any personal interaction / with anyone / with a disability.
  많은 사람들은 어렵다고 생각한다 / 누군가를 이해하는 것을 / 신체적 장애가 있는 / 흔히 그들은 어떠한 개인적인 상호 작용도 가진 적이 없기 때문에 / 어느 누구와도 / 신체적 장애가 있는

- (A) For example, / they might be unsure / what to expect / from a person / who has a mobility impairment and uses a wheelchair / because they have never spent any time / with wheelchair users.
  (A) 예컨대 / 그들은 확신하지 못할 수 있다 / 무엇을 기대해야 하는지 / 사람에게서 / 거동 장애가 있어서 휠체어를 사용하는 / 그들은 한 번도 시간을 보낸 적이 없기 때문에 / 휠체어를 사용하는 사람들과

- This lack of understanding / can create additional challenges / for people with disabilities.
  이러한 이해의 부족은 / 추가적인 문제를 만들 수 있다 / 장애를 가진 사람들에게

- If society responded / more adequately / to people who have impairments, / they would not experience / nearly as many challenges and limitations.
  만약 사회가 대응한다면 / 더 적절하게 / 장애를 가진 사람들에게 / 그들은 경험하지 않을 것이다 / 그렇게 많은 문제와 한계를

- Consider office workers / who happen to use wheelchairs.
  사무실 직원들을 생각해보라 / 휠체어를 사용하게 된

- Provided that there is only one level / or there are ramps or elevators / between levels, / they may need no assistance / whatsoever / in the workplace.
  만약 한 개의 층만 있거나 / 또는 경사로나 엘리베이터가 있다면 / 층들 사이에 / 그들은 어떠한 도움도 필요하지 않을 것이다 / 전혀 / 직장에서

- (B) In other words, / in an adapted work environment, / they do not have a disability.
  (B) 다시 말해서 / 개조된 작업 환경에서는 / 그들은 장애를 가지고 있지 않다

해석 많은 사람들은 흔히 신체적 장애가 있는 어느 누구와도 어떠한 개인적인 상호 작용도 가진 적이 없기 때문에 신체적 장애가 있는 누군가를 이해하는 것은 어렵다고 생각한다. (A) 예컨대, 그들은 휠체어를 사용하는 사람들과 시간을 한 번도 보낸 적이 없기 때문에, 거동 장애가 있어서 휠체어를 사용하는 사람에게서 무엇을 기대해야 하는지 확신하지 못할 수 있다. 이러한 이해의 부족은 장애를 가진 사람들에게 추가적인 문제를 만들 수 있다. 만약 사회가 장애를 가진 사람들에게 더 적절하게 대응한다면 그들은 그렇게 많은 문제와 한계를 경험하지 않을 것이다. 휠체어를 사용하게 된 사무실 직원들을 생각해보라. 만약 한 개의 층만 있거나 또는 층들 사이에 경사로나 엘리베이터가 있다면 그들은 직장에서 어떠한 도움도 전혀 필요하지 않을 것이다. (B) 다시 말해서, 개조된 작업 환경에서는 그들은 장애를 가지고 있지 않다.

① 하지만 – 따라서   ② 그에 반해서 – 마찬가지로
③ 게다가 – 게다가   ④ 예컨대 – 다시 말해서

해설 (A) 앞에서는 신체장애가 있는 어느 누구와도 개인적인 상호작용을 한 적이 없기 때문에 신체장애가 있는 사람을 이해하지 못한다고 말하고, (A) 뒤에서는 그 예시로서 휠체어를 사용하는 사람들이 나왔으므로 빈칸에는 For example이 적절하다. (B) 앞에서는 한 개의 층만 있거나 층들 사이에 경사로 또는 엘리베이터가 있다면 휠체어를 사용하는 사람들이 어떠한 도움도 필요 없다고 서술하고, (B) 뒤에서는 개조된 환경에서는 휠체어를 사용하는 사람들이 장애를 가지지 않은 것이 된다는 말을 하고 있으므로 (B)에는 앞 문장을 재 진술할 때 쓰는 In other words가 들어가야 자연스럽다.

정답 ④

10 ★☆☆

다음 밑줄 친 부분에 들어갈 가장 적절한 표현은? 2017 국회직 9급

> It is not easy to make a living as the proprietor of apartment buildings. There is a huge initial expense, not only to acquire the properties but to assess the buildings and to remove any hazardous materials like lead-based paint. A landlord also has to buy the best liability insurance available just to safeguard the investment. _____, one tragic accident could wipe out the value of the entire asset. Because of this expense, it's rare to find a sole individual owning such a property. The risk is more often taken on jointly by a group of investors who then split the profits from the leases.

① Likewise
② Otherwise
③ In contrast
④ Accordingly
⑤ As a result

어구

make a living 생계를 꾸리다
proprietor 소유주
initial 초기의
acquire 취득하다
property 부동산
assess 평가하다, 사정하다
remove 없애다
hazardous 위험한, 유해한
liability insurance 책임보험
safeguard 보호하다
wipe out ~를 없애버리다
asset 자산
rare 드문
sole 단독의
take on ~을 떠맡다
jointly 공동으로
split 나누다
lease 임대차 계약

- It is not easy / to make a living / as the proprietor of apartment buildings.
  쉽지 않다 / 생계를 꾸리는 것은 / 아파트 건물의 소유주로서
- There is a huge initial expense, / not only to acquire the properties / but to assess the buildings / and to remove any hazardous materials / like lead-based paint.
  막대한 초기 비용이 있다 / 부동산을 취득하기 위해서 뿐만 아니라 / 건물을 평가하기 위해 / 그리고 어떠한 유해 물질이든 없애기 위해서도 / 납이 기본 성분인 페인트와 같은
- A landlord also has to buy / the best liability insurance / available / just to safeguard the investment.
  임대주는 또한 가입해야 한다 / 최고의 책임보험에 / 이용할 수 있는 / 단지 투자를 보호하기 위해
- Otherwise, / one tragic accident could wipe out / the value of the entire asset.
  그렇지 않으면 / 하나의 비극적인 사고가 없애버릴 수 있다 / 전체 자산의 가치를
- Because of this expense, / it's rare / to find a sole individual / owning such a property.
  이러한 비용 때문에 / 드물다 / 단독의 개인을 발견하는 것은 / 그러한 부동산을 소유하는
- The risk is more often taken on / jointly / by a group of investors / who then split the profits / from the leases.
  그 위험은 더 자주 떠맡아 진다 / 공동으로 / 투자자들의 그룹에 의해 / 다음에 이익을 나누는 / 임대차 계약에서 나오는

해석 아파트 건물의 소유주로서 생계를 꾸리는 것은 쉽지 않다. 부동산을 취득하기 위해서 뿐만 아니라 건물을 평가하고 납이 기본 성분인 페인트와 같은 어떠한 유해 물질이든 없애기 위해서도 막대한 초기 비용이 있다. 임대주는 또한 단지 그 투자를 보호하기 위해 이용할 수 있는 최고의 책임보험에 가입해야 한다. 그렇지 않으면, 하나의 비극적인 사고가 전체 자산의 가치를 없애버릴 수 있다. 이러한 비용 때문에, 그러한 부동산을 소유하는 단독의 개인을 발견하는 것은 드물다. 그 위험은 다음에 임대차 계약에서 나오는 이익을 나누는 투자자들의 그룹에 의해 공동으로 더 자주 떠맡아 진다.

① 마찬가지로 ② 그렇지 않으면
③ 그에 반해서 ④ 따라서
⑤ 그 결과

해설 빈칸 앞에서는 투자를 보호하기 위해 책임보험에 가입해야 한다고 말하고, 빈칸 뒤에서는 하나의 비극적인 사건의 전체 자산의 가치를 없애버릴 수도 있다고 말하고 있으므로 빈칸에는 반대 조건의 의미를 가지는 Otherwise가 들어가야 자연스럽다.

정답 ②

11 ★★☆

다음 글의 빈칸 (A), (B)에 들어갈 말로 가장 적절한 것은?   2016 법원직 9급

Fifty years ago, bees lived healthy lives in our cities and rural areas because they had plenty of flowers to feed on, fewer insecticides contaminating their floral food and fewer exotic diseases and pests. Wild bees nested successfully in undisturbed soil and twigs. __(A)__, bees have trouble finding pollen and nectar sources because of the extensive use of herbicides that kill off so many flowering plants among crops and in ditches, roadsides and lawns. Flowers can be contaminated with insecticides that can kill bees directly or lead to chronic, debilitating effects on their health. __(B)__, with the increase in global trade and transportation, blood-sucking parasites, viruses and other bee pathogens have been inadvertently transmitted to bees throughout the world. These parasites and pathogens weaken bees' immune systems, making them even more susceptible to effects of poor nutrition from lack of flowers, particularly in countries with high agricultural intensity and pesticide use.

	(A)	(B)
①	However	As a result
②	However	In addition
③	Thus	By contrast
④	Thus	On the other hand

- Fifty years ago, / bees lived healthy lives / in our cities and rural areas / because they had / plenty of flowers to feed on, / fewer insecticides contaminating their floral food / and fewer exotic diseases and pests.
  50년 전에 / 벌들은 건강한 삶을 살았다 / 우리의 도시와 시골 지역에서 / 왜냐하면 그들은 있었기 때문이다 / 먹고 살 많은 꽃 / 그들의 꽃 먹이를 오염시키는 더 적은 살충제 / 그리고 더 적은 외래성 질병과 해충들이

- Wild bees nested successfully / in undisturbed soil and twigs.
  야생벌들은 성공적으로 둥지를 틀었다 / 누구의 방해도 받지 않는 땅과 나뭇가지에

- (A) However, / bees have trouble / finding pollen and nectar sources / because of the extensive use of herbicides / that kill off so many flowering plants / among crops and in ditches, roadsides and lawns.
  (A) 하지만 / 벌들은 어려움을 겪는다 / 꽃가루와 밀원을 찾는 데 / 제초제의 광범위한 사용 때문에 / 너무나 많은 꽃식물을 죽이는 / 작물 사이와 도랑, 길가, 잔디밭에 있는

- Flowers can be contaminated / with insecticides / that can kill bees directly / or lead to chronic, debilitating effects / on their health.
  꽃들은 오염될 수 있다 / 살충제에 / 벌들을 직접 죽일 수 있거나 / 또는 만성적이고 쇠약하게 하는 효과를 초래할 수 있는 / 그들의 건강에

- (B) In addition, / with the increase in global trade and transportation, / blood-sucking parasites, viruses and other bee pathogens / have been inadvertently transmitted / to bees throughout the world.
  (B) 게다가, / 세계 무역과 운송의 증가와 함께 / 피를 빨아먹는 기생충, 바이러스, 그리고 다른 벌 병원균이 / 우연히 전염되었다 / 전 세계의 벌들에게

- These parasites and pathogens / weaken bees' immune systems, / making them even more susceptible / to effects of poor nutrition / from lack of flowers, / particularly in countries / with high agricultural intensity and pesticide use.
  이러한 기생충과 병원균은 / 벌들의 면역 체계를 약화시킨다 / 그리고 그것들을 훨씬 더 취약하게 만든다 / 영양결핍의 영향에 / 꽃의 부족으로 인한 / 특히 나라들에서 / 높은 농업 집약도와 살충제 사용이 있는

해석 50년 전에, 벌들은 우리의 도시와 시골 지역에서 건강한 삶을 살았는데, 왜냐하면 그들은 먹고 살 많은 꽃, 그들의 꽃 먹이를 오염시키는 더 적은 살충제, 그리고 더 적은 외래성 질병과 해충들이 있었기 때문이다. 야생벌들은 누구의 방해도 받지 않는 땅과 나뭇가지에 성공적으로 둥지를 틀었다. (A) 하지만, 작물 사이와 도랑, 길가, 잔디밭에 있는 너무나 많은 꽃식물을 죽이는 제초제의 광범위한 사용 때문에 벌들은 꽃가루와 밀원을 찾는데 어려움을 겪는다. 꽃들은 벌들을 직접 죽일 수 있거나 그들의 건강에 만성적이고 쇠약하게 하는 효과를 초래할 수 있는 살충제에 오염될 수 있다. (B) 게다가, 세계 무역과 운송의 증가와 함께 피를 빨아먹는 기생충, 바이러스, 그리고 다른 벌 병원균이 전 세계의 벌들에게 우연히 전염되었다. 이러한 기생충과 병원균은 벌들의 면역 체계를 약화시키며, 특히 높은 농업 집약도와 살충제 사용이 있는 나라들에서 그것들을 꽃의 부족으로 인한 영양결핍의 영향에 훨씬 더 취약하게 만든다.

① 하지만 – 그 결과　　② 하지만 – 게다가　　③ 따라서 – 그와 대조적으로　　④ 따라서 – 반면에

해설 (A) 앞에서는 예전에 벌들은 우리의 도시와 시골 지역에서 건강한 삶을 살았고 야생벌들은 누구의 방해도 받지 않는 땅과 나뭇가지에서 성공적으로 둥지를 틀었다는 내용이고, (A) 뒤에서는 제초제의 광범위한 사용 때문에 벌들이 꽃가루와 꿀을 찾는 데 어려움을 겪고 있다는 대조적인 내용이므로, (A)에는 However가 적절하다. (B) 앞에서는 꽃들이 벌을 직접 죽이거나 건강을 쇠약하게 하는 살충제에 오염될 수 있다는 내용이고, (B) 뒤에서는 기생충, 바이러스, 그리고 다른 벌 병원균이 우연히 전 세계의 벌들에게 전염되었다는 추가적인 내용이므로, (B)에는 In addition이 들어가야 자연스럽다.

정답 ②

12

다음 빈칸에 들어갈 말로 가장 적절한 것은?

2016 교육행정직 9급

Firms have traditionally focused on the individual transaction with a customer as the fruition of their marketing efforts. But as global markets have become increasingly competitive and volatile, many firms have turned their attention to building a continuing long-term relationship between the organization and the customer as the ultimate objective of a successful marketing strategy. They are taking action to increase lifetime customer value — the present value of a stream of revenue that can be produced by a customer over time. For an automobile manufacturer, _____, the lifetime value of a first-time car buyer who can be kept satisfied and loyal to the manufacturer — buying all future new cars from the same company — is well over a million dollars.

① for instance
② in addition
③ otherwise
④ nonetheless

- Firms have traditionally focused on / the individual transaction with a customer / as the fruition / of their marketing efforts.
  기업들은 전통적으로 초점을 맞춰왔다 / 고객과의 개개의 거래에 / 성과로 / 자신들의 마케팅 노력의
- But / as global markets have become increasingly competitive and volatile, / many firms have turned their attention / to building a continuing long-term relationship / between the organization and the customer / as the ultimate objective / of a successful marketing strategy.
  하지만 / 세계 시장이 점점 경쟁적이고 불안정해짐에 따라 / 많은 기업들이 자신의 관심을 돌렸다 / 계속적이고 장기적인 관계를 맺는 것으로 / 조직과 고객 사이의 / 궁극적인 목표로서 / 성공적 마케팅 전략의
- They are taking action / to increase lifetime customer value / — the present value of a stream of revenue / that can be produced by a customer / over time.
  그들은 조치를 취하고 있다 / 평생고객가치를 늘리기 위한 / 이것은 수익흐름의 현재가치이다 / 고객에 의해 낼 수 있는 / 시간이 흐르면서
- For an automobile manufacturer, / for instance, / the lifetime value of a first-time car buyer / who can be kept satisfied and loyal / to the manufacturer / — buying all future new cars / from the same company / — is well over a million dollars.
  자동차 제조업체의 경우 / 예컨대 / 첫 자동차 구매자의 평생고객가치는 / 만족하면서 충성할 수 있는 / 그 제조업체에 / 미래의 모든 신차를 구입하면서 / 같은 회사에서 / 백만 달러를 훨씬 넘는다.

해석 기업들은 전통적으로 자신들의 마케팅 노력의 성과로 고객과의 개개의 거래에 초점을 맞춰왔다. 하지만 세계 시장이 점점 경쟁적이고 불안정해짐에 따라, 많은 기업들이 성공적 마케팅 전략의 궁극적인 목표로서 자신의 관심을 조직과 고객 사이의 계속적이고 장기적인 관계를 맺는 것으로 돌렸다. 그들은 평생고객가치를 늘리기 위한 조치를 취하고 있는데, 이것은 시간이 흐르면서 고객에 의해 낼 수 있는 수익흐름의 현재가치이다. 예컨대, 자동차 제조업체의 경우, 그 제조업체에 만족하면서 충성할 수 있는 첫 자동차 구매자의 평생고객가치는 — 같은 회사에서 미래의 모든 신차를 구입하면서 — 백만 달러를 훨씬 넘는다.

① 예컨대　　　　　　　　　　　② 게다가
③ 그렇지 않으면　　　　　　　　④ 그럼에도 불구하고

해설 빈칸 앞에서는 시장이 경쟁적이고 불안정해짐에 따라 기업들이 평생고객가치를 늘리기 위한 조치를 취하고 있다고 말하고 평생고객가치란 고객에 의해 낼 수 있는 수익흐름의 현재가치라고 설명하고 있다. 그리고 빈칸 뒤에서는 자동차 제조업체의 예를 들면서 첫 자동차 구매자의 평생고객가치에 대해 말하고 있으므로 빈칸에는 for instance가 적절하다.

정답 ①

4

내용 일치와 불일치

친절한영어 기본을 완성하는 독해

Chapter 01   독해 접근법

Chapter 02   제목, 주제, 요지

Chapter 03   연결어 넣기

Chapter 04   내용 일치와 불일치

Chapter 05   흐름상 어색한 문장

Chapter 06   빈칸 완성

Chapter 07   순서 배열

Chapter 08   문장 삽입

www.modoogong.com | www.modoofire.com

친절한영어 기본을 완성하는 독해

내용 일치와 불일치

- UNIT 1 경쟁자보다 한발 앞서는 독해 TIP
- UNIT 2 문제 풀이

UNIT 1 | 경쟁자보다 한발 앞서는 독해 TIP

❶ 접근 방법

지문에서 언급된 내용과 선택지의 내용과의 일치 여부를 묻는 문제입니다. 지문에 있는 각각의 문장에서 언급된 내용과 각각의 선택지의 일치 여부를 묻는 문제 유형이 대부분입니다. 다만, 간혹 지문 전반에 걸쳐 주제와 관련된 내용의 일치 여부를 묻는 문제가 출제되기도 합니다. 내용 일치와 불일치 문제는 먼저 선택지 문장에서 핵심어(key word)를 체크하고 난 후, 지문을 읽어 내려가면서 이것을 중심으로 일치 여부를 확인하면 됩니다.

❷ 독해 해법

(1) 선택지 분석

내용 일치와 불일치 문제는 선택지 ①~④가 문제를 푸는 매우 중요한 단서가 됩니다. 선택지에서 육하원칙(누가, 언제, 어디서, 무엇을, 어떻게, 왜)에 따라 핵심어(key word)를 꼼꼼하게 체크해 두는 것이 좋습니다.

① **Mental disorders** were <u>clearly differentiated from physical disorders</u>.
  정신적인 병은 신체적인 병과는 분명하게 구별되었다.

② **Abnormal behaviors** were believed to <u>result from evil spirits</u> affecting a person.
  비정상적인 행동들은 사람에게 영향을 미치는 악령에 기인한다고 여겨졌다.

③ **An opening was made in the skull** <u>for an evil spirit to enter a person's body</u>.
  악령이 사람의 몸에 들어오도록 두개골에 구멍이 만들어졌다.

④ <u>**No cave dwellers survived trephining**</u>.
  어떤 동굴 거주자들도 두개골에 구멍을 내는 것에서 살아남지 못했다.

(2) 지문 읽기

이제 지문을 읽어 내려갈 차례입니다. 개개의 문장을 읽으면서 선택지의 핵심어(key word)와 관련된 내용이 나오면 선택지와 일치 여부를 확인하면 됩니다. 내용 일치와 불일치 문제는 반드시 지문에 근거해서 문제를 풀어야 하며 지나친 추론을 피해야 합니다. 내용 일치와 불일치 중 일치 문제의 경우 간혹 지문 전반에 걸친 주제와 관련된 선택지가 정답이 되므로 글쓴이가 말하려는 중심 생각을 파악하면서 지문을 읽어야 합니다.

(3) 정답 결정

지문과 선택지를 비교하여 정답을 선택하면 됩니다. 난이도가 높은 문제의 경우 지문과의 일치 및 불일치가 명확한 선택지의 소거법을 통해 정답이 아닌 선택지를 지우고 남은 선택지를 정답으로 선택하면 됩니다.

UNIT 2 | 문제 풀이

어구

notorious 악명 높은
import 수입하다
slave trade 노예무역, 노예매매
enslave 노예로 만들다
the New World 아메리카 대륙
plantation 대농장
practice 실행하다
by no means 결코 ~아닌
explorer 탐험가
native 원주민의, 토착의
tribe 부족
institution 제도, 관습
colonial period 식민지 시대
voluntarily 자발적으로
no longer 더 이상 ~아닌

01 ★☆☆

다음 글의 내용과 일치하는 것은?   2021 국가직 9급

The most notorious case of imported labor is of course the Atlantic slave trade, which brought as many as ten million enslaved Africans to the New World to work the plantations. But although the Europeans may have practiced slavery on the largest scale, they were by no means the only people to bring slaves into their communities: earlier, the ancient Egyptians used slave labor to build their pyramids, early Arab explorers were often also slave traders, and Arabic slavery continued into the twentieth century and indeed still continues in a few places. In the Americas some native tribes enslaved members of other tribes, and slavery was also an institution in many African nations, especially before the colonial period.

① African laborers voluntarily moved to the New World.
② Europeans were the first people to use slave labor.
③ Arabic slavery no longer exists in any form.
④ Slavery existed even in African countries.

- The most notorious case / of imported labor / is of course the Atlantic slave trade, / which brought / as many as ten million enslaved Africans / to the New World / to work the plantations.
  가장 악명 높은 사례는 / 수입된 노동의 / 물론 대서양 노예무역이다 / 그리고 그것은 데려왔다 / 무려 천만 명이나 되는 노예가 된 아프리카인들을 / 아메리카 대륙으로 / 대농장을 경영하기 위해

- But / although the Europeans may have practiced slavery / on the largest scale, / they were by no means the only people / to bring slaves into their communities: / earlier, / the ancient Egyptians used slave labor / to build their pyramids, / early Arab explorers were often also slave traders, / and Arabic slavery continued / into the twentieth century / and indeed still continues / in a few places.
  하지만 / 비록 유럽인들이 노예제도를 실행했을 수 있지단 / 가장 큰 규모로 / 그들은 유일한 사람들은 결코 아니었다 / 노예들을 자신의 지역사회로 데려온 / 더 일찍이 / 고대 이집트인들은 노예 노동을 사용해서 / 자신들의 피라미드를 건설했다 / 초기 아랍의 탐험가들도 또한 종종 노예 상인이었다 / 그리고 아랍의 노예제도는 계속되었다 / 20세기까지 / 그리고 사실 여전히 계속되고 있다 / 몇몇 지역에서는

- In the Americas / some native tribes enslaved members of other tribes, / and slavery was also an institution / in many African nations, / especially before the colonial period.
  아메리카 대륙에서 / 일부 원주민 부족들은 다른 부족의 구성원들을 노예로 만들었다 / 그리고 노예제도는 또한 하나의 관습이었다 / 많은 아프리카 국가들에서도 / 특히 식민지 시대 이전에

해석 수입된 노동의 가장 악명 높은 사례는 물론 대서양 노예무역인데, 그것은 대농장을 경영하기 위해 무려 천만 명이나 되는 노예가 된 아프리카인들을 아메리카 대륙으로 데려왔다. 하지만 비록 유럽인들이 가장 큰 규모로 노예제도를 실행했을 수 있지만, 그들은 노예들을 자신의 지역사회로 데려온 유일한 사람들은 결코 아니었다: 더 일찍이, 고대 이집트인들은 노예 노동을 사용해서 자신들의 피라미드를 건설했고, 초기 아랍의 탐험가들도 또한 종종 노예 상인이었으며, 그리고 아랍의 노예제도는 20세기까지 계속되었고 사실 몇몇 지역에서는 여전히 계속되고 있다. 아메리카 대륙에서, 일부 원주민 부족들은 다른 부족의 구성원들을 노예로 만들었으며, 그리고 노예제도는 또한 많은 아프리카 국가들에서도 특히 식민지 시대 이전에 하나의 관습이었다.
① 아프리카 노동자들은 자발적으로 아메리카 대륙으로 이동했다.
② 유럽인들은 노예노동을 사용한 최초의 사람들이었다.
③ 아랍의 노예제도는 어떠한 형태로든 더 이상 존재하지 않는다.
④ 노예제도는 심지어 아프리카 나라들에서도 존재했다.

해설 ① 첫 번째 문장에서 대서양 노예무역이 노예가 된 아프리카인들을 신대륙으로 데려왔다고 했으므로 지문과 일치하지 않는다.
② 두 번째 문장에서 더 일찍이 고대 이집트인들이 노예노동을 사용했다고 했으므로 지문과 일치하지 않는다.
③ 두 번째 문장에서 아랍의 노예제도가 몇몇 지역에서 여전히 계속되고 있다고 했으므로 지문과 일치하지 않는다.
④ 마지막 문장에서 노예제도가 특히 식민지 시대 이전에 많은 아프리카 나라들에서도 하나의 관습이었다고 했으므로 지문과 일치한다.

정답 ④

02 ★★☆

다음 글의 내용과 가장 일치하지 않는 것은? 2021 법원직 9급

Despite the increasing popularity of consuming raw foods, you can still gain nutrients from cooked vegetables. For example, our body can absorb lycopene more effectively when tomatoes are cooked. (Keep in mind, however, that raw tomatoes are still a good source of lycopene.) Cooked tomatoes, however, have lower levels of vitamin C than raw tomatoes, so if you're looking to increase your levels, you might be better off sticking with the raw. Whether you decide to eat them cooked or raw, it's important not to dilute the health benefits of tomatoes. If you're buying tomato sauce or paste, choose a variety with no salt or sugar added — or better yet, cook your own sauce at home. And if you're eating your tomatoes raw, salt them sparingly and choose salad dressings that are low in calories and saturated fat.

*dilute 희석하다, 묽게 하다

① 토마토를 요리하여 먹었을 때, 우리의 몸은 리코펜을 더 효과적으로 흡수할 수 있다.
② 더 많은 비타민C를 섭취하고 싶다면 생토마토보다 조리된 토마토를 섭취하는 것이 낫다.
③ 토마토 소스를 구입하고자 한다면, 소금이나 설탕이 첨가 되지 않은 것으로 골라야 한다.
④ 생토마토를 섭취 시, 소금을 적게 넣거나, 칼로리가 적은 드레싱을 선택하도록 한다.

어구

popularity 인기
consume 먹다, 섭취하다
raw 날것의, 생것의
nutrient 영양분
absorb 흡수하다
keep in mind 명심하다
look to ~를 기대하다
be better off doing ~하는 것이 더 낫다
stick with ~를 고수하다
variety 종류
better yet 더 나은 것은
sparingly 조금만
saturated fat 포화지방

지문 분석

- Despite the increasing popularity / of consuming raw foods, / you can still gain nutrients / from cooked vegetables.
  증가하는 인기에도 불구하고 / 생 음식을 먹는 것의 / 당신은 여전히 영양분을 얻을 수 있다 / 조리된 채소로부터
- For example, / our body can absorb lycopene / more effectively / when tomatoes are cooked.
  예컨대 / 우리 몸은 리코펜을 흡수할 수 있다 / 더 효과적으로 / 토마토가 조리되었을 때
- (Keep in mind, / however, / that raw tomatoes are still a good source / of lycopene.)
  명심해라 / 하지만 / 생 토마토가 여전히 좋은 공급원이라는 것을 / 리코펜의
- Cooked tomatoes, / however, / have lower levels of vitamin C / than raw tomatoes, / so / **if you're looking to increase your levels, / you might be better off / sticking with the raw.**
  조리된 토마토는 / 하지만 / 더 낮은 수치의 비타민 C를 가지고 있다 / 생 토마토보다 / 그래서 / 만약 당신이 당신의 수치를 증가시키기를 기대하고 있다면 / 당신은 나을 수 있다 / 생것을 고수하는 것이
- Whether you decide to eat them cooked / or raw, / it's important / not to dilute the health benefits / of tomatoes.
  당신이 그것들을 조리해서 먹기로 결정하든 / 생것으로 먹기로 결정하든 / 중요하다 / 건강상의 이점을 희석하지 않는 것이 / 토마토의
- If you're buying tomato sauce or paste, / choose a variety / with no salt or sugar added / — or better yet, / cook your own sauce / at home.
  만약 당신이 토마토소스나 페이스트를 산다면 / 종류를 골라라 / 소금이나 설탕이 첨가되지 않은 / 아니면 더 나은 것은 / 당신 자신의 소스를 조리해라 / 집에서
- And / if you're eating your tomatoes / raw, / salt them sparingly / and choose salad dressings / that are low in calories and saturated fat.
  그리고 / 만약 당신이 토마토를 먹고 있다면 / 생것으로 / 그것들에 소금을 조금만 쳐라 / 그리고 샐러드 드레싱을 골라라 / 칼로리와 포화지방이 낮은

해석 생 음식을 먹는 것의 증가하는 인기에도 불구하고, 당신은 조리된 채소로부터 여전히 영양분을 얻을 수 있다. 예컨대, 토마토가 조리되었을 때 우리 몸은 리코펜을 더 효과적으로 흡수할 수 있다. (하지만, 생 토마토가 여전히 리코펜의 좋은 공급원이라는 것을 명심해라.) 하지만 조리된 토마토는 생 토마토보다 더 낮은 수치의 비타민 C를 가지고 있어서, 만약 당신이 당신의 수치를 증가시키기를 기대하고 있다면, 당신은 생것을 고수하는 것이 나을 수 있다. 당신이 그것들을 조리해서 먹기로 결정하든 생것으로 먹기로 결정하든, 토마토의 건강상의 이점을 희석하지 않는 것이 중요하다. 만약 당신이 토마토소스나 페이스트를 산다면, 소금이나 설탕이 첨가되지 않은 종류를 선택해라 — 아니면 더 나은 것은, 당신 자신의 소스를 집에서 조리해라. 그리고 만약 당신이 토마토를 생것으로 먹고 있다면, 그것들에 소금을 조금 치고 칼로리와 포화지방이 낮은 샐러드 드레싱을 선택해라.

해설 ① 두 번째 문장에서 토마토가 조리되었을 때 리코펜을 더 효과적으로 흡수 할 수 있다고 했으므로 지문과 일치한다.
② 네 번째 문장에서 비타민 C수치를 증가시키고 싶다면 생 토마토를 고수하는 것이 더 낫다고 했으므로 지문과 일치하지 않는다.
③ 여섯 번째 문장에서 토마스 소스를 산다면 소금이나 설탕이 첨가되지 않은 종류를 고르라고 했으므로 지문과 일치한다.
④ 마지막 문장에서 생 토마토를 먹는다면 소금을 조금만 치고 칼로리와 포화 지방이 낮은 드레싱을 고르라고 했으므로 지문과 일치한다.

정답 ②

03

다음 글의 내용과 일치하지 않는 것은? 2021 소방 공채 9급

A local Lopburi inn owner, Yongyuth, held the first buffet for the local monkeys in 1989, and the festival now draws thousands of tourists every year. The Lopburi people revere the monkeys so much that every year they hold an extravagant feast for them in the ruins of an old Khmer temple. Over 3,000 monkeys attend the banquet of fruit, vegetables and sticky rice, which is laid out on long tables. Before the banquet, Lopburi locals perform songs, speeches and monkey dances in honour of the monkeys. The Lopburi people believe that monkeys descend from Hanuman's monkey army, who, according to legend, saved the wife of Lord Ram from a demon. Since then, monkeys have been thought to bring good luck and are allowed to roam where they please in the city, even if they do cause chaos and tend to mug people.

① Lopburi 여관의 주인이 원숭이를 위한 뷔페를 처음 열었다.
② Lopburi 사람들은 원숭이를 매우 존경해서 매년 호화로운 잔치를 연다.
③ Lopburi 사람들은 연회가 끝나면 원숭이 춤을 춘다.
④ 원숭이가 행운을 가져다준다고 여겨진다.

어구

- local 지역의, 지역주민
- inn 여관
- hold 열다, 개최하다
- revere 숭배하다
- extravagant 호화로운
- feast 연회, 잔치
- ruins 유적, 폐허
- temple 신전, 사원
- banquet 연회
- sticky rice 찹쌀
- lay out 펼치다, 차리다
- in honour of ~에 경의를 표하여
- descend from ~의 자손이다
- demon 악마, 악령
- roam 돌아다니다
- please 원하다, 좋아하다
- chaos 혼란
- tend to do ~하는 경향이 있다
- mug 습격하다, 강도짓을 하다

- A local Lopburi inn owner, Yongyuth, / held the first buffet / for the local monkeys / in 1989, / and the festival now draws thousands of tourists / every year.
  Lopburi 지역의 여관 주인인 Yongyuth는 / 첫 번째 뷔페를 열었다 / 지역 원숭이들을 위한 / 1989년에 / 그리고 그 축제는 이제 수천 명의 관광객들을 끌어들인다 / 매년

- **The Lopburi people revere the monkeys / so much / that every year / they hold an extravagant feast / for them / in the ruins of an old Khmer temple.**
  Lopburi 사람들은 그 원숭이들을 숭배한다 / 너무 많이 / 그래서 매년 / 그들은 호화로운 잔치를 연다 / 그들을 위한 / 오래된 크메르 신전의 유적에서

- Over 3,000 monkeys attend the banquet / of fruit, vegetables and sticky rice, / which is laid out / on long tables.
  3,000마리 이상의 원숭이들이 연회에 참석한다 / 과일, 야채 및 찹쌀의 / 그리고 그것은 차려진다 / 긴 탁자 위에

- **Before the banquet, / Lopburi locals perform / songs, speeches and monkey dances / in honour of the monkeys.**
  연회가 열리기 전에 / Lopburi 지역 주민들은 공연한다 / 노래, 연설 그리고 원숭이 춤을 / 원숭이들에게 경의를 표하여

- The Lopburi people believe / that monkeys descend from Hanuman's monkey army, / who, / according to legend, / saved the wife of Lord Ram / from a demon.
  Lopburi 사람들은 믿는다 / 원숭이들이 Hanuman의 원숭이 군대의 자손이라고 / 그리고 그들은 / 전설에 따르면 / Ram경의 아내를 구했다고 한다 / 악마로부터

- **Since then, / monkeys have been thought / to bring good luck / and are allowed to roam / where they please / in the city, / even if they do cause chaos / and tend to mug people.**
  그 이후로 / 원숭이들은 여겨져 왔다 / 행운을 가져온다고 / 그리고 돌아다니는 것이 허용된다 / 그들이 원하는 곳을 / 도시에서 / 비록 그들이 혼란을 일으키지만 / 그리고 사람들을 습격하는 경향이 있지만

해석 Lopburi 지역의 여관 주인인 Yongyuth는 1989년에 지역 원숭이들을 위한 첫 번째 뷔페를 열었는데, 매년 그 축제는 이제 수천 명의 관광객들을 끌어들인다. Lopburi 사람들은 그 원숭이들을 너무 많이 숭배해서 오래된 크메르 신전의 유적에서 매년 이들을 위한 호화로운 잔치를 연다. 3,000마리 이상의 원숭이들이 과일, 야채 및 찹쌀의 연회에 참석하는데, 그것은 긴 탁자 위에 차려진다. 연회가 열리기 전에, Lopburi 지역 주민들은 원숭이들에게 경의를 표하여 노래, 연설 그리고 원숭이 춤을 공연한다. Lopburi 사람들은 원숭이들이 Hanuman의 원숭이 군대의 자손이라고 믿는데, 전설에 따르면 그들이 Ram경의 아내를 악마로부터 구했다고 한다. 그 이후로, 원숭이들은 행운을 가져온다고 여겨져 왔고, 비록 그들이 혼란을 일으키고 사람들을 습격하는 경향이 있지만, 도시에서 그들이 원하는 곳을 돌아다니는 것이 허용된다.

해설 ① 첫 번째 문장에서 Lopburi 여관 주인이 원숭이를 위한 첫 번째 뷔페를 열었다고 했으므로 지문과 일치한다.
② 두 번째 문장에서 Lopburi 사람들은 원숭이를 매우 숭배해서 매년 호화로운 잔치를 연다고 했으므로 지문과 일치한다.
③ 네 번째 문장에서 Lopburi 사람들은 연회 전에 원숭이 춤을 춘다고 했으므로 지문과 일치하지 않는다.
④ 마지막 문장에서 그 이후로 원숭이들이 행운을 가져오는 것으로 여겨져 왔다고 했으므로 지문과 일치한다.

정답 ③

04 ★☆☆

다음 글의 내용과 일치하지 않는 것은?   2020 국가직 9급

Dubrovnik, Croatia, is a mess. Because its main attraction is its seaside Old Town surrounded by 80-foot medieval walls, this Dalmatian Coast town does not absorb visitors very well. And when cruise ships are docked here, a legion of tourists turn Old Town into a miasma of tank-top-clad tourists marching down the town's limestone-blanketed streets. Yes, the city of Dubrovnik has been proactive in trying to curb cruise ship tourism, but nothing will save Old Town from the perpetual swarm of tourists. To make matters worse, the lure of making extra money has inspired many homeowners in Old Town to turn over their places to Airbnb, making the walled portion of town one giant hotel. You want an "authentic" Dubrovnik experience in Old Town, just like a local? You're not going to find it here. Ever.

① Old Town은 80피트 중세 시대 벽으로 둘러싸여 있다.
② 크루즈 배가 정박할 때면 많은 여행객이 Old Town 거리를 활보한다.
③ Dubrovnik 시는 크루즈 여행을 확대하려고 노력해 왔다.
④ Old Town에서는 많은 집이 여행객 숙소로 바뀌었다.

어구

mess 엉망인 상태, 혼란
attraction 명소, 매력
medieval 중세시대의
absorb 받아들이다, 흡수하다
dock 부두에 대다, 정박하다
a legion of 수많은
miasma 불건전한 분위기
clad ~을 입은
march 활보하다, 행진하다
limestone-blanketed 석회암이 뒤덮인
proactive 적극적인
curb 억제하다
perpetual 끊임없는
swarm 무리, 떼
to make matters worse 설상가상으로
lure 유혹
inspire 자극하다, 고무하다
turn over 전환하다
walled 벽으로 둘러싸인
authentic 진정한
local 지역주민

- Dubrovnik, Croatia, / is a mess.
  크로아티아의 Dubrovnik는 / 엉망인 상태이다

- Because its main attraction is its seaside Old Town / surrounded by 80-foot medieval walls, / this Dalmatian Coast town does not absorb visitors / very well.
  이곳의 주된 명소가 그것의 해변의 Old Town이기 때문에 / 80피트의 중세 시대의 벽으로 둘러싸인 / 이 달마티아식 해안 마을은 방문객들을 받아들이지 못한다 / 별로 잘

- And / when cruise ships are docked here, / a legion of tourists turn Old Town into a miasma / of tank-top-clad tourists / marching down the town's limestone-blanketed streets.
  그리고 / 크루즈 배들이 이곳에 정박할 때면 / 많은 관광객들이 Old Town을 불건전한 분위기로 변화시킨다 / 탱크톱을 입은 관광객들의 / 석회암으로 뒤덮인 마을의 거리를 활보하는

- Yes, / the city of Dubrovnik has been proactive / in trying to curb cruise ship tourism, / but nothing will save Old Town / from the perpetual swarm of tourists.
  그렇다 / Dubrovnik 시는 적극적이었다 / 크루즈선 관광을 억제하려고 노력하는 데 / 하지만 어떤 것도 Old Town을 구하지 못할 것이다 / 끊임없는 관광객의 무리로부터

- To make matters worse, / the lure of making extra money / has inspired many homeowners in Old Town / to turn over their places to Airbnb, / making / the walled portion of town one giant hotel.
  설상가상으로 / 여분의 돈을 버는 유혹은 / Old Town의 많은 집주인들에게 자극했다 / 그들의 집을 에어비엔비로 전환하도록 / 그리고 만들었다 / 마을의 벽으로 둘러싸인 부분을 하나의 거대한 호텔로

- You want an "authentic" Dubrovnik experience / in Old Town, / just like a local?
  당신은 '진정한' Dubrovnik 체험을 원하는가 / Old Town에서 / 지역 주민처럼

- You're not going to find it / here.
  당신은 그것을 찾을 수 없을 것이다 / 이곳에서

- Ever.
  절대로

해석 크로아티아에 있는 Dubrovnik는 엉망인 상태이다. 이곳의 주된 명소가 그것의 해변의 80피트의 중세시대의 벽으로 둘러싸인 Old Town이기 때문에, 이 달마티아식 해안 마을은 방문객들을 별로 잘 받아들이지 못한다. 그리고 크루즈 배가 이곳에 정박할 때면, 많은 관광객들이 Old Town을 석회암으로 뒤덮인 마을의 거리를 활보하는 탱크톱을 입은 관광객들의 불건전한 분위기로 변화시킨다. 그렇다, Dubrovnik 시는 크루즈선 관광을 억제하려고 노력하는 데 적극적이었지만, 어떤 것도 끊임없는 관광객의 무리로부터 Old Town을 구하지 못할 것이다. 설상가상으로, 여분의 돈을 버는 유혹은 Old Town의 많은 집주인들에게 그들의 집을 에어비엔비로 전환하도록 자극했고, 마을의 벽으로 둘러싸인 부분을 하나의 거대한 호텔로 만들었다. 당신은 Old Town에서 지역 주민처럼 '진정한' Dubrovnik 체험을 원하는가? 당신은 그것을 이곳에서 찾을 수 없을 것이다. 절대로

해설 ① 두 번째 문장에서 Dubrovnik의 주된 명소가 80피트의 중세시대의 벽으로 둘러싸인 Old Town이라고 했으므로 지문과 일치한다.
② 세 번째 문장에서 유람선이 이곳에 정박할 때면, 많은 관광객들이 탱크톱을 입고 마을의 거리를 활보한다고 했으므로 지문과 일치한다.
③ 네 번째 문장에서 Dubrovnik 시가 크루즈선 관광을 억제하려는데 적극적이었다고 했으므로 지문과 일치하지 않는다.
④ 다섯 번째 문장에서 돈을 버는 유혹이 Old Town의 많은 집들을 에어비엔비로 바꾸도록 했고 마을의 벽으로 둘러싸인 부분을 하나의 거대한 호텔로 만들었다고 했으므로 지문과 일치한다.

정답 ③

05 ★★☆

다음 글의 내용과 일치하지 않는 것은? 2020 지방직 9급

Carbonate sands, which accumulate over thousands of years from the breakdown of coral and other reef organisms, are the building material for the frameworks of coral reefs. But these sands are sensitive to the chemical make-up of seawater. As oceans absorb carbon dioxide, they acidify — and at a certain point, carbonate sands simply start to dissolve. The world's oceans have absorbed around one-third of human-emitted carbon dioxide. The rate at which the sands dissolve was strongly related to the acidity of the overlying seawater, and was ten times more sensitive than coral growth to ocean acidification. In other words, ocean acidification will impact the dissolution of coral reef sands more than the growth of corals. This probably reflects the corals' ability to modify their environment and partially adjust to ocean acidification, whereas the dissolution of sands is a geochemical process that cannot adapt.

① The frameworks of coral reefs are made of carbonate sands.
② Corals are capable of partially adjusting to ocean acidification.
③ Human-emitted carbon dioxide has contributed to the world's ocean acidification
④ Ocean acidification affects the growth of corals more than the dissolution of coral reef sands

- Carbonate sands, / which accumulate over thousands of years / from the breakdown of coral and other reef organisms, / are the building material / for the frameworks of coral reefs.
  탄산염 모래는 / 수천 년에 걸쳐 축적되는데 / 산호와 다른 암초 유기체의 분해로부터 / 건축 재료이다 / 산호초의 뼈대를 위한

- But / these sands are sensitive / to the chemical make-up of seawater.
  하지만 / 이 모래는 민감하다 / 바닷물의 화학적 구성에

- As oceans absorb carbon dioxide, / they acidify — and at a certain point, / carbonate sands simply start to dissolve.
  바다는 이산화탄소를 흡수하면서 / 그것들은 산성화된다 / 그리고 일정한 시점에 / 탄산염 모래는 그저 용해되기 시작한다

- The world's oceans have absorbed / around one-third / of human-emitted carbon dioxide.
  세계의 바다는 흡수해 왔다 / 약 3분의 1을 / 인간이 배출한 이산화탄소의

- The rate / at which the sands dissolve / was strongly related / to the acidity of the overlying seawater, / and was ten times more sensitive / than coral growth / to ocean acidification.
  속도는 / 모래가 용해되는 / 강하게 관련되어 있었다 / 상층부 바닷물의 산성과 / 그리고 10배나 더 민감했다 / 산호의 성장보다 / 바다의 산성화에

- In other words, **ocean acidification will impact / the dissolution of coral reef sands / more / than the growth of corals.**
  다시 말해서 / 바다의 산성화는 영향을 줄 것이다 / 산호초 모래의 용해에 / 더 많이 / 산호의 성장보다

- This probably reflects the corals' ability / to modify their environment / and partially adjust to ocean acidification, / whereas the dissolution of sands is a geochemical process / that cannot adapt.
  이것은 아마 산호들의 능력을 반영할 것이다 / 자신의 환경을 수정하고 / 그리고 부분적으로 바다의 산성화에 적응하는 / 반면에 모래의 용해는 지구 화학적 과정이다 / 적응할 수 없는

해석 탄산염 모래는, 산호와 다른 암초 유기체의 분해로부터 수천 년에 걸쳐 축적되는데, 산호초의 뼈대를 위한 건축 재료이다. 하지만 이 모래는 바닷물의 화학적 구성에 민감하다. 바다는 이산화탄소를 흡수하면서 산성화되고, 일정한 시점에 탄산염 모래는 그저 용해되기 시작한다. 세계의 바다는 인간이 배출한 이산화탄소의 약 3분의 1을 흡수했다. 모래가 용해되는 속도는 상층부 바닷물의 산성과 강하게 관련되어 있었고 산호의 성장보다 바다의 산성화에 10배나 더 민감했다. 다시 말해서, 바다의 산성화는 산호초 모래의 용해에 산호의 성장보다 더 많이 영향을 줄 것이다. 이것은 아마 산호들이 자신의 환경을 수정하고 부분적으로 바다의 산성화에 적응하는 능력을 반영할 것인데, 반면에 모래의 용해는 적응할 수 없는 지구 화학적 과정이다.

① 산호초의 뼈대는 탄산염 모래로 만들어진다.
② 산호는 바다의 산성화에 부분적으로 적응할 수 있다.
③ 인간이 배출한 이산화탄소는 세계의 바다의 산성화의 한 원인이 되었다.
④ 바다의 산성화는 산호초 모래의 용해보다 더 많이 산호의 성장에 영향을 준다.

해설 ① 첫 번째 문장에서 탄산염 모래가 산호초의 뼈대를 위한 건축 재료라고 했으므로 지문과 일치한다.
② 마지막 문장에서 산호가 바다에 적응하는 능력에 대해 언급하였으므로 지문과 일치한다.
③ 세 번째와 네 번째 문장에서 바다가 이산화탄소를 흡수하면서 산성화되고 세계의 바다가 인간이 배출한 이산화탄소의 3분의 1을 흡수했다고 했으므로 지문과 일치한다.
④ 여섯 번째 문장에서 바다의 산성화는 산호의 성장보다 산호초 모래의 용해에 더 영향을 줄 것이라고 했으므로 지문과 일치하지 않는다.

정답 ④

06 ★★☆

다음 글의 내용과 일치하지 않는 것은?

2020 소방 공채 9급

Dear Sales Associates,

The most recent edition of The *Brooktown Weekly* ran our advertisement with a misprint. It listed the end of our half-price sale as December 11 instead of December 1. While a correction will appear in the paper's next issue, it is to be expected that not all of our customers will be aware of the error. Therefore, if shoppers ask between December 2 and 11 about the sale, first apologize for the inconvenience and then offer them a coupon for 10 % off any item they wish to purchase, either in the store or online.

Thank you for your assistance in this matter.

General Manger

① The Brooktown Weekly에 잘못 인쇄된 광고가 실렸다.
② 반값 할인 행사 마감일은 12월 1일이 아닌 12월 11일 이다.
③ 다음 호에 정정된 내용이 게재될 예정이다.
④ 10 % 할인 쿠폰은 구매하고자 하는 모든 품목에 적용된다.

- Dear Sales Associates,
  친애하는 영업사원 여러분께

- The most recent edition of The *Brooktown Weekly* / ran our advertisement / with a misprint.
  'The Brooktown Weekly'의 가장 최신 호가 / 우리의 광고를 실었습니다 / 오탈자가 있는

- It listed / the end of our half-price sale / as December 11 / instead of December 1.
  그것은 기재했습니다 / 우리의 반값 할인 판매 마감일을 / 12월 11일로 / 12월 1일 대신에

- While a correction will appear / in the paper's next issue, / it is to be expected / that not all of our customers will be aware of the error.
  정정된 내용이 게재될 것이지만 / 그 신문의 다음 호에 / 예상될 수 있습니다 / 우리의 모든 고객이 그 오류를 알지는 못할 것이라고

- Therefore, / if shoppers ask between December 2 and 11 / about the sale, / first apologize for the inconvenience / and then offer them a coupon for 10 % off / any item they wish to purchase, / either in the store or online.
  그러므로 / 쇼핑객들이 문의한다면 12월 2일과 11일 사이에 / 그 할인에 대해 / 먼저 불편을 끼친 것에 대해 사과하세요 / 그러고 나서 그들에게 10% 할인 쿠폰을 제공하세요 / 그들이 구매하기를 희망하는 어떠한 품목이든 / 매장에서나 온라인에서

- Thank you / for your assistance / in this matter.
  감사드립니다 / 여러분의 도움에 / 이번 문제에 대한

- General Manger
  총괄 매니저

해석 친애하는 영업 사원 여러분께

'The Brooktown Weekly'의 가장 최신 호가 오탈자가 있는 우리의 광고를 실었습니다. 그것은 우리의 반값 할인 판매 마감일을 12월 1일 대신에 12월 11일로 기재했습니다. 그 신문의 다음 호에 정정한 내용이 게재될 것이지만, 우리의 모든 고객이 그 오류를 알지는 못할 것이라고 예상될 수 있습니다. 그러므로 쇼핑객들이 12월 2일과 11일 사이에 그 할인에 대해 문의한다면, 먼저 불편을 끼친 것에 대해 사과하고 나서, 그들이 매장에서나 온라인에서 구매하기를 희망하는 어떠한 품목이든 그들에게 10%할인 쿠폰을 제공하세요. 이번 문제에 대한 여러분의 도움에 감사드립니다.

총괄 매니저

해설 ① 인사말 다음 첫 번째 문장에서 'The Brooktown Weekly'가 오탈자가 있는 광고를 실었다고 했으므로 지문과 일치한다.
② 두 번째 문장에서 반값 할인 판매 마감일을 12월 1일 대신에 12월 11일로 기재했다고 했는데 이것이 오탈자이므로 12월 11일이 마감일이라는 것은 지문과 일치하지 않는다.
③ 세 번째 문장에서 다음 호에 정정된 내용이 게재될 것이라고 했으므로 지문과 일치한다.
④ 네 번째 문장에서 고객이 구매하기를 원하는 어떠한 품목이든 10% 할인 쿠폰을 제공한다고 했으므로 지문과 일치한다.

정답 ②

07 ★☆☆

다음 글의 내용과 일치하지 않는 것은? 2019 국가직 9급

Langston Hughes was born in Joplin, Missouri, and graduated from Lincoln University, in which many African-American students have pursued their academic disciplines. At the age of eighteen, Hughes published one of his most well-known poems, "Negro Speaks of Rivers." Creative and experimental, Hughes incorporated authentic dialect in his work, adapted traditional poetic forms to embrace the cadences and moods of blues and jazz, and created characters and themes that reflected elements of lower-class black culture. With his ability to fuse serious content with humorous style, Hughes attacked racial prejudice in a way that was natural and witty.

① Hughes는 많은 미국 흑인들이 다녔던 대학교를 졸업하였다.
② Hughes는 실제 사투리를 그의 작품에 반영하였다.
③ Hughes는 하층 계급 흑인들의 문화적 요소를 반영한 인물을 만들었다.
④ Hughes는 인종편견을 엄숙한 문체로 공격하였다

어구

pursue 추구하다
academic discipline 학문 분야
experimental 실험적인
incorporate 포함하다
authentic 실제의, 진짜의
dialect 사투리
adapt 각색하다, 적응시키다
embrace 받아들이다, 포용하다
cadence 리듬, 운율
theme 주제
reflect 반영하다
fuse 융합시키다
content 내용
racial 인종적인
prejudice 편견

지문 분석

- Langston Hughes was born / in Joplin, Missouri, / and graduated from Lincoln University, / in which / many African-American students have pursued their academic disciplines.
  Langston Hughes는 태어났다 / 미주리 주 조플린에서 / 그리고 링컨 대학을 졸업했는데 / 그곳에서 / 많은 아프리카계 미국인 학생들이 자신들의 학문 분야를 추구해 왔다

- At the age of eighteen, / Hughes published / one of his most well-known poems, / "Negro Speaks of Rivers."
  열여덟의 나이에 / Hughes는 출간했다 / 자신의 가장 유명한 시들 중 하나인 / 'Negro Speaks of Rivers'를

- Creative and experimental, / Hughes incorporated authentic dialect / in his work, / adapted traditional poetic forms / to embrace the cadences and moods / of blues and jazz, / and created characters and themes / that reflected elements / of lower-class black culture.
  창조적이고 실험적이었던 / Hughes는 실제의 사투리를 포함시켰다 / 자신의 작품에 / 전통적인 시의 형식을 각색했다 / 리듬과 분위기를 받아들이기 위해 / 블루스와 재즈의 / 그리고 인물과 주제를 만들어냈다 / 요소들을 반영하는 / 하층 계급 흑인 문화의

- With his ability / to fuse serious content with humorous style, / Hughes attacked racial prejudice / in a way / that was natural and witty.
  자신의 능력으로 / 심각한 내용을 해학적인 문체와 융합시키는 / Hughes는 인종적 편견을 공격했다 / 방법으로 / 자연스럽고 재치 있는

해석 Langston Hughes는 미주리 주 조플린에서 태어났고 링컨 대학을 졸업했는데, 그곳에서 많은 아프리카계 미국인 학생들이 자신들의 학문분야를 추구해 왔다. 열여덟의 나이에, Hughes는 자신의 가장 유명한 시들 중 하나인 'Negro Speaks of Rivers'를 출간했다. 창의적이고 실험적이었던, Hughes는 자신의 작품에 실제의 사투리를 포함시켰고, 블루스와 재즈의 리듬과 분위기를 받아들이기 위해 전통적인 시의 형식을 각색했으며, 그리고 하층 계급 흑인 문화의 요소들을 반영하는 인물과 주제를 만들어냈다. 심각한 내용을 해학적인 문체와 융합시키는 자신의 능력으로, Hughes는 자연스럽고 재치 있는 방법으로 인종적 편견을 공격했다.

해설 ① 첫 번째 문장에서 많은 흑인들이 다녔던 링컨 대학을 졸업했다고 했으므로 지문과 일치한다.
② 세 번째 문장에서 실제의 사투리를 자신의 작품에 포함시켰다고 했으므로 지문과 일치한다.
③ 세 번째 문장에서 하층 계급 흑인 문화의 요소들을 반영한 인물과 주제를 만들어냈다고 했으므로 지문과 일치한다.
④ 마지막 문장에서 해학적인 문체로 인종적 편견을 자연스럽고 재치 있는 방법으로 공격했다고 했으므로 지문과 일치하지 않는다.

정답 ④

08 ★☆☆

다음 글의 내용과 일치하지 않는 것을 고르시오.   2019 지방직 9급

Followers are a critical part of the leadership equation, but their role has not always been appreciated. For a long time, in fact, "the common view of leadership was that leaders actively led and subordinates, later called followers, passively and obediently followed." Over time, especially in the last century, social change shaped people's views of followers, and leadership theories gradually recognized the active and important role that followers play in the leadership process. Today it seems natural to accept the important role followers play. One aspect of leadership is particularly worth noting in this regard: Leadership is a social influence process shared among all members of a group. Leadership is not restricted to the influence exerted by someone in a particular position or role; followers are part of the leadership process, too.

① For a length of time, it was understood that leaders actively led and followers passively followed.
② People's views of subordinates were influenced by social change.
③ The important role of followers is still denied today.
④ Both leaders and followers participate in the leadership process

- Followers are a critical part / of the leadership equation / but their role has not always been appreciated.
  추종자들은 대단히 중요한 부분이다 / 리더십 방정식의 / 하지만 그들의 역할이 항상 진가를 인정받아온 것은 아니었다

- For a long time, / in fact, / "the common view of leadership / was that leaders actively led / and subordinates, / later called followers, / passively and obediently followed."
  오랫동안 / 사실 / 리더십에 대한 일반적 관점은 / 지도자들이 능동적으로 이끌고 / 그리고 하급자들은 / 나중에 추종자로 불리는 / 수동적이고 고분고분하게 따르는 것이었다

- Over time, / especially in the last century, / social change shaped / people's views of followers / and leadership theories gradually recognized / the active and important role / that followers play / in the leadership process.
  시간이 지나면서 / 특히 지난 세기에 / 사회적 변화가 형성했다 / 추종자들에 대한 사람들의 관점을 / 그리고 리더십 이론들은 점차 인정했다 / 능동적이고 중요한 역할을 / 추종자들이 맡은 / 리더십 과정에서

- Today / it seems natural / to accept the important role / followers play.
  오늘날에는 / 자연스러워 보인다 / 중요한 역할을 받아들이는 것이 / 추종자들이 맡은

- One aspect of leadership is particularly worth noting / in this regard: / Leadership is a social influence process / shared among all members of a group.
  리더십의 한 측면은 특히 주목할 가치가 있다 / 이 점에서 / 리더십은 하나의 사회적 영향 과정이다 / 한 집단의 모든 구성원들 사이에 공유되는

- Leadership is not restricted / to the influence / exerted by someone / in a particular position or role; / followers are part of the leadership process, / too.
  리더십은 한정되지 않는다 / 영향에 / 누군가에 의해 행사되는 / 특정한 위치나 역할 속의 / 추종자들도 리더십 과정의 일부분이다 / 또한

해석 추종자들은 리더십 방정식의 대단히 중요한 부분이지만 그들의 역할이 항상 진가를 인정받아온 것은 아니었다. 오랫동안 사실 '리더십에 대한 일반적 관점은 리더들이 능동적으로 이끌고 그리고 나중에 추종자로 불리는 하급자들은 수동적이고 고분고분하게 따르는 것이었다.' 시간이 지나면서 특히 지난 세기에, 사회적 변화가 추종자들에 대한 사람들의 관점을 형성했고, 리더십 이론들은 점차 추종자들이 리더십 과정에서 맡은 능동적이고 중요한 역할을 인정했다. 오늘날에는 추종자들이 맡은 중요한 역할을 받아들이는 것이 자연스러워 보인다. 리더십의 한 측면은 이 점에서 특히 주목할 가치가 있다: 리더십은 한 집단의 모든 구성원들 사이에 공유되는 하나의 사회적 영향 과정이다. 리더십은 특정한 위치나 역할 속의 누군가에 의해 행사되는 영향에 한정되지 않는다; 추종자들도 또한 리더십 과정의 일부분이다.

① 상당한 기간 동안 리더들이 능동적으로 이끌고 추종자들은 수동적으로 따르는 것이라고 이해되었다.
② 하급자들에 대한 사람들의 견해는 사회적 변화에 의해 영향을 받았다.
③ 추종자들의 중요한 역할이 오늘날 여전히 부정되고 있다.
④ 리더들과 추종자들 둘 다 리더십 과정에 참여한다.

해설 ① 두 번째 문장에서 오랫동안 리더십에 관한 일반적인 관점은 리더들은 능동적으로 이끌고 추종자들은 수동적으로 따르는 것이었다고 했으므로 지문과 일치한다.
② 세 번째 문장에서 사회적 변화가 추종자들에 대한 사람들의 관점을 형성했다고 했으므로 지문과 일치한다.
③ 네 번째 문장에서 오늘날에는 추종자들이 맡은 중요한 역할을 받아들이는 것이 자연스러워 보인다고 했으므로 지문과 일치하지 않는다.
④ 마지막 문장에서 리더십은 리더에 의해 행사되는 영향에 한정되지 않고 추종자들도 또한 리더십 과정의 일부분이라고 했으므로 지문과 일치한다.

정답 ③

09 ★★☆

다음 글의 내용과 가장 일치하는 것은?　　　　　　　2019 법원직 9급

Child psychologists concentrate their efforts on the study of the individual from birth through age eleven. Developmental psychologists study behavior and growth patterns from the prenatal period through maturity and old age. Many clinical psychologists specialize in dealing with the behavior problems of children. Research in child psychology sometimes helps shed light on work behavior. For example, one study showed that victims of childhood abuse and neglect may suffer long-term consequences. Among them are lower IQs and reading ability, more suicide attempts, and more unemployment and low-paying jobs. Many people today have become interested in the study of adult phases of human development. The work of developmental psychologists has led to widespread interest in the problems of the middle years, such as the mid-life crisis. A job-related problem of interest to developmental psychologists is why so many executives die earlier than expected after retirement.

① 아동심리학의 연구대상은 주로 사춘기 이후의 아동이다.
② 발달심리학자들은 인간의 일생의 행동과 성장을 연구한다.
③ 아동기에 학대 받은 성인의 실업률이 더 낮은 경향이 있다.
④ 임원들의 은퇴 후 조기 사망이 최근 임상심리학의 관심사이다.

- Child psychologists concentrate their efforts / on the study of the individual / from birth through age eleven.
  아동 심리학자들은 자신의 노력을 집중시킨다 / 개인에 대한 연구에 / 출생부터 11세까지의
- Developmental psychologists study / behavior and growth patterns / from the prenatal period through maturity and old age.
  발달 심리학자들은 연구한다 / 행동과 성장 패턴을 / 태아기부터 성숙기와 노년까지의
- Many clinical psychologists specialize in / dealing with the behavior problems / of children.
  많은 임상 심리학자들은 전문으로 한다 / 행동 문제를 다루는 것을 / 아이들의
- Research in child psychology / sometimes helps / shed light on work behavior.
  아동 심리학에 대한 연구는 / 때때로 도움을 준다 / 근로행위를 설명하는 것에
- For example, / one study showed / that victims of childhood abuse and neglect / may suffer long-term consequences.
  예컨대 / 한 연구는 보여주었다 / 어린 시절 학대와 방치의 피해자들이 / 장기적인 결과들을 겪을 수 있다는 것을
- Among them are / lower IQs and reading ability, more suicide attempts, and more unemployment and low-paying jobs.
  그것들 중에는 있다 / 더 낮은 IQ와 읽기 능력, 더 많은 자살 시도 그리고 더 많은 실직과 저임금 직업들이
- Many people today have become interested / in the study / of adult phases of human development.
  오늘날 많은 사람들이 관심을 가지게 되었다 / 연구에 / 인간 발달의 성인기에 대한
- The work of developmental psychologists / has led to widespread interest / in the problems of the middle years, / such as the mid-life crisis.
  발달심리학자들의 연구는 / 폭넓은 관심으로 이어졌다 / 중년의 문제들에 대한 / 중년의 위기와 같은
- A job-related problem / of interest to developmental psychologists / is why so many executives die / earlier than expected / after retirement.
  직업과 관련된 문제는 / 발달 심리학자들에게 흥미로운 / 그렇게 많은 임원들이 사망하는 이유이다 / 예상보다 더 일찍 / 은퇴 후

해석 아동 심리학자들은 자신의 노력을 출생부터 11세까지의 개인에 대한 연구에 집중시킨다. 발달 심리학자들은 태아기부터 성숙기와 노년까지의 행동과 성장 패턴을 연구한다. 많은 임상 심리학자들은 아이들의 행동 문제를 다루는 것을 전문으로 한다. 아동 심리학에 대한 연구는 때때로 근로행위를 설명하는 것에 도움을 준다. 예컨대, 한 연구는 어린 시절 학대와 방치의 피해자들이 장기적인 결과를 겪을 수 있다는 것을 보여주었다. 그것들 중에는 낮은 IQ와 읽기 능력, 더 많은 자살 시도 그리고 더 많은 실직과 저임금 직업들이 있다. 오늘날 많은 사람들이 인간 발달의 성인기에 대한 연구에 관심을 가지게 되었다. 발달심리학자들의 연구는 중년의 위기와 같은 중년의 문제들에 대한 폭넓은 관심으로 이어졌다. 발달 심리학자들에게 흥미로운 직업과 관련된 문제는 그렇게 많은 임원들이 은퇴 후 예상보다 더 일찍 사망하는 이유이다.

해설 ① 첫 번째 문장에서 아동심리학자들은 출생부터 11세까지의 개인에 대한 연구에 집중한다고 했으므로 지문과 일치하지 않는다.
② 두 번째 문장에서 발달 심리학자들은 태아기부터 성숙기와 노년까지의 행동과 성장 패턴을 연구한다고 했으므로 지문과 일치한다.
③ 다섯 번째와 여섯 번째 문장에서 어린 시절에 학대를 받은 피해자들이 더 많은 실직을 겪을 수 있다고 했으므로 지문과 일치하지 않는다.
④ 마지막 문장에서 발달 심리학자들에게 흥미로운 문제가 은퇴 후 조기 사망이라고 했으므로 지문과 일치하지 않는다.

정답 ②

10 ★★★

다음 글의 내용과 일치하는 것은?   2018 국가직 9급

어구
- scale 비늘
- material 재료, 소재
- flexible 유연한, 신축적인
- drag 항력
- aerospace engineer 항공우주 공학자
- shortfin mako 청상아리
- relative 동족, 친척
- great white shark 백상아리
- taper 차츰 가늘게 하다
- narrow 좁은
- flatten 평평해지다
- adjust to ~에 적응하다
- inspire 영감을 주다
- immobile 움직이지 않는
- reveal 밝히다, 드러내다
- utilize 사용하다
- lessen 줄이다
- identical 똑같은

Sharks are covered in scales made from the same material as teeth. These flexible scales protect the shark and help it swim quickly in water. A shark can move the scales as it swims. This movement helps reduce the water's drag. Amy Lang, an aerospace engineer at the University of Alabama, studies the scales on the shortfin mako, a relative of the great white shark. Lang and her team discovered that the mako shark's scales differ in size and in flexibility in different parts of its body. For instance, the scales on the sides of the body are tapered — wide at one end and narrow at the other end. Because they are tapered, these scales move very easily. They can turn up or flatten to adjust to the flow of water around the shark and to reduce drag. Lang feels that shark scales can inspire designs for machines that experience drag, such as airplanes.

① A shark has scales that always remain immobile to protect itself as it swims.
② Lang revealed that the scales of a mako shark are utilized to lessen drag in water.
③ A mako shark has scales of identical size all over its body.
④ The scientific designs of airplanes were inspired by shark scales.

- Sharks are covered in scales / made from the same material as teeth.
  상어는 비늘로 덮여있다 / 이빨과 같은 재료로 만들어진

- These flexible scales protect the shark / and help it swim quickly / in water.
  이 유연한 비늘은 상어를 보호한다 / 그리고 그것이 빠르게 헤엄치도록 돕는다 / 물속에서

- A shark can move the scales / as it swims.
  상어는 비늘을 움직일 수 있다 / 그것(상어)은 헤엄치면서

- This movement helps / reduce the water's drag.
  이 움직임은 돕는다 / 물의 항력을 줄이는 것을

- Amy Lang, / an aerospace engineer at the University of Alabama, / studies the scales / on the shortfin mako, / a relative of the great white shark.
  Amy Lang은 / Alabama대학의 항공우주 공학자인 / 비늘을 연구한다 / 청상아리의 / 백상아리의 동족인

- Lang and her team discovered / that the mako shark's scales differ / in size and in flexibility in different parts of its body.
  Lang과 그녀의 팀은 발견했다 / 청상아리의 비늘이 다르다는 것을 / 크기와 유연성이 / 몸의 다른 부분들에서

- For instance, / the scales on the sides of the body / are tapered / — wide at one end / and narrow at the other end.
  예컨대 / 몸의 측면의 비늘은 / 차츰 가늘어진다 — 한쪽 끝은 넓고 / 그리고 다른 쪽 끝은 좁다

- Because they are tapered, / these scales move / very easily.
  그것들(비늘)이 차츰 가늘어지기 때문에 / 이 비늘들은 움직인다 / 매우 쉽게

- They can turn up or flatten / to adjust to the flow of water / around the shark / and to reduce drag.
  그것들(비늘)은 위로 접히거나 평평해질 수 있다 / 물의 흐름에 적응하기 위해 / 상어 주변의 / 그리고 항력을 줄이기 위해

- Lang feels / that shark scales can inspire / designs for machines / that experience drag, / such as airplanes.
  Lang은 생각한다 / 상어 비늘이 영감을 줄 수 있다고 / 기계들의 설계에 / 항력을 겪는 / 비행기와 같은

해석 상어는 이빨과 같은 재료로 만들어진 비늘로 덮여있다. 이 유연한 비늘은 상어를 보호하고 물속에서 빠르게 헤엄치도록 돕는다. 상어는 헤엄치면서 비늘을 움직일 수 있다. 이 움직임은 물의 항력을 줄이는 것을 돕는다. Alabama대학의 항공우주공학자인 Amy Lang은 백상아리의 동족인 청상아리 비늘을 연구한다. Lang과 그녀의 팀은 청상아리의 비늘이 몸의 다른 부분들에서 크기와 유연성이 다르다는 것을 발견했다. 예컨대, 몸의 측면의 비늘은 차츰 가늘어진다 — 한쪽 끝은 넓고 다른 쪽 끝은 좁다. 그것들(비늘)이 차츰 가늘어지기 때문에, 이 비늘들은 매우 쉽게 움직인다. 그것들(비늘)은 상어 주변의 물의 흐름에 적응하고 항력을 줄이기 위해 위로 접히거나 평평해질 수 있다. Lang은 상어 비늘이 비행기와 같은 항력을 겪는 기계들의 디자인에 영감을 줄 수 있다고 생각한다.

① 상어는 헤엄치면서 자신을 보호하기 위해 항상 움직이지 않은 채로 있는 비늘을 가지고 있다.
② Lang은 청상아리의 비늘이 물속에서 항력을 줄이기 위해 사용된다는 것을 밝혔다.
③ 청상아리는 자신의 몸 전체에 똑같은 크기의 비늘을 가지고 있다.
④ 비행기의 과학적인 설계는 상어 비늘에 의해 영감을 얻었다.

해설 ① 세 번째 문장에 상어는 헤엄치면서 비늘을 움직일 수 있다고 했으므로 지문과 일치하지 않는다.
② 아홉 번째 문장에서 항력을 줄이기 위해 비늘이 위로 접히거나 평평해질 수 있다고 했으므로 지문과 일치한다.
③ 여섯 번째 문장에서 청상아리의 비늘이 몸의 다른 부분들에서 크기와 유연성이 다르다고 했으므로 지문과 일치하지 않는다.
④ 마지막 문장에서 Lang은 상어 비늘이 비행기의 설계에 영감을 줄 수 있다고 생각한다고 말하고 있지만, 과거에 영감을 주었다는 것은 아니므로 지문과 일치하지 않는다.

정답 ②

/ MEMO /

11 ★☆☆

글의 내용과 일치하는 것은?　　　　　2018 서울시 9급

A family hoping to adopt a child must first select an adoption agency. In the United States, there are two kinds of agencies that assist with adoption. Public agencies generally handle older children, children with mental or physical disabilities, or children who may have been abused or neglected. Prospective parents are not usually expected to pay fees when adopting a child from a public agency. Fostering, or a form of temporary adoption, is also possible through public agencies. Private agencies can be found on the Internet. They handle domestic and international adoption.

① Public adoption agencies are better than private ones.
② Parents pay huge fees to adopt a child from a foster home.
③ Children in need cannot be adopted through public agencies.
④ Private agencies can be contacted for international adoption.

어구

adopt 입양하다, 채택하다
agency 기관
assist 돕다
handle 다루다, 처리하다
mental 정신적인
disability 장애
abuse 학대하다
neglect 방치하다
prospective 예비의, 장래의
expect 기대하다, 요구하다
foster 위탁양육하다, 위탁의
temporary 일시적인, 임시의
domestic 국내의
in need 어려움에 처한

- A family / hoping to adopt a child / must first select an adoption agency.
  가정은 / 아동을 입양하기를 바라는 / 먼저 입양기관을 선택해야 한다
- In the United States, / there are two kinds of agencies / that assist with adoption.
  미국에는 / 두 종류의 기관들이 있다 / 입양을 돕는
- Public agencies generally handle / older children, / children with mental or physical disabilities, / or children / who may have been abused or neglected.
  공공 기관들은 일반적으로 다룬다 / 나이가 더 많은 아이들 / 정신적이거나 신체적 장애가 있는 아이들 / 또는 아이들을 / 학대받았거나 방치되어 왔을 수도 있는
- Prospective parents are not usually expected / to pay fees / when adopting a child / from a public agency.
  예비 부모들은 대개 요구받지 않는다 / 수수료를 지불하도록 / 아이를 입양할 때 / 공공 기관들로부터
- Fostering, or a form of temporary adoption, / is also possible / through public agencies.
  위탁양육, 즉 임시 입양의 형태도 / 또한 가능하다 / 공공기관들을 통해서
- Private agencies can be found / on the Internet.
  사설 기관들은 찾아질 수 있다 / 인터넷에서
- They handle / domestic and international adoption.
  그들은 다룬다 / 국내 및 국제 입양을

해석 아동을 입양하기를 바라는 가정은 먼저 입양기관을 선택해야 한다. 미국에는, 입양을 돕는 두 종류의 기관들이 있다. 공공 기관들은 일반적으로 나이가 더 많은 아이들, 정신적이거나 신체적 장애가 있는 아이들, 또는 학대받았거나 방치되어 왔을 수도 있는 아이들을 다룬다. 예비 부모들은 대개 공공 기관들로부터 아이를 입양할 때 수수료를 지불하도록 요구받지 않는다. 위탁양육, 즉 임시 입양의 형태도 또한 공공기관들을 통해서 가능하다. 사설 기관들은 인터넷에서 찾아질 수 있다. 그들은 국내 및 국제 입양을 다룬다.
① 공공 입양 기관들이 사설 기관들보다 더 낫다.
② 부모들은 위탁가정으로부터 아동을 입양하기 위해 막대한 수수료를 지불한다.
③ 어려움에 처한 아이들은 공공기관들을 통해 입양될 수 없다.
④ 사설 기관들이 국제입양을 위해서 연락될 수 있다.

해설 ① 지문에서 공공 입양 기관이 사설 입양 기관보다 더 나은지는 언급되지 않았다.
② 지문에서 위탁가정으로부터 입양할 때 수수료를 지불하는지에 대한 내용은 언급되지 않았다.
③ 세 번째 문장에서 공공 기관들은 나이 많은 아이들, 정신적 또는 신체적 장애가 있는 아이들, 학대 또는 방치된 아이들을 다룬다고 했으므로 지문과 일치하지 않는다.
④ 마지막 문장에서 사설 기관들은 국내 및 국제 입양을 다룬다고 했으므로 지문과 일치한다.

정답 ④

12 ★☆☆

다음 글의 내용과 일치하는 것은? 2018 교육행정직 9급

The bright butterflies and moths number 140,000 species, exceeded only by the beetles. "Lepidoptera," the order's scientific name, means "scaly-winged," and tiny scales cover the wings and bodies of most adult forms. In size, butterflies and moths vary more than any other insect group. An owlet moth of South America is a foot across; the Eriocranid moth has a quarter-inch wingspan. Some species are even smaller. There are no hard and fast rules for telling a butterfly from a moth. But in general, moths spin cocoons, butterflies do not. When at rest, the moth tends to fold its wings like a tent while the butterfly presses them together overhead.

① Lepidoptera는 모든 성충의 몸이 큰 비늘로 덮여 있다는 것을 뜻한다.
② 나비와 나방은 다른 어떤 곤충집단보다 크기가 더 다양하다.
③ Eriocranid 나방은 날개 길이가 2분의 1인치이다.
④ 나비는 쉴 때 텐트처럼 날개를 접는 경향이 있다.

지문 분석

- The bright butterflies and moths / number 140,000 species, / exceeded only by the beetles.
  밝은 색의 나비와 나방은 / 140,000 종의 수에 이른다 / 그리고 오직 딱정벌레만이 그 수를 넘어선다

- "Lepidoptera," / the order's scientific name, / means "scaly-winged," / and tiny scales cover the wings and bodies / of most adult forms.
  나비목은 / 목의 학명인 / '비늘로 덮인 날개가 있는'을 의미한다 / 그리고 작은 비늘들이 날개와 몸통을 덮고 있다 / 대부분의 성체형의

- In size, / butterflies and moths vary more / than any other insect group.
  크기 면에서 / 나비와 나방은 더 다양하다 / 다른 어떤 곤충 집단보다도

- An owlet moth of South America / is a foot across; / the Eriocranid moth has a quarter-inch wingspan.
  남미의 올빼미 나방은 / 폭이 1피트이다 / Eriocranid 나방은 4분의 1인치의 날개폭을 가지고 있다

- Some species are even smaller.
  일부 종들은 훨씬 더 작다

- There are no hard and fast rules / for telling a butterfly from a moth.
  어떠한 엄밀한 규칙도 없다 / 나비와 나방을 구별하는

- But in general, / moths spin cocoons, / butterflies do not.
  하지만 일반적으로 / 나방은 고치를 짓는다 / 나비는 하지 않는다

- When at rest, / the moth tends to fold its wings / like a tent / while the butterfly presses them together / overhead.
  쉴 때 / 나방은 날개를 접는 경향이 있다 / 텐트처럼 / 반면 나비는 그것들(날개)을 서로 밀착시킨다 / 머리위로

해석 밝은 색의 나비와 나방은 140,000 종의 수에 이르며, 오직 딱정벌레만이 그 수를 넘어선다. 목의 학명인 '나비목'은 '비늘로 덮인 날개가 있는'을 의미하며, 작은 비늘들이 대부분의 성체형의 날개와 몸통을 덮고 있다. 크기 면에서, 나비와 나방은 다른 어떤 곤충 집단보다도 더 다양하다. 남미의 올빼미 나방은 폭이 1피트이다; Eriocranid 나방은 4분의 1인치의 날개폭을 가지고 있다. 일부 종들은 훨씬 더 작다. 하지만 일반적으로 나방은 고치를 짓고, 나비는 하지 않는다. 쉴 때, 나방은 텐트처럼 날개를 접는 경향이 있는 반면, 나비는 그것들(날개)을 머리로 서로 밀착시킨다.

해설 ① 두 번째 문장에서 Lepidoptera는 작은 비늘들이 대부분의 성충의 몸을 덮고 있다고 했으므로 지문과 일치하지 않는다.
② 세 번째 문장에서 크기 면에서 나비와 나방은 다른 어떤 곤충집단보다 더 다양하다고 했으므로 지문과 일치한다.
③ 네 번째 문장에서 Eriocranid 나방은 4분의 1인치의 날개폭을 가지고 있다고 했으므로 지문과 일치하지 않는다.
④ 마지막 문장에서 쉴 때 나방은 텐트처럼 날개를 접고, 나비는 머리 위로 날개를 서로 밀착시킨다고 했으므로 지문과 일치하지 않는다.

정답 ②

13 ★★☆

다음 글의 내용과 일치하지 않는 것은? 2017 국가직 9급 하반기

The first decades of the 17th century witnessed an exponential growth in the understanding of the Earth and heavens, a process usually referred to as the Scientific Revolution. The older reliance on the philosophy of Aristotle was fast waning in universities. In the Aristotelian system of natural philosophy, the movements of bodies were explained 'causally' in terms of the amount of the four elements (earth, water, air, fire) that they possessed, and objects moved up or down to their 'natural' place depending on the preponderance of given elements of which they were composed. Natural philosophy was routinely contrasted with 'mixed mathematical' subjects such as optics, hydrostatics, and harmonics, where numbers could be applied to measurable external quantities such as length or duration.

① There was an increase in the knowledge of the Earth and heavens in the early 17th century.
② Dependence on the philosophy of Aristotle was on the decline in universities in the 17th century.
③ Natural philosophy proposed four elements to explain the movements of bodies.
④ In natural philosophy, numbers were routinely put to use for measurable external quantities.

- The first decades of the 17th century / witnessed an exponential growth / in the understanding of the Earth and heavens, / a process / usually referred to as the Scientific Revolution.
  17세기 처음 수십 년은 / 기하급수적인 성장이 목격되었다 / 지구와 하늘에 대한 이해에 있어 / 이는 과정이다 / 대개 과학적 혁명으로 불리는

- The older reliance / on the philosophy of Aristotle / was fast waning / in universities.
  오래된 신뢰는 / 아리스토텔레스의 철학에 대한 / 빠르게 약해지고 있었다 / 대학에서

- In the Aristotelian system / of natural philosophy, / the movements of bodies were explained / 'casually' / in terms of the amount / of the four elements (earth, water, air, fire) / that they possessed, / and objects moved up or down / to their 'natural' place / depending on the preponderance / of given elements / of which they were composed.
  아리스토텔레스의 체계에서는 / 자연 철학에 관한 / 물체의 움직임은 설명되었다 / '인과적으로' / 양의 관점에서 / 네 가지 요소(흙, 물, 공기, 불)의 / 그것들이 가진 / 그리고 물체들은 올라가거나 내려갔다 / 그것들의 '자연적' 위치로 / 우세에 따라 / 주어진 요소들의 / 그것들이 구성된

- Natural philosophy was routinely contrasted / with 'mixed mathematical' subjects / such as optics, hydrostatics, and harmonics, / where numbers could be applied / to measurable external quantities / such as length or duration.
  자연 철학은 통상 대조되었다 / '혼합된 수학적인' 과목들과 / 광학, 정수 역학, 그리고 화성학과 같은 / 그런데 그곳에서는 숫자들이 적용될 수 있었다 / 측정할 수 있는 외부적 수량에 / 길이 또는 기간과 같은

해석 17세기 처음 수십 년은 지구와 하늘에 대한 이해에 있어 기하급수적인 성장이 목격되었는데, 이는 대개 과학적 혁명으로 불리는 과정이다. 아리스토텔레스의 철학에 대한 오래된 신뢰는 대학에서 빠르게 약해지고 있었다. 자연 철학에 관한 아리스토텔레스의 체계에서는, 물체들의 움직임은 그것들이 가진 네 가지 요소(흙, 물, 공기, 불)의 양의 관점에서 '인과적으로' 설명되었고, 물체들은 그것들이 구성된 주어진 요소들의 우세에 따라 그것들의 '자연적' 위치로 올라가거나 내려갔다. 자연 철학은 광학, 정수 역학, 그리고 화성학과 같은 '혼합된 수학적인' 과목들과 통상 대조되었는데, 그곳에서는 길이 또는 기간과 같은 측정할 수 있는 외부적 수량에 숫자들이 적용될 수 있었다.

① 17세기 초에 지구와 하늘에 대한 지식의 증가가 있었다.
② 아리스토텔레스의 철학에 대한 신뢰는 17세기에 대학들에서 감소하고 있었다.
③ 자연 철학은 물체들의 움직임을 설명하기 위해 네 가지 요소를 제안했다.
④ 자연 철학에서, 숫자들은 통상 측정할 수 있는 외부적 수량에 사용되었다.

해설 ① 첫 번째 문장에서 17세기 처음 수십 년간 지구와 하늘에 대한 이해에 있어 기하급수적인 성장이 있었다고 했으므로 지문과 일치한다.
② 두 번째 문장에서 아리스토텔레스의 철학에 오래된 신뢰가 대학에서 빠르게 약해지고 있었다고 했으므로 지문과 일치한다.
③ 세 번째 문장에서 자연 철학에서 물체의 움직임은 네 가지 요소의 양의 관점에서 인과적으로 설명되었다고 했으므로 지문과 일치한다.
④ 마지막 문장에서 자연철학은 측정할 수 있는 외부적 수량에 숫자들이 적용될 수 있었던 '혼합된 수학적인 과목'들과 대조되었다고 했으므로 지문과 일치하지 않는다.

정답 ④

14 ★★★

다음 글의 내용과 일치하지 않는 것은?   2017 지방직 9급

Before the fifteenth century, all four characteristics of the witch (night flying, secret meetings, harmful magic, and the devil's pact) were ascribed individually or in limited combination by the church to its adversaries, including Templars, heretics, learned magicians, and other dissident groups. Folk beliefs about the supernatural emerged in peasant confessions during witch trials. The most striking difference between popular and learned notions of witchcraft lay in the folk belief that the witch had innate supernatural powers not derived from the devil. For learned men, this bordered on heresy. Supernatural powers were never human in origin, nor could witches derive their craft from the tradition of learned magic, which required a scholarly training at the university, a masculine preserve at the time. A witch's power necessarily came from the pact she made with the devil.

① The folk and learned men had different views on the source of the witch's supernatural powers.
② According to the folk belief, supernatural powers belonged to the essential nature of the witch.
③ Four characteristics of the witch were attributed by the church to its dissident groups.
④ Learned men believed that the witch's power came from a scholarly training at the university.

어구

- characteristic 특성, 특징
- witch 마녀
- pact 계약, 협정
- ascribe ~에 속하는 것으로 생각하다
- adversary 적, 상대
- heretic 이단자
- learned 학식 있는, 학습된
- dissident 반체제의
- folk belief 민간신앙
- supernatural 초자연적인, 초자연적인 현상(존재)
- emerge 생겨나다, 나오다
- peasant 소작농
- confession 고백
- striking 현저한, 두드러진
- witchcraft 마법
- innate 타고난
- derive 얻다
- border on 거의 ~와 같다
- heresy 이단
- scholarly 학문적인
- masculine 남성의
- preserve 전유물
- attribute ~에 속하는 것으로 생각하다

- Before the fifteenth century, / all four characteristics of the witch (night flying, secret meetings, harmful magic, and the devil's pact) / were ascribed / individually or in limited combination / by the church / to its adversaries, / including Templars, heretics, learned magicians, and other dissident groups.
  15세기 전에는 / 마녀의 모든 네 가지 특성(밤하늘을 나는 것, 비밀 모임, 해로운 마법, 그리고 악마의 계약)들이 / 속하는 것으로 생각되었다 / 개별적으로 또는 제한된 조합으로 / 교회에 의해 / 그것(교회)의 적들에 / 템플기사단원들, 이단자들, 학식 있는 마법사들, 그리고 다른 반체제 그룹을 포함한

- Folk beliefs about the supernatural / emerged in peasant confessions / during witch trials.
  초자연적인 현상에 대한 민간 신앙은 / 소작농의 고백에서부터 생겨났다 / 마녀 재판 중에

- The most striking difference / between popular and learned notions / of witchcraft / lay in the folk belief / that the witch had innate supernatural powers / not derived from the devil.
  가장 현저한 차이점은 / 대중적인 관념과 학습된 관념 사이의 / 마법에 대한 / 민간 신앙에 있었다 / 마녀는 타고난 초자연적인 힘을 가졌다는 / 악마에게서 얻어진 것이 아닌

- For learned men, / this bordered on heresy.
  학식 있는 사람들에게 / 이것은 거의 이단과 같았다

- Supernatural powers were never human in origin, / nor could witches derive their craft / from the tradition of learned magic, / which required a scholarly training / at the university, / a masculine preserve / at the time.
  초자연적인 힘은 결코 인간이 기원이 아니었다 / 그리고 마녀들은 그들의 마법을 얻을 수도 없었다 / 학습된 마법의 전통으로부터 / 그리고 그것(학습된 마법)은 학문적인 교육을 필요로 했다 / 대학에서의 / 남성의 전유물이었던 / 그 당시에

- A witch's power / necessarily came from the pact / she made / with the devil.
  마녀의 힘은 / 필연적으로 계약에서 나왔다 / 그녀가 맺은 / 악마와

해석 15세기 전에는, 마녀의 모든 네 가지 특성(밤하늘을 나는 것, 비밀 모임, 해로운 마법, 그리고 악마의 계약)들이 개별적으로 또는 제한된 조합으로 교회에 의해 템플기사단원들, 이단자들, 학식 있는 마법사들 그리고 다른 반체제 그룹을 포함한 그것(교회)의 적들에게 속하는 것으로 생각되었다. 초자연적인 현상에 대한 민간 신앙은 마녀 재판 중에 소작농의 고백에서부터 생겨났다. 마법에 대한 대중적인 관념과 학습된 관념 사이의 가장 현저한 차이점은 마녀는 악마에게서 얻어진 것이 아닌 타고난 초자연적인 힘을 가졌다는 민간 신앙에 있었다. 학식 있는 사람들에게 이것은 거의 이단과 같았다. 초자연적인 힘은 결코 인간이 기원이 아니었고, 마녀들은 학습된 마법의 전통으로부터 그들의 마법을 얻을 수도 없었는데, 그것(학습된 마법)은 그 당시에 남성의 전유물이었던 대학에서의 학문적인 교육을 필요로 했다. 마녀의 힘은 필연적으로 그녀가 악마와 맺은 계약에서 나왔다.

① 민중과 학식 있는 사람들은 마녀의 초자연적 힘의 원천에 대해 다른 견해를 가졌다.
② 민간 신앙에 따르면, 초자연적인 힘은 마녀의 본질적인 천성에 속했다.
③ 마녀의 네 가지 특성들은 교회에 의해 반체제 그룹에 속하는 것으로 생각되었다.
④ 학식 있는 사람들은 마녀의 힘이 대학에서의 학문적인 교육에서 나온 것이라고 믿었다.

해설 ① 세 번째 문장에서 마녀가 악마로부터가 아닌 타고난 초자연적인 힘을 가진 것으로 보는 점에서 민간과 학문적 관념 간에 현저한 차이가 난다고 했으므로 지문과 일치한다.
② 세 번째 문장에서 민간신앙에서는 마녀가 타고난 초자연적인 힘을 지니는 것으로 본다고 했으므로 지문과 일치한다.
③ 첫 번째 문장에서 마녀의 네 가지 특성이 교회에 의해 반체제 그룹을 포함한 그것의 적들에게 속하는 것으로 생각되었다고 했으므로 지문과 일치한다.
④ 다섯 번째 문장에서 학식 있는 사람들은 대학의 학문적인 교육은 그 당시 남성의 전유물이어서 마녀가 그것으로부터 마법을 얻을 수 없었다고 했으므로 지문과 일치하지 않는다.

정답 ④

15 ★★☆

다음 글의 내용과 일치하는 것은? 2017 국회직 9급

Developed countries have been attempting to alleviate poverty in the world's poorest countries for decades by donating large sums of money to their governments. The money is intended to stimulate the economies of underdeveloped nations and to build up infrastructure such as schools and hospitals. Unfortunately, this money often ended up being used ineffectively or stolen by corrupt officials. Another problem is that poorer countries sometimes become dependent on the donated money. Consequently, a number of experts argue that, in the long run, providing foreign aid doesn't really help underdeveloped countries. Those who believe in foreign aid, on the other hand, argue the fund must just be more carefully monitored to ensure they are used effectively.

① The reason why foreign aid is not helpful for underdeveloped countries is that the donated money is strictly monitored by their governments.
② Nobody doubted that the donated money by developed countries was effectively used to build up infrastructure in underdeveloped countries.
③ The donated money by developed countries was all stolen by corrupt officials of underdeveloped countries.
④ Foreign aid has encouraged underdeveloped countries to become independent of developed countries.
⑤ The donated money by developed countries was not always effectively used in underdeveloped countries.

어구

Developed country 선진국
attempt 애써 해보다, 시도하다
alleviate 완화하다
decade 10년
donate 기부하다
stimulate 자극하다, 부양하다
infrastructure 사회기반 시설
end up 결국 ~되다
ineffectively 헛되게
corrupt 부패한
expert 전문가
foreign aid 대외원조
monitor 감시하다
ensure 확실하게 하다
strictly 엄격하게
encourage 장려하다

- **Developed countries have been attempting / to alleviate poverty / in the world's poorest countries / for decades / by donating large sums of money / to their governments.**
  선진국들은 애써 해보고 있다 / 빈곤을 완화하기 위해 / 세계의 가장 가난한 국가들의 / 수십 년 동안 / 큰 액수의 돈을 기부함으로써 / 그들의 정부에

- **The money is intended / to stimulate the economies of underdeveloped nations / and to build up infrastructure / such as schools and hospitals.**
  그 돈은 의도되었다 / 저개발 국가들의 경제를 부양시키기 위해 / 그리고 사회기반 시설을 구축하기 위해 / 학교와 병원 같은

- **Unfortunately, / this money often ended up being used / ineffectively / or stolen by corrupt officials.**
  유감스럽게도 / 이 돈은 종종 결국 사용되었다 / 헛되게 / 또는 부패한 관료들에 의해 도둑맞았다

- **Another problem / is that poorer countries sometimes become dependent / on the donated money.**
  또 다른 문제는 / 가난한 국가들이 때때로 의존하게 된다는 것이다 / 기부된 돈에

- **Consequently, / a number of experts argue / that, in the long run, / providing foreign aid / doesn't really help underdeveloped countries.**
  그 결과 / 많은 전문가들은 주장한다 / 장기적으로는 / 대외 원조를 제공하는 것이 / 사실 저개발 국가들을 돕지 못한다고

- **Those who believe in foreign aid, / on the other hand, / argue / the fund must just be more carefully monitored / to ensure / they are used effectively.**
  대외 원조를 믿는 사람들은 / 반면에 / 주장한다 / 그 자금이 더 신중하게 감시되어야만 한다고 / 확실히 하기 위해 / 그것들(자금)이 효과적으로 사용되는지

해석 선진국들은 그들의 정부에 큰 액수의 돈을 기부함으로써 세계의 가장 가난한 국가들의 빈곤을 완화하기 위해 수십 년 동안 애써 해보고 있다. 그 돈은 저개발 국가들의 경제를 부양시키고 학교와 병원 같은 사회기반 시설을 구축하기 위해 의도되었다. 유감스럽게도, 이 돈은 종종 결국 헛되게 사용되거나 또는 부패한 관료들에 의해 도둑맞았다. 또 다른 문제는 가난한 국가들이 때때로 기부된 돈에 의존하게 된다는 것이다. 그 결과, 많은 전문가들은 장기적으로는 대외 원조를 제공하는 것이 사실 저개발 국가들을 돕지 못한다고 주장한다. 반면에 대외 원조를 믿는 사람들은 그것들(자금)이 효과적으로 사용되는지 확실히 하기 위해 더 신중하게 감시되어야만 한다고 주장한다.

① 대외 원조가 저개발 국가들에 도움이 되지 않는 이유는 기부된 돈이 그들의 정부에 의해 엄격하게 감시하기 때문이다.
② 선진국들에 의해 기부된 돈이 저개발 국가들의 사회기반 시설을 구축하기 위해 효과적으로 사용되는 것을 아무도 의심하지 않았다.
③ 선진국들에 의해 기부된 돈이 저개발 국가들의 부패한 관료들에 의해 모두 도둑맞았다.
④ 대외 원조는 저개발 국가들이 선진국들로부터 독립적이 되도록 장려했다.
⑤ 선진국들에 의해 기부된 돈이 저개발 국가들에서 항상 효과적으로 쓰인 것은 아니었다.

해설 ① 세 번째 문장에서 이 돈이 부패한 관료들에 의해 도둑맞았다고 했으므로 지문과 일치하지 않는다.
② 마지막 문장을 보면 대외원조를 믿는 사람들조차 그것이 효과적으로 사용되는지 더 신중하게 감시되어야 한다고 주장하므로 지문과 일치하지 않는다.
③ 세 번째 문장에서 이 돈이 '종종' 헛되이 사용되거나 부패한 관료들에 의해 도둑맞았다고 했으므로 지문과 일치하지 않는다.
④ 네 번째 문장에서 대외원조의 문제점으로 가난한 국가들이 기부된 돈에 의존하게 된다고 했으므로 지문과 일치하지 않는다.
⑤ 세 번째 문장에서 선진국의 기부금은 종종 헛되게 사용되었다고 했으므로 지문과 일치한다.

정답 ⑤

16 ★★☆

콜라비에 대한 설명 중 글의 내용과 일치하지 않는 것은? 2016 지방직 9급

Kohlrabi is one of the vegetables many people avoid, mainly because of its odd shape and strange name. However, kohlrabi is delicious, versatile and good for you. Kohlrabi is a member of Brassica, which also includes broccoli and cabbage. Brassica plants are high in antioxidants, and kohlrabi is no exception. Plus kohlrabi contains fiber, useful amounts of vitamin C, together with vitamin B, potassium and calcium. Kohlrabi can be eaten raw: it's delicious when thinly sliced and mixed into salads. You can also roast chunks of it in the oven, or use it as the base for a soup.

* brassica 배추속(屬)

① 생김새와 이름이 이상하여 사람들이 좋아하지 않는다.
② 브로콜리와 양배추와 함께 배추속에 속한다.
③ 다른 배추속 식물과는 달리 항산화제가 적다.
④ 날것으로 먹거나 오븐에 구워먹을 수 있다.

어구

Kohlrabi 콜라비
odd 특이한, 이상한
shape 모양, 형태
versatile 다용도로 쓰이는
Brassica 배추속
cabbage 양배추
antioxidant 항산화제
exception 예외
plus 게다가
contain 포함하다
fiber 섬유질
potassium 칼륨
calcium 칼슘
raw 생것의, 날것의
thinly 얇게
slice 자르다, 썰다
roast 굽다
chunk 덩어리
base 기본재료, 주재료

지문 분석

· Kohlrabi is one of the vegetables / many people avoid, / mainly because of its odd shape and strange name.
콜라비는 채소들 중 하나이다 / 많은 사람들이 피하는 / 주로 그것의 특이한 형태와 이상한 이름 때문에

· However, / kohlrabi is delicious, / versatile / and good for you.
하지만 / 콜라비는 맛있고 / 다용도로 쓰이며 / 그리고 건강에 좋다.

· Kohlrabi is a member of Brassica, / which also includes broccoli and cabbage.
콜라비는 배추속의 일원이다 / 그리고 그것(배추속)은 또한 브로콜리와 양배추도 포함한다.

· Brassica plants are high in antioxidants, / and kohlrabi is no exception.
배추속 식물은 항산화제가 풍부하다 / 그리고 콜라비도 예외는 아니다.

· Plus / kohlrabi contains fiber, useful amounts of vitamin C, / together with vitamin B, potassium and calcium.
게다가 / 콜라비는 섬유질, 유용한 양의 비타민 C를 포함한다 / 비타민 B, 칼륨, 칼슘과 함께

· Kohlrabi can be eaten raw: / it's delicious / when thinly sliced and mixed into salads.
콜라비는 생것으로 먹을 수 있다 / 그것은 맛이 좋다 / 얇게 썰려 샐러드에 섞일 때

· You can also roast chunks of it / in the oven, / or use it / as the base for a soup.
당신은 또한 그것의 덩어리를 구울 수도 있다 / 오븐에 / 또는 그것을 사용할 수도 있다 / 스프의 주재료로

해석 콜라비 주로 그것의 특이한 형태와 이상한 이름 때문에 많은 사람들이 피하는 채소들 중 하나이다. 하지만 콜라비는 맛있고, 다용도로 쓰이며 그리고 건강에 좋다. 콜라비는 배추속의 일원인데, 그것(배추속)은 또한 브로콜리와 양배추도 포함한다. 배추속 식물은 항산화제가 풍부하며, 콜라비도 예외는 아니다. 게다가 콜라비는 비타민 B, 칼륨, 칼슘과 함께 섬유질, 유용한 양의 비타민 C를 포함한다. 콜라비는 생것으로 먹을 수 있다: 그것은 얇게 썰려 샐러드에 섞일 때 맛이 좋다. 당신은 또한 그것의 덩어리를 오븐에 굽거나 또는 그것을 스프의 주재료로 사용할 수도 있다.

해설 ① 첫 번째 문장에서 콜라비의 이상한 형태와 이름 때문에 사람들이 피한다고 했으므로 지문과 일치한다.
② 세 번째 문장에서 콜라비는 배추속의 일원이고 배추속에는 브로콜리와 양배추도 있다고 했으므로 지문과 일치한다.
③ 네 번째 문장에서 배추속 식물은 항산화제가 풍부하고 콜라비도 예외가 아니라고 했으므로 지문과 일치하지 않는다.
④ 여섯 번째와 일곱 번째 문장에서 콜라비는 날것으로 먹거나 오븐에 구울 수 있다고 했으므로 지문과 일치한다.

정답 ③

CHAPTER 04 내용 일치와 불일치

17 ★★☆

다음 글을 통해 IQ에 대하여 유추할 수 있는 것은? 2016 사회복지직 9급

어구
chance 기회, 가능성
at least 적어도
matter 중요하다, 문제가 되다
automatically 자동적으로
only has to do 단지 ~하기만 하면 된다
true of ~에 적용되는
intelligence 지능
threshold 문턱, 한계점
myth 신화, 근거 없는 믿음
have nothing to do with ~와 아무런 관련이 없다
in terms of ~의 면에서
practice 연습하다, 훈련하다

IQ is a lot like height in basketball. Does someone who is five foot six have a realistic chance of playing professional basketball? Not really. You need to be at least six foot or six one to play at that level, and, all things being equal, it's probably better to be six two than six one, and better to be six three than six two. But past a certain point, height stops mattering so much. A player who is six foot eight is not automatically better than someone two inches shorter. (Michael Jordan, the greatest player ever, was six six after all.) A basketball player only has to be tall enough — and the same is true of intelligence. Intelligence has a threshold.

① IQ is just a myth; it has nothing to do with how smart you are.
② Once your IQ is over a certain level, it may not really matter anymore in terms of intelligence.
③ The higher IQ you have, the more intelligent you must be.
④ The more you practice, the higher your IQ will get.

- IQ is a lot like height / in basketball.
  IQ는 키와 많이 비슷하다 / 농구에서의

- Does someone who is five foot six / have a realistic chance / of playing professional basketball?
  5피트 6인치인 누군가가 / 현실적인 가능성이 있을까 / 프로 농구경기를 할

- Not really.
  그렇지 않을 것이다.

- You need to be at least six foot or six one / to play at that level, / and, all things being equal, / it's probably better / to be six two / than six one, / and better / to be six three / than six two.
  당신은 적어도 6피트 또는 6피트 1인치가 될 필요가 있다 / 그 수준에서 경기하기 위해서는 / 그리고 모든 것이 동일하다면 / 아마 더 나을 것이다 / 6피트 2인치인 것이 / 6피트 1인치보다 / 그리고 더 나을 것이다 / 6피트 3인치인 것이 / 6피트 2인치보다

- But / past a certain point, / height stops mattering / so much.
  하지만 / 일정 지점을 지나면 / 키는 중요하지 않게 된다 / 그다지 많이

- A player who is six foot eight / is not automatically better / than someone two inches shorter.
  6피트 8인치인 선수가 / 자동적으로 더 낫지는 않다 / 2인치 더 작은 누군가보다

- (Michael Jordan, / the greatest player ever, / was six six / after all.)
  Michael Jordan은 / 지금까지 가장 위대한 선수인 / 6피트 6인치였다 / 어쨌든

- A basketball player only has to be tall / enough / — and the same is true / of intelligence.
  농구 선수는 단지 크기만 하면 된다 / 필요한 만큼 / 그리고 똑같은 것이 적용된다 / 지능에서도

- Intelligence has a threshold.
  지능은 어떤 문턱이 있다.

해석 IQ는 농구에서의 키와 많이 비슷하다. 5피트 6인치인 누군가가 프로 농구경기를 할 현실적인 가능성이 있을까? 그렇지 않을 것이다. 그 수준에서 경기하기 위해서는 당신은 적어도 6피트 또는 6피트 1인치가 될 필요가 있으며, 그리고 모든 것들이 동일하다면, 6피트 1인치보다 6피트 2인치인 것이 아마 더 나을 것이고, 6피트 2인치보다 6피트 3인치인 것이 더 나을 것이다. 하지만 일정 지점을 지나면, 키는 그다지 많이 중요하지 않게 된다. 6피트 8인치인 선수가 2인치 더 작은 누군가보다 자동적으로 더 낫지는 않다. (지금까지 가장 위대한 선수인 Michael Jordan은 어쨌든 6피트 6인치였다.) 농구 선수는 단지 필요한 만큼 크기만 하면 된다 — 그리고 똑같은 것이 지능에서도 적용된다. 지능은 어떤 문턱이 있다.

① IQ는 단지 근거 없는 믿음일 뿐이다: 그것은 당신이 얼마나 똑똑한지와 아무런 관련이 없다.
② 일단 당신의 IQ가 일정 수준을 넘어서면, 그것은 사실 지능 면에서 더 이상 중요하지 않다.
③ 당신이 더 높은 IQ를 가질수록, 당신은 더 똑똑함에 틀림이 없다.
④ 당신이 더 많이 연습할수록, 당신의 IQ는 더 높아지게 될 것이다.

해설 ① 지문에서 IQ가 근거 없는 믿음이라는 내용은 언급되지 않았다.
② 다섯 번째 문장에서 키가 일정 수준을 넘어서면 중요하지 않게 된다고 말하고, 여덟 번째 문장에서 지능에서도 마찬가지라고 했으므로 지문에서 유추할 수 있다.
③ ②와 동일한 근거로 지문과 일치하지 않는다.
④ 지문에서 더 많이 연습할수록 IQ가 높아진다는 내용은 언급되지 않았다.

정답 ②

18 ★★☆

Abby Kelley Foster에 관한 다음 글의 내용과 일치하지 않는 것은? 2016 교육행정직 9급

Born in Massachusetts to a Quaker farm family, Abby Kelley Foster was the seventh daughter in a time when farmers prayed for boys. She was raised in the town of Worcester, completed grammar school, and was one of the rare girls to go on to higher education, at a Quaker school in Providence, Rhode Island. She alternated studying with spells of teaching children to earn her way. Hearing a lecture on slavery by William Lloyd Garrison changed the course of her life. While teaching in Lynn, Massachusetts, she joined the local female antislavery society and soon became a paid lecturer for the Abolition Movement. She married Stephen S. Foster in 1845, and they often traveled together as abolitionist speakers. They worked their farm in Worcester and made it a haven for fugitive slaves.

① 농가의 일곱 번째 딸로 태어났다.
② 문법학교를 마쳤지만 고등 교육을 받지 못하였다.
③ 노예 제도에 관한 강연을 듣고 그녀의 인생이 바뀌었다.
④ Worcester에서 남편과 함께 농장을 운영하였다.

어구

Quaker 퀘이커 교도(의)
pray for ~를 간절히 바라다
grammar school 문법학교, 중등학교
rare 드문
go on to ~를 하기 시작하다, ~로 넘어가다
alternate 교대로(번갈아) 하다
spell 한동안의 일
earn one's way 자립해 살아가다
slavery 노예제도
local 지역의
antislavery society 반노예제도 협회
paid 유급의
Abolition Movement 노예 폐지 운동
haven 피난처, 안식처
fugitive 도주하는, 도망자

지문 분석

- Born / in Massachusetts / to a Quaker farm family, / Abby Kelley Foster was the seventh daughter / in a time / when farmers prayed for boys.
  태어난 / 매사추세츠 주에서 / 퀘이커 교도의 농가에 / Abby Kelley Foster는 일곱 번째 딸이었다 / 시대에 / 농부들이 사내아이를 간절히 바랬던

- She was raised / in the town of Worcester, / **completed grammar school, / and was one of the rare girls** / to go on to higher education, / at a Quaker school / in Providence, Rhode Island.
  그녀는 길러졌다 / Worcester 시에서 / 문법학교를 마쳤다 / 그리고 드문 소녀들 중 하나였다 / 고등 교육을 받기 시작한 / 퀘이커 학교에서 / 로드아일랜드 주의 Providence에 있는

- She alternated studying / with spells of teaching children / to earn her way.
  그녀는 학업을 교대로 했다 / 아이들을 가르치는 한동안의 일과 / 자립해 살아가기 위해

- Hearing a lecture on slavery / by William Lloyd Garrison / changed the course of her life.
  노예제도에 관한 강의를 들은 것이 / William Lloyd Garrison의 / 그녀의 인생행로를 바꾸었다.

- While teaching / in Lynn, Massachusetts, / she joined the local female antislavery society / and soon became a paid lecturer / for the Abolition Movement.
  가르치는 동안 / 매사추세츠 주의 Lynn에서 / 그녀는 지역 여성 반노예제도협회에 가입했다 / 그리고 곧 유급 강사가 되었다 / 노예 폐지 운동을 위한

- She married Stephen S. Foster / in 1845, / and they often traveled together / as abolitionist speakers.
  그녀는 Stephen S. Foster와 결혼했다 / 1845년에 / 그리고 그들은 종종 함께 여행을 했다 / 노예 폐지 운동 연설가로

- They worked their farm in Worcester / and made it a haven / for fugitive slaves.
  그들은 자신의 농장을 경영했다 / Worcester에 있는 / 그리고 그곳을 피난처로 만들었다 / 도주한 노예들을 위한

해석 매사추세츠 주에서 퀘이커 교도의 농가에 태어난, Abby Kelley Foster는 농부들이 사내아이를 간절히 바랬던 시대에 일곱 번째 딸이었다. 그녀는 Worcester 시에서 길러졌고, 문법학교를 마쳤으며 그리고 로드아일랜드 주의 Providence에 있는 퀘이커 학교에서 고등 교육을 받기 시작한 드문 소녀 중 하나였다. 그녀는 자립해 살아가기 위해 학업과 아이들을 가르치는 한동안의 일을 교대로 했다. William Lloyd Garrison의 노예제도에 관한 강의를 들은 것이 그녀의 인생행로를 바꾸었다. 매사추세츠 주의 Lynn에서 가르치는 동안, 그녀는 지역 여성 반노예제도협회에 가입했으며 그리고 곧 노예 폐지 운동을 위한 유급 강사가 되었다. 그녀는 1845년에 Stephen S. Foster와 결혼했고, 그들은 노예 폐지 운동 연설가로 종종 함께 여행을 했다. 그들은 Worcester에 있는 자신의 농장을 운영했고, 그곳을 도주한 노예들을 위한 피난처로 만들었다.

해설 ① 첫 번째 문장에서 퀘이커 교도의 농가에 태어난 일곱 번째 딸이었다고 했으므로 지문과 일치한다.
② 두 번째 문장에서 문법학교를 마치고 고등 교육으로 넘어간 드문 소녀들 중 하나라고 했으므로 지문과 일치하지 않는다.
③ 네 번째 문장에서 William Lloyd Garrison의 노예제도에 대한 강연을 들은 것이 그녀의 인생행로를 바꾸었다고 했으므로 지문과 일치한다.
④ 마지막 문장에서 그들은 Worcester에 있는 자신의 농장을 운영했다고 했으므로 지문과 일치한다.

정답 ②

5

흐름상 어색한 문장

Chapter 01　　독해 접근법

Chapter 02　　제목, 주제, 요지

Chapter 03　　연결어 넣기

Chapter 04　　내용 일치와 불일치

Chapter 05　　흐름상 어색한 문장

Chapter 06　　빈칸 완성

Chapter 07　　순서 배열

Chapter 08　　문장 삽입

www.modoogong.com | www.modoofire.com

친절한영어 기본을 완성하는 독해

흐름상 어색한 문장

- UNIT 1 경쟁자보다 한발 앞서는 독해 TIP
- UNIT 2 문제 풀이

UNIT 1 | 경쟁자보다 한발 앞서는 독해 TIP

❶ 접근 방법

흐름상 어색한 문장 고르기 문제를 출제하는 방법은 여러 문단으로 구성된 글에서 한 문단을 선택해서 지문을 구성하고 다른 문단에 있는 문장을 가져와서 바로 그 문장을 흐름상 어색한 문장이 되도록 구성하는 경우가 많습니다. 또는 한 문단 내에 있는 여러 문장 중 한 문장을 선택해서 다른 의미의 문장으로 교체합니다. 즉 문장 내의 어구를 다른 표현으로 교체해서 흐름상 어색한 문장을 구성하게 됩니다. 흐름상 어색한 문장 고르기 문제는 이것에 주의하면서 지문에 접근해야 합니다.

❷ 독해 해법

(1) 첫 부분과 마지막 부분 분석

흐름상 어색한 문장 고르기 문제에서는 먼저 첫 부분과 마지막 부분을 해석하고 연결해 보면서 글의 중심 내용 및 글의 논리적 구조를 미리 예상해 봅니다. 이 과정은 글의 소재 및 주제를 미리 파악할 수 있다는 점에서 흐름상 어색한 문장을 찾는데 상당히 유리한 점을 제공합니다.

(2) 지문 읽기

이제 지문을 읽어 내려갈 차례입니다. 지문을 읽을 때 글의 중심 생각 및 글의 구조를 염두에 두면서 글을 읽어 내려가는 것이 필요합니다. 흐름상 어색한 문장은 글의 소재가 바뀌거나 또는 소재를 바라보는 시각이 바뀐 문장이 됩니다. 이 때 글의 중심 생각인 주제의 범위에 주의해야 합니다. 예컨대 '사형 제도의 필요성'이 주제라면 사형제도의 한계를 나타내는 문장은 주제를 벗어난 내용이 됩니다. 만약 '사형제도의 필요성과 한계'가 주제라면 정답이 바뀌게 될 겁니다. 글의 첫 부분과 마지막 부분을 먼저 읽는 것은 이러한 점을 환기시켜 줍니다.

(3) 정답 결정

글의 주제 및 논리적 흐름에 비추어 어색한 문장을 정답으로 선택합니다. 두 문장 중 어느 것이 정답인지 확신이 서지 않는 난이도가 높은 문제의 경우 선택한 문장을 제외한 후 더 자연스러운 흐름을 가지는 경우가 어느 것인지 확인해 보면 정답을 찾을 수 있게 됩니다.

(4) 흐름상 어색한 문장 고르기 예시

· According to government figures, / the preponderance of jobs in the next century / will be in service-related fields, / such as health and business.
정부 발표 수치에 따르면 / 다음 세기의 직업의 우세는 / 서비스 관련 분야에 있을 것이다 / 건강과 비즈니스와 같은

① Jobs will also be plentiful / in technical fields and in retail establishments, / such as stores and restaurants.
일자리들 또한 풍부할 것이다 / 기술 분야와 소매점들에 / 상점과 식당과 같은

② The expansion in these fields / is due to several factors: / an aging population, numerous technical breakthroughs, and our changing lifestyles.
이러한 분야의 확장은 / 몇 가지 요소에 기인한다 / 노령화된 인구, 수많은 기술의 큰 발전, 그리고 우리의 변화하는 생활방식들

③ However, / people still prefer the traditional types of jobs / which will be highly-paid / in the future.
하지만 / 사람들은 여전히 전통적 유형의 직업을 선호한다 / 보수가 높을 / 미래에

④ So / the highest-paying jobs will go to people / with degrees / in science, computers, engineering, and health care.
그래서 / 가장 보수가 높은 일자리는 사람들이 가지게 될 것이다 / 학위를 가진 / 과학, 컴퓨터, 공학, 그리고 의료서비스에

이 글은 다음 세기의 직업 분야에 관한 것으로, 첫 문장과 두 번째 문장에서 주제문을 쓰고 이에 대한 원인과 결과를 서술하고 있다. ③은 사람들이 전통적 유형의 직업을 여전히 선호한다는 내용으로 이 글의 주제와 관련이 없다.

어구

divide 차이점
come under ~에 포함되다
heading 주제, 제목
recovery 회복
humanist 인문주의자
spread 퍼뜨리다, 보급하다
speculation 고찰, 추측
translation 번역
commentary 논평
perspective 시각
surviving 잔존하는, 살아남은
metaphysics 형이상학
meteorology 기상학
logical 논리적인

UNIT 2 | 문제 풀이

01 ★★☆
다음 글의 흐름상 적절하지 않은 문장은? 2021 지방직 9급

There was no divide between science, philosophy, and magic in the 15th century. All three came under the general heading of 'natural philosophy'. ① Central to the development of natural philosophy was the recovery of classical authors, most importantly the work of Aristotle. ② Humanists quickly realized the power of the printing press for spreading their knowledge. ③ At the beginning of the 15th century Aristotle remained the basis for all scholastic speculation on philosophy and science. ④ Kept alive in the Arabic translations and commentaries of Averroes and Avicenna, Aristotle provided a systematic perspective on mankind's relationship with the natural world. Surviving texts like his *Physics, Metaphysics, and Meteorology* provided scholars with the logical tools to understand the forces that created the natural world.

- There was no divide / between science, philosophy, and magic / in the 15th century.
  차이점이 없었다 / 과학, 철학, 그리고 마술 사이에 / 15세기에는
- All three came under the general heading / of 'natural philosophy'.
  세 분야 모두 일반적인 주제에 포함되었다 / '자연 철학'의
- ① **Central to the development of natural philosophy was / the recovery of classical authors, / most importantly the work of Aristotle.**
  자연 철학 발전의 중심이었다 / 고전 작가들의 회복이 / 가장 중요하게는 아리스토텔레스의 작품이
- ② Humanists quickly realized / the power of the printing press / for spreading their knowledge.
  인문주의자들은 빨리 깨달았다 / 인쇄기의 힘을 / 자신들의 지식을 보급하는
- ③ At the beginning of the 15th century / Aristotle remained the basis / for all scholastic speculation / on philosophy and science.
  15세기 초에 / 아리스토텔레스는 여전히 기반이었다 / 모든 학문적 고찰의 / 철학과 과학에 대한
- ④ Kept alive / in the Arabic translations and commentaries / of Averroes and Avicenna, / Aristotle provided a systematic perspective / on mankind's relationship with the natural world.
  살아남은 / 아랍어 번역과 논평에서 / Averroes와 Avicenna의 / 아리스토텔레스는 체계적인 시각을 제공했다 / 인류의 자연세계와의 관계에 대한
- Surviving texts / like his Physics, Metaphysics, and Meteorology / provided scholars / with the logical tools / to understand the forces / that created the natural world.
  잔존하는 책들은 / 그의 '물리학', '형이상학' 그리고 '기상학'과 같은 / 학자들에게 제공했다 / 논리적인 도구들을 / 힘을 이해할 수 있는 / 자연 세계를 창조한

해석 15세기에는 과학, 철학, 그리고 마술 사이에 차이점이 없었다. 세 분야 모두 '자연 철학'의 일반적인 주제에 포함되었다. ① 고전 작가들의 회복, 가장 중요하게는 아리스토텔레스의 작품이 자연 철학 발전의 중심이었다. ② 인문주의자들은 자신들의 지식을 보급하는 인쇄기의 힘을 빨리 깨달았다. ③ 15세기 초에 아리스토텔레스는 철학과 과학에 대한 모든 학문적 고찰의 여전히 기반이었다. ④ Averroes와 Avicenna의 아랍어 번역과 논평에서 살아남은, 아리스토텔레스는 인류의 자연세계와의 관계에 대한 체계적인 시각을 제공했다. 그의 '물리학', '형이상학' 그리고 '기상학'과 같은 잔존하는 책들은 학자들에게 자연 세계를 창조한 힘을 이해할 수 있는 논리적인 도구들을 제공했다.

해설 15세기에는 과학, 철학, 마술이 차이가 없이 '자연철학'의 일반적인 주제에 포함되었다고 언급한 후, 자연철학 발전의 중심에 아리스토텔레스의 작품이 있었다는 것이 이 글의 주제이다. 인문주의자들이 지식을 보급하는 인쇄기의 힘을 깨달았다는 ②는 글의 흐름상 적절하지 않은 문장이다.

정답 ②

02 ★★☆

글의 흐름상 가장 어색한 문장은?　　　　　　　　　2021 법원직 9급

Fiction has many uses and one of them is to build empathy. When you watch TV or see a film, you are looking at things happening to other people. Prose fiction is something you build up from 26 letters and a handful of punctuation marks, and you, and you alone, using your imagination, create a world and live there and look out through other eyes. ① You get to feel things, and visit places and worlds you would never otherwise know. ② Fortunately, in the last decade, many of the world's most beautiful and unknown places have been put in the spotlight. ③ You learn that everyone else out there is a me, as well. ④ You're being someone else, and when you return to your own world, you're going to be slightly changed.

어구
fiction 소설
empathy 공감
prose 산문
build up ~를 창조하다
a handful of 소수의
punctuation mark 구두점
get to do ~하게 되다
put ~ in the spotlight ~를 주목받게 하다
slightly 약간

- **Fiction has many uses / and one of them is to build empathy.**
  소설은 많은 용도가 있다 / 그리고 그것들 중 하나는 공감을 만들어내는 것이다.

- **When you watch TV or see a film, / you are looking at things / happening to other people.**
  당신이 TV를 시청하거나 영화를 볼 때 / 당신은 일들을 보고 있다 / 다른 사람들에게 일어나는

- **Prose fiction is something / you build up / from 26 letters and a handful of punctuation marks, / and you, and you alone, / using your imagination, / create a world and live there / and look out / through other eyes.**
  산문 소설은 어떤 것이다 / 당신이 창조한 / 26개의 문자와 소수의 구두점으로 / 그리고 당신은 그것도 당신 혼자서 / 자신의 상상력을 이용해서 / 세상을 창조하고 그곳에 산다 / 그리고 내다본다 / 다른 눈을 통해

- **① You get to feel things, / and visit places and worlds / you would never otherwise know.**
  당신은 무언가를 느끼게 된다 / 그리고 장소와 세상을 방문한다 / 그렇지 않으면 당신이 절대 알지 못할

- **② Fortunately, / in the last decade, / many of the world's most beautiful and unknown places / have been put in the spotlight.**
  다행스럽게도 / 지난 10년 동안 / 세계의 가장 아름답고 알려지지 않은 장소들 중 많은 것들이 / 주목을 받았다

- **③ You learn / that everyone else out there is a me, / as well.**
  당신은 알게 된다 / 저기 바깥 모든 사람이 나라는 것을 / 또한

- **④ You're being someone else, / and when you return to your own world, / you're going to be slightly changed.**
  당신은 다른 누군가처럼 군다 / 그리고 당신이 자신의 세상으로 되돌아가면 / 당신은 약간 바뀌어있을 것이다.

해석 소설은 많은 용도가 있는데 그것들 중 하나는 공감을 만들어내는 것이다. TV를 시청하거나 영화를 볼 때, 당신은 다른 사람들에게 일어나는 일들을 보고 있다. 산문 소설은 당신이 26개의 문자와 소수의 구두점으로 창조한 어떤 것이며, 당신은 그것도 당신 혼자서, 자신의 상상력을 이용해서 하나의 세상을 창조하고 그곳에 살며, 그리고 다른 눈을 통해 내다본다. ① 당신은 무언가를 느끼게 되고, 그렇지 않으면 당신이 절대 알지 못할 장소와 세상을 방문한다. ② 다행스럽게도, 지난 10년 동안 세계의 가장 아름답고 알려지지 않은 장소들 중 많은 것들이 주목을 받았다. ③ 당신은 저기 바깥 모든 사람이 또한 나라는 것을 알게 된다. ④ 당신은 다른 누군가처럼 굴고, 당신이 자신의 세상으로 되돌아가면, 당신은 약간 바뀌어있을 것이다.

해설 이 글은 첫 번째 문장이 주제문으로 소설의 용도 중 하나인 '공감을 만들어 내는 것'을 설명하는 글이다. ①, ③, ④는 모두 소설을 통해 공감을 구축할 수 있다는 내용인데, ②는 지난 10년 동안 아름답지만 알려지지 않은 장소들이 주목받았다는 설명으로 글의 흐름상 가장 어색한 문장이다.

정답 ②

03 ★★☆

다음 글의 흐름상 가장 어색한 문장은?

2020 국가직 9급

When the brain perceives a threat in the immediate surroundings, it initiates a complex string of events in the body. It sends electrical messages to various glands, organs that release chemical hormones into the bloodstream. Blood quickly carries these hormones to other organs that are then prompted to do various things. ① The adrenal glands above the kidneys, for example, pump out adrenaline, the body's stress hormone. ② Adrenaline travels all over the body doing things such as widening the eyes to be on the lookout for signs of danger, pumping the heart faster to keep blood and extra hormones flowing, and tensing the skeletal muscles so they are ready to lash out at or run from the threat. ③ The whole process is called the fight-or-flight response, because it prepares the body to either battle or run for its life. ④ Humans consciously control their glands to regulate the release of various hormones. Once the response is initiated, ignoring it is impossible, because hormones cannot be reasoned with.

- **When the brain perceives a threat / in the immediate surroundings, / it initiates a complex string of events / in the body.**
  뇌가 위협을 인지할 때 / 가까운 환경에서 / 그것은 복잡한 일련의 사건들을 일으킨다 / 신체에
- **It sends electrical messages / to various glands, / organs / that release chemical hormones / into the bloodstream.**
  그것은 전기적 메시지를 보낸다 / 다양한 분비샘에 / 기관들인 / 화학적 호르몬을 분비하는 / 혈류로
- **Blood quickly carries these hormones / to other organs / that are then prompted / to do various things.**
  혈액은 이 호르몬을 빠르게 나른다 / 다른 기관들로 / 그 다음에 자극받는 / 다양한 일들을 하도록
- **① The adrenal glands above the kidneys, / for example, / pump out adrenaline, / the body's stress hormone.**
  신장 위의 부신은 / 예컨대 / 아드레날린을 쏟아낸다 / 신체의 스트레스 호르몬인
- **② Adrenaline travels all over the body / doing things / such as widening the eyes / to be on the lookout for signs of danger, / pumping the heart faster / to keep blood and extra hormones flowing, / and tensing the skeletal muscles / so they are ready / to lash out at or run from the threat.**
  아드레날린은 온몸을 돌아다닌다 / 일들을 하면서 / 눈을 크게 뜨는 것과 같은 / 위험 징후를 세심히 살피기 위해 / 심장을 더 빠르게 펌프질 하는 것 / 혈액과 여분의 호르몬이 계속 흐르도록 / 그리고 골격근을 긴장시키는 것 / 그것들이 준비를 하도록 / 위협에 반격하거나 달아날
- **③ The whole process is called the fight-or-flight response, / because it prepares the body / to either battle or run / for its life.**
  이 모든 과정은 투쟁-혹은-도피 반응이라고 불린다 / 왜냐하면 그것이 신체를 준비시키기 때문이다 / 싸우거나 달아나도록 / 필사적으로
- **④ Humans consciously control their glands / to regulate the release / of various hormones.**
  인간은 의식적으로 자신의 분비샘을 통제한다 / 분비를 조절하기 위해 / 다양한 호르몬의
- **Once the response is initiated, / ignoring it is impossible, / because hormones cannot be reasoned with.**
  일단 그 반응이 시작되고 나면 / 그것을 무시하는 것은 불가능하다 / 왜냐하면 호르몬은 논리적으로 설득되지 않기 때문이다

해석 뇌가 가까운 환경에서 위협을 인지할 때, 그것은 신체에 복잡한 일련의 사건들을 일으킨다. 그것은 화학 호르몬을 혈류로 분비하는 기관들인 다양한 분비샘에 전기적 메시지를 보낸다. 혈액은 이 호르몬을 그 다음에 다양한 일들을 하도록 자극받는 다른 기관들로 빠르게 나른다. ① 예컨대, 신장 위의 부신은 신체의 스트레스 호르몬인 아드레날린을 쏟아낸다. ② 아드레날린은 위험 징후를 세심히 살피기 위해 눈을 크게 뜨는 것, 혈액과 여분의 호르몬이 계속 흐르도록 심장을 더 빠르게 펌프질 하는 것, 위협에 반격하거나 달아날 준비를 하도록 골격근을 긴장시키는 것과 같은 일들을 하면서 온몸을 돌아다닌다. ③ 이 모든 과정은 투쟁-혹은-도피 반응이라고 불리는데, 왜냐하면 그것이 필사적으로 싸우거나 달아나도록 신체를 준비시키기 때문이다. ④ 인간은 다양한 호르몬의 분비를 조절하기 위해 의식적으로 자신의 분비샘을 통제한다. 일단 그 반응이 시작되고 나면, 그것을 무시하는 것은 불가능한데, 왜냐하면 호르몬은 논리적으로 설득되지 않기 때문이다

해설 이 글은 뇌가 가까운 환경에서 위협을 인지했을 때 신체에서 일어나는 일련의 반응에 대해서 말하고 있다. ①, ②, ③에서는 아드레날린의 분비와 신체의 반응에 대해서 말하고 이러한 과정이 투쟁-혹은-도피 반응이라고 불린다고 설명하고 있다. 그리고 마지막 문장에서 그 과정이 시작되고 나면 호르몬은 논리적으로 설득되지 않는다고 했으므로, 인간은 다양한 호르몬의 분비를 조절하기 위해 의식적으로 분비샘을 통제한다는 ④의 내용은 글의 흐름상 어색하다.

정답 ④

어구

participate in ~에 참여하다
that is 즉, 다시 말해서
interaction 상호작용
be familiar with ~에 익숙하다
medium 매체
damage 피해
instantly 즉시

04 ★☆☆

다음 글에서 전체 흐름과 관계 <u>없는</u> 문장은?

2020 소방 공채 9급

Social media is some websites and applications that support people to communicate or to participate in social networking. ① That is, any website that allows social interaction is considered as social media. ② We are familiar with almost all social media networking sites such as Facebook, Twitter, etc. ③ It makes us easy to communicate with the social world. ④ It becomes a dangerous medium capable of great damage if we handled it carelessly. We feel we are instantly connecting with people around us that we may not have spoken to in many years.

- Social media is some websites and applications / that support people / to communicate / or to participate in social networking.
  소셜 미디어는 어떤 웹사이트나 응용프로그램이다 / 사람들을 지원하는 / 의사소통하도록 / 또는 사회적 네트워킹에 참여하도록
- ① That is, / any website / that allows social interaction / is considered / as social media.
  다시 말해서 / 어떠한 웹사이트라도 / 사회적 상호작용을 허용하는 / 여겨진다 / 소셜 미디어로
- ② We are familiar / with almost all social media networking sites / such as Facebook, Twitter, etc.
  우리는 익숙하다 / 거의 모든 소셜 미디어 네트워킹 사이트들에 / 페이스북이나 트위터 등과 같은
- ③ It makes us easy / to communicate with the social world.
  그것은 우리가 쉽도록 만든다 / 사회적 세계와 의사소통하기가
- ④ It becomes a dangerous medium / capable of great damage / if we handled it / carelessly.
  그것은 위험한 매체가 된다 / 막대한 피해를 입힐 수 있는 / 우리가 그것을 다룬다면 / 부주의하게
- We feel / we are instantly connecting / with people around us / that we may not have spoken to / in many years.
  우리는 느낀다 / 우리가 즉시 연결되어 있다고 / 우리 주변의 사람들과 / 우리가 얘기하지 않았을지도 모르는 / 수년간

해석 소셜 미디어는 사람들을 의사소통하거나 사회적 네트워킹에 참여하도록 지원하는 어떤 웹사이트나 응용프로그램이다. ① 다시 말해서, 사회적 상호작용을 허용하는 어떠한 웹사이트라도 소셜 미디어로 여겨진다. ② 우리는 페이스북이나 트위터 등과 같은 거의 모든 소셜 미디어 네트워킹 사이트들에 익숙하다. ③ 그것은 우리가 사회적 세계와 의사소통하기가 쉽도록 만든다. ④ 우리가 그것을 부주의하게 다룬다면, 그것은 막대한 피해를 입힐 수 있는 위험한 매체가 된다. 우리는 수년간 얘기하지 않았을지도 모르는 우리 주변의 사람들과 즉시 연결되어 있다고 느낀다.

해설 이 글은 소셜 미디어의 역할이 사회적 의사소통을 지원한다는 순기능에 대한 글이다. ④는 소셜 미디어를 부주의하게 다룬다면 위험한 매체가 될 수 있다는 내용으로 소셜 미디어의 역기능에 대한 것이다. 따라서 ④는 글 전체의 흐름과 관계없는 문장이다.

정답 ④

05 ★★☆

밑줄 친 부분 중 글의 흐름상 가장 어색한 것은?　　2019 국가직 9급

In 2007, our biggest concern was "too big to fail." Wall Street banks had grown to such staggering sizes, and had become so central to the health of the financial system, that no rational government could ever let them fail. ① Aware of their protected status, banks made excessively risky bets on housing markets and invented ever more complicated derivatives. ② New virtual currencies such as bitcoin and ethereum have radically changed our understanding of how money can and should work. ③ The result was the worst financial crisis since the breakdown of our economy in 1929. ④ In the years since 2007, we have made great progress in addressing the too-big-to-fail dilemma. Our banks are better capitalized than ever. Our regulators conduct regular stress tests of large institutions.

어구
- concern 우려, 염려
- fail 실패하다, 파산하다
- staggering 엄청난
- financial 금융의
- rational 이성적인
- status 지위, 상태
- excessively 과도하게
- bet 베팅, 내기
- complicated 복잡한
- derivative 파생상품
- virtual currency 가상화폐
- radically 근본적으로, 철저하게
- breakdown 붕괴, 고장
- address 처리하다, 다루다
- capitalize 출자하다
- regulator 규제기관
- institution 기관

- In 2007, / our biggest concern / was "too big to fail."
  2007년에 / 우리의 가장 큰 우려는 / '파산하기에는 너무 크다'는 것이었다.

- Wall Street banks had grown / to such staggering sizes, / and had become so central / to the health of the financial system, / that no rational government could ever let / them fail.
  월 스트리트 은행들은 성장했다 / 너무나 엄청난 규모로 / 그리고 매우 중요하게 되었다 / 금융제도의 건전성에 / 그래서 어떠한 이성적인 정부도 놓아둘 수 없었다 / 그들이 파산하도록

- ① Aware of their protected status, / banks made excessively risky bets / on housing markets / and invented ever more complicated derivatives.
  자신들의 보호 받는 지위를 인식한 / 은행들은 과도하게 위험한 베팅을 했다 / 주택 시장에 / 그리고 더욱 더 복잡한 금융파생상품들을 고안했다

- ② New virtual currencies / such as bitcoin and ethereum / have radically changed our understanding / of how money can and should work.
  새로운 가상 화폐들은 / 비트코인과 이더리움과 같은 / 우리의 이해를 근본적으로 변화시켰다 / 화폐가 어떻게 작용할 수 있고 작용해야 하는 지에 대한

- ③ The result was the worst financial crisis / since the breakdown of our economy / in 1929.
  그 결과는 최악의 금융 위기였다 / 우리 경제의 붕괴 이후로 / 1929년의

- ④ In the years since 2007, we have made great progress / in addressing the too-big-to-fail dilemma.
  2007년 이후 수년간 / 우리는 대단한 진전을 이루어왔다 / '파산하기에는 너무 큰'이라는 딜레마를 처리하는 데

- Our banks are better capitalized / than ever.
  우리의 은행들은 더 잘 출자를 받는다 / 그 어느 때보다

- Our regulators conduct / regular stress tests / of large institutions.
  우리의 규제 기관들은 시행한다 / 규칙적인 스트레스 테스트를 / 대형 기관들에 대해

해석 2007년에, 우리의 가장 큰 우려는 '파산하기에는 너무 크다'는 것이었다. 월 스트리트 은행들은 너무나 엄청난 규모로 성장했고 금융 시스템의 건전성에 매우 중요하게 되어서 어떠한 이성적인 정부도 그들이 파산하도록 놓아둘 수 없었다. ① 자신들의 보호 받는 지위를 인식한 은행들은 주택 시장에 과도하게 위험한 베팅을 했고 더욱 더 복잡한 파생상품들을 고안했다. ② 비트코인과 이더리움과 같은 새로운 가상 화폐들은 화폐가 어떻게 작용할 수 있고 작용해야 하는 지에 대한 우리의 이해를 근본적으로 변화시켰다. ③ 그 결과는 1929년의 우리 경제의 붕괴 이후로 최악의 금융 위기였다. ④ 2007년 이후 수년간 우리는 '파산하기에는 너무 큰'이라는 딜레마를 처리하는 데 대단한 진전을 이루어왔다. 우리의 은행들은 그 어느 때보다 더 잘 출자를 받는다. 우리의 규제 기관들은 대형 기관들에 대해 규칙적인 스트레스 테스트를 시행한다.

해설 이 글은 엄청난 규모로 성장해서 정부가 파산하도록 내버려두지 않을 거라는 것을 인식한 금융기관이 위험한 투자 등으로 금융 위기를 만들어냈지만, 그 이후로 이러한 딜레마를 처리하는 데 대단한 발전을 이루어 왔다고 설명하고 있다. 새로운 가상화폐가 화폐의 작용 방법에 대한 우리의 이해를 근본적으로 변화시켰다는 ②는 글의 흐름과 관계가 없다.

정답 ②

06 ★★☆

글의 흐름상 가장 적절하지 않은 문장은?

2019 서울시 9급

It seems to me possible to name four kinds of reading, each with a characteristic manner and purpose. The first is reading for information — reading to learn about a trade, or politics, or how to accomplish something. ① We read a newspaper this way, or most textbooks, or directions on how to assemble a bicycle. ② With most of this material, the reader can learn to scan the page quickly, coming up with what he needs and ignoring what is irrelevant to him, like the rhythm of the sentence, or the play of metaphor. ③ We also register a track of feeling through the metaphors and associations of words. ④ Courses in speed reading can help us read for this purpose, training the eye to jump quickly across the page.

어구

name 이름을 지어주다
characteristic 특징, 특유의
accomplish 성취하다
direction 설명, 지시
assemble 조립하다
material 자료
scan 훑어보다
come up with ~를 찾아내다
ignore 무시하다
irrelevant 무관한
play 유희, 놀이
metaphor 은유
register 등록하다, 나타내다
association 연상, 연관
speed reading 속독

- It seems to me possible / to name four kinds of reading, / each with a characteristic manner and purpose.
  나에게는 가능한 것처럼 보인다 / 네 가지 종류의 독서에 이름을 지어주는 것이 / 각각 특유의 방식과 목적을 가진
- The first is reading / for information / — reading to learn / about a trade, or politics, or how to accomplish something.
  첫 번째는 독서이다 / 정보를 위한 / 배우기 위한 독서 / 무역, 정치, 또는 무언가를 성취하는 방법에 관해
- ① We read a newspaper / this way, / or most textbooks, / or directions / on how to assemble a bicycle.
  우리는 신문을 읽는다 / 이런 식으로 / 또는 대부분의 교과서를 / 또는 설명서를 / 자전거를 조립하는 방법에 관한
- ② With most of this material, / the reader can learn / to scan the page quickly, / coming up with what he needs / and ignoring what is irrelevant to him, / like the rhythm of the sentence / or the play of metaphor.
  이러한 자료의 대부분을 가지고 / 독자는 배울 수 있다 / 페이지를 빠르게 훑어보는 법을 / 그리고 자신이 필요한 것을 찾아내며 / 그리고 자신과 무관한 것을 무시한다 / 문장의 운율과 같은 / 또는 은유의 유희와 같은
- ③ We also register a track of feeling / through the metaphors and associations of words.
  우리는 또한 감정의 궤적을 나타낸다 / 은유와 단어들의 연상으로
- ④ Courses in speed reading / can help us read / for this purpose, / training the eye / to jump quickly / across the page.
  속독 강좌는 / 우리가 읽는 것을 도울 수 있다 / 이러한 목적을 위해 / 눈을 훈련시키면서 / 빠르게 건너뛰도록 / 페이지를 가로질러

해석 나에게는 각각 특유의 방식과 목적을 가진 네 가지 종류의 독서에 이름을 지어주는 것이 가능한 것처럼 보인다. 첫 번째는 정보를 위한 독서로 무역이나 정치, 또는 무언가를 성취하는 방법에 관해 배우기 위한 독서이다. ① 우리는 이런 식으로 신문이나 대부분의 교과서를 또는 자전거를 조립하는 방법에 관한 설명서를 읽는다. ② 이러한 자료의 대부분을 가지고, 독자는 페이지를 빠르게 훑어보는 법을 배울 수 있고, 자신이 필요한 것을 찾아내며 그리고 문장의 운율이나 은유의 유희와 같은 자신과 무관한 것을 무시한다. ③ <u>우리는 또한 은유와 단어들의 연상으로 감정의 궤적을 나타낸다.</u> ④ 속독 강좌는 우리가 눈을 페이지를 가로질러 빠르게 건너뛰도록 훈련시키면서 이러한 목적을 위해 읽는 것을 도울 수 있다.

해설 이 글은 네 가지 종류의 독서 중 정보를 얻기 위한 독서에 대해 설명하고 있다. ①과 ②는 이러한 독서가 어떤 자료를 읽을 때 적용되는지 그리고 어떤 식으로 이루어지는지를 말하고 있다. 그리고 ④는 속독 강좌가 이러한 목적을 위한 독서에 도움을 줄 수 있다는 내용을 부연한다. 은유와 단어들의 연상을 통해 감정의 궤적을 나타낼 수 있다는 ③은 글의 흐름상 적절하지 않다.

정답 ③

07 ★★☆

다음 글에서 전체 흐름과 관계없는 문장은? 2018 법원직 9급

Can an old cell phone help save the rainforests? As a matter of fact, it can. Illegal logging in the rainforests has been a problems for years, but not much has been done about it because catching illegal loggers is difficult. ① To help solve this problem, an American engineer, Topher White, invented a device called RFCx with discarded cell phones. ② When the device, which is attached to a tree, picks up the sound of chainsaws, it sends an alert message to the rangers' cell phones. ③ This provides the rangers with the information they need to locate the loggers and stop the illegal logging. ④ Destruction of the rainforest is caused by logging, farming, mining, and other human activities and among these, logging is the main reason for the nature's loss. The device has been tested in Indonesia and has proven to work well. As a result, it is now being used in the rainforests in Africa and South America.

어구

rainforest 열대우림
as a matter of fact 사실
illegal 불법적인
logging 벌목
discard 버리다
attach 부착하다
pick up 알아채다, 감지하다
chainsaw 전기톱
alert 경보
ranger 삼림관리원
locate 위치를 알아내다
destruction 파괴
mining 광업
prove 판명되다

- **Can an old cell phone help / save the rainforests?**
  오래된 휴대폰이 도울 수 있을까 / 열대우림을 구하는 것을

- **As a matter of fact, / it can.**
  사실 / 그것은 가능하다.

- **Illegal logging / in the rainforests / has been a problems / for years, / but / not much has been done / about it / because catching illegal loggers is difficult.**
  불법적인 벌목이 / 열대우림에서 / 문제였다 / 수년 동안 / 하지만 / 많은 것이 행해지는 않았다 / 그것에 대해 / 불법적인 벌목꾼을 잡는 것이 어렵기 때문에

- **① To help solve this problem, / an American engineer, Topher White, / invented a device / called RFCx / with discarded cell phones.**
  돕기 위해 / 이 문제를 해결하는 것을 / 미국인 엔지니어인 Topher White는 / 장치를 발명했다 / RFCx로 불리는 / 버려진 휴대폰들로

- **② When the device, which is attached to a tree, / picks up the sound of chainsaws, / it sends an alert message / to the rangers' cell phones.**
  그 장치는 / 나무에 부착되었는데 / 전기톱의 소리를 감지하면 / 그것은 경보 메시지를 보낸다 / 삼림 관리원의 휴대폰에

- **③ This provides the rangers / with the information / they need / to locate the loggers / and stop the illegal logging.**
  이것이 삼림관리원들에게 제공한다 / 정보를 / 그들이 필요한 / 벌목꾼들의 위치를 알아내기 위해 / 그리고 불법적인 벌목을 중단시키기 위해

- **④ Destruction of the rainforest is caused / by logging, farming, mining, and other human activities / and among these, / logging is the main reason / for the nature's loss.**
  열대우림의 파괴는 야기된다 / 벌목, 농업, 광업 그리고 인간의 다른 활동들에 의해 / 그리고 이것들 중에서 / 벌목이 주된 원인이다 / 자연 손실의

- **The device has been tested / in Indonesia / and has proven / to work well.**
  그 장치는 테스트되었다 / 인도네시아에서 / 그리고 판명되었다 / 잘 작동하는 것으로

- **As a result, / it is now being used / in the rainforests / in Africa and South America.**
  그 결과 / 그것은 지금 사용되고 있다 / 열대우림에서 / 아프리카와 남아메리카의

해석 오래된 휴대폰이 열대우림을 구하는 것을 도울 수 있을까? 사실, 그것은 가능하다. 열대우림에서 불법적인 벌목이 수년 동안 문제였지만 불법적인 벌목꾼을 잡는 것이 어렵기 때문에 그것에 대해 많은 것이 행해지는 않았다. ① 이 문제를 해결하는 것을 돕기 위해 미국인 엔지니어인 Topher White는 버려진 휴대폰들로 RFCx로 불리는 장치를 발명했다. ② 그 장치는, 나무에 부착되었는데, 전기톱의 소리를 감지하면, 삼림 관리원의 휴대폰에 경보 메시지를 보낸다. ③ 이것이 삼림관리원들에게 벌목꾼들의 위치를 알아내고 불법적인 벌목을 중단시키기 위해 필요한 정보를 제공한다. ④ 열대우림의 파괴는 벌목, 농업, 광업 그리고 인간의 다른 활동들에 의해 야기되며, 이것들 중에서 벌목이 자연 손실의 주된 원인이다. 그 장치는 인도네시아에서 테스트되었고 잘 작동하는 것으로 판명되었다. 그 결과, 그것은 아프리카와 남아메리카의 열대우림에서 지금 사용되고 있다.

해설 이 글은 불법적인 벌목을 중단시키기 위해 오래된 휴대폰을 사용하여 개발한 RFCx 장치에 대해 설명하는 글이다. ①은 그 장치의 발명에 대해 언급하고, ②와 ③은 그 장치의 작동방식에 대해 말하고 있다. 열대우림이 인간의 여러 활동들에 의해 파괴되며 그 중 벌목이 자연 손실의 주된 원인이라는 ④는 글 전체의 흐름과 관련이 없는 문장이다.

정답 ④

08 ★☆☆

다음 글에서 전체 흐름과 관계없는 문장은?　　　2018 소방 공채 9급

Filmed entertainment occupies a special place in the media industry because it drives revenues beyond the box office to many different businesses in the media industries. ① For example, when a motion picture is successful at the box office, it is likely to attract DVD purchases and rentals as well. ② The choice of movies and TV shows is made easier by allowing viewers to search the listings by name, genre, and other keywords. ③ It may spawn a sequel, prequel, or TV series, and its characters may be spun off to other properties. ④ If the movie appeals to children, there may be lucrative licensing opportunities for everything from calendars to bedsheets.

* spawn 낳다, 생산하다

어구
- entertainment 오락(물)
- occupy 차지하다
- revenue 수익
- motion picture 영화
- be likely to do ~할 가능성이 있다
- attract 끌다
- listing 목록
- sequel 속편
- prequel 전편
- spin off 분리하다, 파생시키다
- property 작품, 각색물
- appeal to ~의 마음에 들다
- lucrative 수익성 좋은

· Filmed entertainment occupies a special place / in the media industry / because it drives revenues / beyond the box office / to many different businesses / in the media industries.
영화 오락물은 특별한 위치를 차지하고 있다 / 미디어 산업에서 / 그것이 수익을 몰아주기 때문에 / 박스 오피스를 넘어 / 많은 다른 사업들로 / 미디어 산업의

· ① For example, / when a motion picture is successful / at the box office, / it is likely to attract DVD purchases and rentals / as well.
예컨대 / 영화가 성공적일 때 / 박스 오피스에서 / 그것은 DVD 구입과 대여를 끌어낼 가능성이 있다 / 또한

· ② The choice of movies and TV shows / is made easier / by allowing viewers / to search the listings / by name, genre, and other keywords.
영화와 TV 프로그램의 선택은 / 더 쉽게 된다 / 시청자들에게 허용함으로써 / 목록을 검색하는 것을 / 이름, 장르 그리고 다른 키워드로

· ③ It may spawn a sequel, prequel, or TV series, / and its characters may be spun off / to other properties.
그것은 속편, 전편, 또는 TV 시리즈를 낳을 수 있다 / 그리고 그것의 등장인물들은 분리될 수 있다 / 다른 작품들로

· ④ If the movie appeals to children, / there may be lucrative licensing opportunities / for everything / from calendars to bedsheets.
만약 영화가 아이들의 마음에 든다면 / 수익성 좋은 라이센싱 기회들이 있을 수 있다 / 모든 것에 대한 / 달력부터 침대시트까지

해석 영화 오락물은 미디어 산업에서 특별한 위치를 차지하고 있는데, 왜냐하면 그것이 박스 오피스를 넘어 미디어 산업의 많은 다른 사업들로 수익을 몰아주기 때문이다. ① 예컨대, 영화가 박스 오피스에서 성공적일 때 그것은 또한 DVD 구입과 대여를 끌어낼 가능성이 있다. ② 영화와 TV 프로그램의 선택은 시청자들에게 이름, 장르 그리고 다른 키워드로 목록을 검색하는 것을 허용함으로써 더 쉽게 된다. ③ 그것은 속편, 전편, 또는 TV 시리즈를 낳을 수 있고, 그것의 등장인물들은 다른 작품들로 분리될 수 있다. ④ 만약 영화가 아이들의 마음에 든다면, 달력부터 침대시트까지 모든 것에 대한 수익성 좋은 라이센싱 기회들이 있을 수 있다.

해설 이 글은 영화가 박스 오피스 수익 이외에도 다른 사업들로 상당한 수익을 창출한다는 내용의 글이다. ①, ③, ④는 모두 이와 관련된 내용이다. 시청자들에게 이름 등으로 목록을 검색하는 것을 허용함으로써 영화와 TV 프로그램의 선택이 더 쉽게 된다는 ②는 글 전체의 흐름과 관계가 없다.

정답 ②

09 ★★☆

다음 글의 흐름상 가장 어색한 것은? 2017 국가 9급

Researchers have developed a new model they said will provide better estimates about the North Atlantic right whale population, and the news isn't good. ① The model could be critically important to efforts to save the endangered species, which is in the midst of a year of high mortality, said Peter Corkeron, who leads the large whale team for the National Oceanic and Atmospheric Administration's Northeast Fisheries Science Center. ② The agency said the analysis shows the probability the population has declined since 2010 is nearly 100 percent. ③ "One problem was, are they really going down or are we not seeing them? They really have gone down, and that's the bottom line," Corkeron said. ④ The new research model has successfully demonstrated that the number of right whales has remained intact despite the worrisome, widening population gap between whale males and females.

어구
- estimate 추정치
- North Atlantic right whale 북방긴수염고래
- population 개체 수
- critically 결정적으로
- endangered 멸종위기에 처한
- in the midst of ~의 한가운데에
- mortality 사망률
- agency 기관
- probability 확률, 가능성
- decline 감소하다
- go down 줄다
- the bottom line 핵심, 결론
- demonstrate 입증하다, 보여주다
- intact 온전한, 고스란히 그대로인
- worrisome 걱정스러운
- widen 커지다

· Researchers have developed a new model / they said / will provide better estimates / about the North Atlantic right whale population, / and the news isn't good.
연구자들은 새로운 모델을 개발했다 / 그들이 말한 / 더 나은 추정치를 제공할 것이라고 / 북방긴수염고래의 개체 수에 대한 / 그리고 그 소식은 좋지 않다

· ① The model could be critically important / to efforts / to save the endangered species, / which is in the midst of a year / of high mortality, / said Peter Corkeron, / who leads the large whale team / for the National Oceanic and Atmospheric Administration's Northeast Fisheries Science Center.
그 모델은 결정적으로 중요할 수 있다 / 활동에 / 그 멸종위기에 처한 종을 구하기 위한 / 그리고 그 종은 해의 한가운데에 있다 / 높은 사망률의 / Peter Corkeron은 말했는데 / 그는 큰 고래 팀을 이끌고 있다 / 국립해양대기청의 북동부 어업 과학 센터에서

· ② The agency said / the analysis shows / the probability / the population has declined / since 2010 / is nearly 100 percent.
그 기관은 말했다 / 그 분석이 보여준다고 / 가능성이 / 그 개체수가 감소해왔을 / 2010년 이후로 / 거의 100퍼센트라는 것을

· ③ "One problem was, / are they really going down / or are we not seeing them?
한 가지 문제는 –였다 / 그들이 정말로 줄고 있는 건지 / 아니면 우리가 그들을 보지 못하고 있는지

· They really have gone down, / and that's the bottom line," / Corkeron said.
그들은 정말로 줄었다 / 그리고 그것이 핵심이다 / Corkeron은 말했다

· ④ The new research model has successfully demonstrated / that the number of right whales has remained intact / despite the worrisome, widening population gap / between whale males and females.
새로운 연구 모델은 성공적으로 보여주었다 / 북방긴수염고래의 수가 고스란히 남아 있다는 것을 / 걱정스러운, 커지는 개체수의 차이에도 불구하고 / 수컷 고래와 암컷 고래 사이의

해석 연구자들은 북방긴수염고래의 개체수에 대한 더 나은 추정치를 제공할 것이라고 그들이 말한 새로운 모델을 개발했는데, 그리고 그 소식은 좋지 않다. ① 그 모델은 그 멸종위기에 처한 종을 구하기 위한 활동에 결정적으로 중요할 수 있고, 그 종은 높은 사망률의 해의 한가운데 있다고, Peter Corkeron은 말했는데, 그는 국립해양대기청의 북동부 어업 과학 센터에서 큰 고래 팀을 이끌고 있다. ② 그 기관은 그 분석이 2010년 이후로 그 개체수가 감소해왔을 가능성이 거의 100퍼센트라는 것을 보여준다고 말했다. ③ "한 가지 문제는 그들이 정말로 줄고 있는 건지 아니면 우리가 그들을 보지 못하고 있는 지였다. 그들은 정말로 줄었고, 그것이 핵심이다."라고 Corkeron은 말했다. ④ 새로운 연구 모델은 수컷 고래와 암컷 고래 사이의 걱정스러운, 커지는 개체수의 차이에도 불구하고, 북방긴수염고래의 수가 고스란히 남아있다는 것을 성공적으로 보여주었다.

해설 이 글은 북방긴수염고래의 개체 수에 대한 더 나은 추정치를 제공할 새로운 모델을 개발했고, 그 소식이 좋지 않다는 내용을 설명하고 있는 글이다. ①은 그 모델이 그 종을 구하는 데 중요할 수 있다고 언급하고, ②와 ③은 북방긴수염고래의 개체 수가 감소했다는 내용을 설명하고 있다. 그 새로운 연구 모델이 북방긴수염고래의 개체수가 고스란히 남아 있다는 것을 성공적으로 입증했다는 ④는 글의 흐름과 어울리지 않는다.

정답 ④

10

글의 흐름상 가장 적절하지 못한 문장은?

The green revolution was the result of a sequence of scientific breakthroughs and development activities that successfully fought hunger by increasing food production. Basic ingredients of the green revolution were new seeds, use of chemicals and proper irrigation system. ① The green revolution resulted in an increase in production and changed the thinking of farmers. ② It improved resistance of crops to diseases and created massive job opportunities within the industrial and agricultural sectors. ③ Therefore, the environmental cost of chemical fertilizers and heavy irrigation has caused considerable controversy. ④ Self-sufficiency in food grains also affected the planning processes and gave a boost to the national self-confidence of then emerging democracies.

- **The green revolution was the result / of a sequence of scientific breakthroughs and development activities / that successfully fought hunger / by increasing food production.**
  녹색 혁명은 결과였다 / 일련의 획기적인 과학의 발전과 개발 활동의 / 성공적으로 기아와 맞서 싸운 / 식량 생산을 증가시킴으로써

- **Basic ingredients of the green revolution / were new seeds, use of chemicals and proper irrigation system.**
  녹색 혁명의 기본적 구성요소는 / 새로운 종자, 화학 물질의 사용 그리고 적절한 관개 시스템이었다.

- ① **The green revolution resulted in / an increase in production / and changed the thinking of farmers.**
  녹색 혁명은 낳았다 / 생산의 증가를 / 그리고 농부들의 생각을 변화시켰다

- ② **It improved resistance of crops / to diseases / and created massive job opportunities / within the industrial and agricultural sectors.**
  그것은 농작물의 저항력을 개선했다 / 질병에 대한 / 그리고 대규모의 일자리 기회를 창출했다 / 산업과 농업 분야에서

- ③ **Therefore, / the environmental cost / of chemical fertilizers and heavy irrigation / has caused considerable controversy.**
  그러므로 / 환경 비용은 / 화학비료와 거대한 관개의 / 상당한 논란을 일으켰다

- ④ **Self-sufficiency in food grains / also affected the planning processes / and gave a boost / to the national self-confidence / of then emerging democracies.**
  식용 곡물의 자급자족은 / 또한 계획 과정에도 영향을 주었다 / 그리고 활력을 불어넣었다 / 국가적 자신감에 / 그 당시 신생 민주 국가들의

[해석] 녹색 혁명은 식량 생산을 증가시킴으로써 성공적으로 기아와 맞서 싸운 일련의 획기적인 과학의 발전과 개발 활동의 결과였다. 녹색 혁명의 기본적 구성요소는 새로운 씨앗, 화학 물질의 사용 그리고 적절한 관개 시스템이었다. ① 녹색 혁명은 생산의 증가를 낳았고 농부들의 생각을 변화시켰다. ② 그것은 질병에 대한 농작물의 저항력을 개선했고 산업과 농업 분야에서 대규모의 일자리 기회를 창출했다. ③ 그러므로 화학비료와 막대한 관개의 환경 비용은 상당한 논란을 일으켰다. ④ 식용 곡물의 자급자족은 또한 계획 과정에 영향을 주었고 그 당시 신생 민주국가들의 국가적 자신감에 활력을 불어넣었다.

[해설] 이 글은 녹색 혁명의 긍정적인 영향 및 변화들에 관한 것이다. 화학비료와 막대한 관개의 환경비용이 상당한 논란을 야기했다는 ③의 내용은 녹색 혁명에 대한 문제점을 말하고 있으므로 글 전체의 흐름과 어울리지 않는다.

[정답] ③

11 ★☆☆

글의 흐름상 가장 어색한 문장은?　　　　2016 지방직 9급

Progress is gradually being made in the fight against cancer. ① In the early 1900s, few cancer patients had any hope of long-term survival. ② But because of advances in medical technology, progress has been made so that currently four in ten cancer patients survive. ③ It has been proven that smoking is a direct cause of lung cancer. ④ However, the battle has not yet been won. Although cures for some forms of cancer have been discovered, other forms of cancer are still increasing.

어구

progress 진전, 진척
gradually 서서히
few 거의 없는
patient 환자
long-term 장기적인
survival 생존
advance 발전, 진보
so that 그래서, ~하도록
currently 현재
lung cancer 폐암
cure 치료법
form 유형, 형태
discover 발견하다

- **Progress is gradually being made / in the fight against cancer.**
  진전이 서서히 이루어지고 있다 / 암과의 싸움에서

  - ① In the early 1900s, / few cancer patients had any hope / of long-term survival.
    1900년대 초에는 / 거의 암환자들은 어떠한 희망도 가지지 못했다 / 장기적인 생존에 대한

  - ② But / because of advances in medical technology, / progress has been made / so that / currently / four in ten cancer patients survive.
    하지만 / 의료 기술의 발전으로 인해 / 진전이 이루어졌다 / 그래서 / 현재는 / 10명 암환자 중 4명은 생존한다

  - ③ It has been proven / that smoking is a direct cause / of lung cancer.
    입증되었다 / 흡연이 직접적인 원인이라는 것이 / 폐암의

  - ④ However, / the battle has not yet been won.
    하지만 / 그 싸움은 아직 이긴 것은 아니다.

- **Although cures for some forms of cancer / have been discovered, / other forms of cancer are still increasing.**
  비록 일부 유형의 암에 대한 치료법은 / 발견되었지만 / 다른 유형의 암은 여전히 증가하고 있다

해석 암과의 싸움에서 진전이 서서히 이루어지고 있다. ① 1900년대 초에는 거의 암환자들은 장기적인 생존에 대한 어떠한 희망도 가지지 못했다. ② 하지만 의료 기술의 발전으로 인해 진전이 이루어졌고 그래서 현재는 10명 암환자 중 4명은 생존한다. ③ 흡연이 폐암의 직접적인 원인이라는 것이 입증되었다. ④ 하지만 그 싸움은 아직 이긴 것은 아니다. 비록 일부 유형의 암에 대한 치료법은 발견되었지만, 다른 유형의 암은 여전히 증가하고 있다.

해설 암과의 싸움에서 서서히 진전이 이루어지고 있지만 여전히 암과의 싸움은 계속되고 있다는 것을 설명하는 글이다. ①과 ②는 과거와는 달리 의료 기술의 발전으로 암환자 중 일부는 생존한다고 말하고, ④는 아직 암과의 싸움에서 이긴 것은 아니라고 설명하고 있다. 흡연이 폐암의 직접적인 원인이라는 것이 입증되었다는 ③은 글의 흐름상 어색하다.

정답 ③

12 ★★☆

다음 글에서 전체 흐름과 관계없는 문장은? 2016 기상직 9급

When people are having a rough time, usually the first question we ask them is "How are you?" because we think it's a way to open up the conversation and to show that we care. ① Here's another way to look at it: if you are trying to comfort people who are dealing with difficult situations, they will bless you for not making the "How are you?" question the first one. ② This question may have the power to make them encouraged and from it people can feel comfortable. ③ Ask about their work or their family or about almost anything else to give them a little relief from once again explaining what a rough time they are having getting through this trying experience. ④ They want to be treated like whole individuals, not just like people in a challenging situation that is taking over their identity. Perhaps after listening carefully for a while, you may not even have to ask how they are because they will have told you in their own way.

어구

- rough 힘든
- open up 시작하다, 가능하게 하다
- comfort 위로하다
- deal with ~를 처리하다, ~를 다루다
- bless A for B: A에게 B에 대해 감사하다
- relief 안도, 위안
- get through ~을 넘기다
- trying 힘든
- treat 대하다, 취급하다
- whole 온전한
- challenging 힘든, 어려운
- take over 지배하다, 장악하다
- identity 정체성

- When people are having a rough time, / usually the first question / we ask them / is "How are you?" / because we think / it's a way / to open up the conversation / and to show that we care.
  사람들이 힘든 시기를 겪고 있을 때 / 대개 첫 번째 질문은 / 우리가 그들에게 묻는 / "어떻게 지내요?"이다 / 왜냐하면 우리는 생각하기 때문이다 / 그것이 방법이라고 / 대화를 시작하는 / 그리고 보여주는 / 우리가 신경 쓰고 있다는 것을

- ① Here's another way / to look at it: / if you are trying to comfort people / who are dealing with difficult situations, / they will bless you / for not making / the "How are you?" question the first one.
  여기에 또 다른 방법이 있다 / 그것을 보는 / 당신이 사람들을 위로하려고 한다면 / 어려운 상황을 처리하고 하는 / 그들은 당신에게 감사할 것이다 / 하지 않은 것에 대해 / "어떻게 지내"라는 질문을 첫 번째 질문으로

- ② This question may have the power / to make them encouraged / and from it / people can feel comfortable.
  이 질문은 힘을 가지고 있을 수 있다 / 그들을 격려 받게 만드는 / 그리고 그것으로부터 / 사람들은 편안함을 느낄 수 있다

- ③ Ask / about their work or their family / or about almost anything else / to give them a little relief / from once again explaining / what a rough time they are having / getting through this trying experience.
  물어보아라 / 그들의 일이나 가족에 대해서 / 또는 그 밖의 거의 무엇에 대해서든 / 그들에게 약간의 안도를 주기 위해 / 다시 한 번 설명하는 것으로부터 / 그들이 얼마나 힘든 시기를 겪고 있는지 / 이 힘든 경험을 넘기면서

- ④ They want to be treated / like whole individuals, / not just like people / in a challenging situation / that is taking over their identity.
  그들은 대우받기를 원한다 / 온전한 개인처럼 / 사람들이 아니라 / 힘든 상황에 있는 / 자신의 정체성을 지배하고 있는

- Perhaps / after listening carefully / for a while, / you may not even have to ask / how they are / because they will have told you / in their own way.
  아마 / 주의 깊게 듣고 난 후 / 잠시 동안 / 당신은 물을 필요도 없을 것이다 / 그들이 어떻게 지내는 지 / 왜냐하면 그들이 당신에게 말할 것이기 때문이다 / 그들 자신의 방식으로

해석 사람들이 힘든 시기를 겪고 있을 때 대개 우리가 그들에게 묻는 첫 번째 질문은 "어떻게 지내요?"인데, 왜냐하면 우리는 그것이 대화를 시작하고 우리가 신경 쓰고 있다는 것을 보여주는 방법이라고 생각하기 때문이다. ① 여기에 그것을 보는 또 다른 방법이 있다: 당신이 어려운 상황을 처리하고 하는 사람들을 위로하려고 한다면, 그들은 당신에게 "어떻게 지내"라는 질문을 첫 번째 질문으로 하지 않은 것에 대해 감사할 것이다. ② 이 질문은 그들을 격려 받게 만드는 힘을 가지고 있을 수 있으며 그리고 그것으로부터 사람들은 편안함을 느낄 수 있다. ③ 그들이 이 힘든 경험을 넘기면서 얼마나 힘든 시기를 겪고 있는지 다시 한 번 설명하는 것으로부터, 그들에게 약간의 안도를 주기 위해, 그들의 일이나 가족에 대해서 또는 그 밖의 거의 무엇에 대해서든 물어보아라. ④ 그들은 자신의 정체성을 지배하고 있는 힘든 상황에 있는 사람들이 아니라 온전한 개인처럼 대우받기를 원한다. 아마 잠시 동안 주의 깊게 듣고 난 후, 당신은 그들이 어떻게 지내는지 물을 필요도 없을 것인데, 왜냐하면 그들이 그들 자신의 방식으로 당신에게 말할 것이기 때문이다.

해설 이 글은 우리가 힘든 시기를 겪고 있는 사람들에게 "How are you?(어떻게 지내)"라는 흔한 질문을 첫 번째로 하는 것에 대해 좋지 않다는 시각을 말하고 있다. 따라서 이 질문이 그들을 격려하고 편안함을 느끼게 한다는 내용의 ②는 글 전체의 흐름상 어색하다.

정답 ②

6

빈칸 완성

Chapter 01　독해 접근법

Chapter 02　제목, 주제, 요지

Chapter 03　연결어 넣기

Chapter 04　내용 일치와 불일치

Chapter 05　흐름상 어색한 문장

Chapter 06　빈칸 완성

Chapter 07　순서 배열

Chapter 08　문장 삽입

www.modoogong.com | www.modoofire.com

CHAPTER 06 빈칸 완성

친절한영어 기본을 완성하는 독해

- UNIT 1 경쟁자보다 한발 앞서는 독해 TIP
- UNIT 2 문제 풀이

UNIT 1 | 경쟁자보다 한발 앞서는 독해 TIP

❶ 접근 방법

빈칸 완성 문제는 문제를 풀기 전에 먼저 알고 있어야 할 게 있습니다. 빈칸 완성 문제는 바꿔 쓰기(paraphrasing) 문제라는 것입니다. 즉 지문 속에 있는 단어, 어구 등 여러 표현을 바꿔 쓰기한 선택지를 찾는 문제라는 점을 알고 문제에 접근하면 좋습니다. 대부분의 경우 글 전체의 핵심어(key word)를 빈칸으로 채우는 문제가 나옵니다. 간혹은 세부 사항을 빈칸으로 채우는 문제가 나오기도 합니다.

❷ 독해 해법

(1) 빈칸 포함 문장 및 선택지 분석

빈칸 완성 문제는 지문을 읽기 전에 빈칸을 포함하고 있는 문장과 선택지를 먼저 보는 것이 좋습니다. 빈칸을 포함하고 있는 문장 자체가 중요한 정보를 지니고 있어 지문의 내용을 예상할 수 있게 하고 지문에서 무엇을 중심으로 읽어야 하는 지 알려주는 경우가 많습니다. 선택지 ①~④를 미리 보는 것 또한 정답을 정확하고 빠르게 찾는데 도움이 됩니다. 선택지에 있는 정답은 지문 속에 있는 어구를 단순한 바꿔 쓰기 한 경우와 일반화의 과정을 거쳐 추상화되어 있는 경우로 나눌 수 있습니다.

① 단순한 바꿔 쓰기

> 지문 **to put off gut-based decision-making**
> 배짱에 근거한 의사결정을 연기하는 것

> 선택지 **to delay intuition**
> 직관을 연기하는 것

② 추상화된 바꿔 쓰기

> 지문　**an exciting object** → **an essential part of our daily lives**
> 　　　흥미로운 물건　　　　　　　일상생활의 필수적인 한 부분

> 선택지　use of technological innovation **changes its nature**
> 　　　기술 혁신 제품의 사용은 제품의 성격을 변화시킨다

(2) **지문 읽기**

이제 지문을 읽어 내려갈 차례입니다. 이전 단계인 빈칸 포함 문장 및 선택지 분석을 바탕으로 정답의 근거를 찾으면서 지문을 읽어내려 가면 됩니다. 빈칸 완성 문제의 경우 글쓴이의 중심 생각인 주제를 나타내는 핵심어(key word)를 묻는 경우가 많으므로 주제문을 찾으면서 지문을 읽으면 좋습니다. 세부 사항을 묻는 경우는 대체로 빈칸 앞 뒤 문장에 정답이 있는 경우가 많습니다.

(3) **정답 결정**

지문을 읽으면서 찾은 단서를 바탕으로 이에 부합하는 선택지를 정답으로 결정하면 됩니다.

어구

shop window 상품진열창
bombard 퍼붓다
disposable 일회용의
via ~을 통하여
currently 현재
wardrobe 옷
landfill site 쓰레기 매립지
daily necessities 생활필수품
hand down 물려주다

UNIT 2 | 문제 풀이

01 ★☆☆

밑줄 친 부분에 들어갈 말로 가장 적절한 것을 고르시오. 2021 국가직 9급

Social media, magazines and shop windows bombard people daily with things to buy, and British consumers are buying more clothes and shoes than ever before. Online shopping means it is easy for customers to buy without thinking, while major brands offer such cheap clothes that they can be treated like disposable items — worn two or three times and then thrown away. In Britain, the average person spends more than £1,000 on new clothes a year, which is around four per cent of their income. That might not sound like much, but that figure hides two far more worrying trends for society and for the environment. First, a lot of that consumer spending is via credit cards. British people currently owe approximately £670 per adult to credit card companies. That's 66 percent of the average wardrobe budget. Also, not only are people spending money they don't have, they're using it to buy things _____. Britain throws away 300,000 tons of clothing a year, most of which goes into landfill sites.

① they don't need
② that are daily necessities
③ that will be soon recycled
④ they can hand down to others

- Social media, magazines and shop windows / bombard people daily / with things to buy, / and British consumers are buying more clothes and shoes / than ever before.
  소셜 미디어, 잡지 그리고 상품진열창은 / 매일 사람들에게 퍼붓고 있다 / 살 물건들을 / 그리고 영국 소비자들은 더 많은 옷과 신발을 사고 있다 / 이전 어느 때보다

- Online shopping means / **it is easy for customers to buy / without thinking, / while major brands offer such cheap clothes / that they can be treated / like disposable items /** — worn two or three times and then thrown away.
  온라인 쇼핑은 의미한다 / 고객들이 구매하기 쉽다는 것을 / 생각 없이 / 동시에 주요 브랜드들은 너무나 값싼 옷들을 제공한다 / 그래서 그것들은 취급될 수 있다 / 일회용 물품처럼 / 두세 번 입히고 나서 버려지는

- In Britain, / the average person spends more than £1,000 / on new clothes / a year, / which is around four per cent / of their income.
  영국에서 / 보통 사람은 1,000파운드 이상을 쓴다 / 새 옷에 / 일 년에 / 그리고 이것은 대략 4퍼센트이다 / 그들의 수입에

- That might not sound like much, / but that figure hides / two far more worrying trends / for society and for the environment.
  그것은 많게 들리진 않을 수 있다 / 하지만 그 수치는 숨기고 있다 / 두 가지의 훨씬 더 걱정스러운 추세를 / 사회에 대한 그리고 환경에 대한

- First, / a lot of that consumer spending / is via credit cards.
  첫째 / 많은 그 소비자 지출이 / 신용카드를 통한 것이다.

- British people currently owe / approximately £670 / per adult / to credit card companies.
  영국 사람들은 현재 빚지고 있다 / 대략 670파운드를 / 성인 한 사람당 / 신용카드 회사에

- That's 66 percent / of the average wardrobe budget.
  그것은 66퍼센트이다 / 평균 옷 예산의

- Also, / not only are people spending money / they don't have, / they're using it / to buy things / they don't need.
  또한 / 사람들은 돈을 지출할 뿐만 아니라 / 가지고 있지 않은 / 그들은 그것(돈)을 쓰고 있다 / 물건들을 사기 위해 / <u>그들이 필요하지 않은</u>

- Britain throws away 300,000 tons of clothing / a year, / most of which goes into landfill sites.
  영국은 30만 톤의 옷을 버린다 / 일 년에 / 그리고 그것의 대부분은 쓰레기 매립지로 들어간다

해석 소셜 미디어, 잡지 그리고 상품진열창은 살 물건들을 매일 사람들에게 퍼붓고 있고 영국 소비자들은 이전 어느 때보다 더 많은 옷과 신발을 사고 있다. 온라인 쇼핑은 고객들이 생각 없이 구매하기 쉽다는 것을 의미하며, 동시에 주요 브랜드들은 너무나 값싼 옷들을 제공해서 그것들은 두세 번 입히고 나서 버려지는 일회용 물품처럼 취급될 수 있다. 영국에서, 보통 사람은 일 년에 새 옷에 1,000파운드 이상을 쓰는데, 이것은 그들의 수입에 대략 4퍼센트이다. 그것은 많게 들리지 않을 수 있지만, 그 수치는 사회와 환경에 대한 훨씬 더 걱정스러운 두 가지의 추세를 숨기고 있다. 첫째, 많은 그 소비자 지출이 신용카드를 통한 것이다. 영국 사람들은 현재 성인 한 사람당 대략 670파운드를 신용카드 회사에 빚지고 있다. 그것은 평균 옷 예산의 66퍼센트이다. 또한 사람들은 가지고 있지 않은 돈을 지출할 뿐만 아니라, <u>그들이 필요하지 않은</u> 물건들을 사기 위해 그것을 쓰고 있다. 영국은 일 년에 30만 톤의 옷을 버리는데, 그것의 대부분은 쓰레기 매립지로 들어간다.

① 그들이 필요하지 않은
② 생활필수품인
③ 곧 재활용 될
④ 그들이 다른 사람들에게 물려줄 수 있는

해설 글의 전반부에서 온라인 쇼핑으로 소비자들이 생각 없이 옷을 사고, 주요 브랜드들은 값싼 옷을 제공해서 옷이 일회용 물품처럼 취급되고 있다고 말하고 있다. 빈칸 다음 문장에서 일 년에 30만 톤의 옷을 버리고 그 옷의 대부분은 쓰레기 매립지로 들어간다고 했으므로, 사람들이 필요하지 않은 물건을 구매한다는 것을 알 수 있다. 따라서 빈칸에 들어갈 말로 가장 적절한 것은 ①이다.

정답 ①

/ MEMO /

02 ★☆☆

밑줄 친 부분에 들어갈 말로 가장 적절한 것을 고르시오. 2021 지방직 9급

As more and more leaders work remotely or with teams scattered around the nation or the globe, as well as with consultants and freelancers, you'll have to give them more _____. The more trust you bestow, the more others trust you. I am convinced that there is a direct correlation between job satisfaction and how empowered people are to fully execute their job without someone shadowing them every step of the way. Giving away responsibility to those your trust can not only make you organization run more smoothly but also free up more of your time so you can focus on larger issues.

① work
② rewards
③ restrictions
④ autonomy

어구
- remotely 멀리 떨어져서, 원격으로
- scattered 흩어져 있는
- bestow 주다
- correlation 상관관계
- empower 권한을 부여하다
- execute 수행하다
- shadow 따라다니다
- every stop of the way 모든 과정에서
- free up (시간, 돈) ~를 이용할 수 있게 하다
- reward 보상
- restriction 제약
- autonomy 자율권

- **As more and more leaders work** / remotely / or with teams / scattered around the nation or the globe, / as well as with consultants and freelancers, / you'll have to give them more **autonomy**.
  점점 더 많은 리더들이 일하면서 / 멀리 떨어져 / 또는 팀과 함께 / 전국 또는 전 세계에 흩어져 있는 / 컨설턴트와 프리랜서뿐 아니라 / 당신은 그들에게 더 많은 자율권을 부여해야 할 것이다.

- **The more trust you bestow,** / the more others trust you.
  당신이 더 많은 신뢰를 줄수록 / 더 많은 사람들이 당신을 신뢰한다.

- **I am convinced** / that there is a direct correlation / between job satisfaction and **how empowered people are** / to fully execute their job / **without someone shadowing them** / every step of the way.
  나는 확신한다 / 직접적인 상관관계가 있다고 / 직업 만족도와 사람들이 얼마나 권한을 부여받는지 사이에 / 자신들의 일을 완전히 수행하도록 / 누군가가 자신들을 따라다니지 않은 채 / 모든 과정에서

- **Giving away responsibility** / to those / you trust / can not only make your organization run more smoothly / but also free up more of your time / so you can focus on larger issues.
  책임을 주는 것은 / 사람들에게 / 당신이 신뢰하는 / 당신의 조직을 더 원활하게 운영되도록 할 수 있을 뿐 아니라 / 당신의 더 많은 시간을 이용할 수 있게 한다 / 당신이 더 큰 문제에 집중할 수 있도록

해석 점점 더 많은 리더들이 멀리 떨어져 일하거나 컨설턴트와 프리랜서뿐 아니라 전국 또는 전 세계에 흩어져 있는 팀과 함께 일하면서, 당신은 그들에게 더 많은 자율권을 부여해야 할 것이다. 당신이 더 많은 신뢰를 줄수록, 더 많은 사람들이 당신을 신뢰한다. 나는 직업 만족도와 사람들이 모든 과정에서 누군가가 자신들을 따라다니지 않은 채 자신들의 일을 완전히 수행하도록 얼마나 권한을 부여받는지 사이에 직접적인 상관관계가 있다고 확신한다. 당신이 신뢰하는 사람들에게 책임을 주는 것은 당신의 조직을 더 원활하게 운영되도록 할 수 있을 뿐 아니라 당신이 더 큰 문제에 집중할 수 있도록 더 많은 시간을 이용할 수 있게 한다.
① 일   ② 보상   ③ 제약   ④ 자율권

해설 당신이 더 많은 신뢰를 줄수록 더 많은 사람들이 당신을 신뢰하고, 직업 만족도와 권한부여가 직접적 상관관계가 있고, 신뢰하는 사람에게 책임을 맡기는 것이 조직을 더 원활하게 만들 뿐 아니라 당신에게 더 많은 시간을 준다고 했으므로 빈칸에 들어갈 말로 가장 적절한 것은 '자율권'이다.

정답 ④

03 ★★★

다음 빈칸에 들어갈 말로 가장 적절한 것은? 2021 법원직 9급

The seeds of willows and poplars are so minuscule that you can just make out two tiny dark dots in the fluffy flight hairs. One of these seeds weighs a mere 0.0001 grams. With such a meagre energy reserve, a seedling can grow only 1–2 millimetres before it runs out of steam and has to rely on food it makes for itself using its young leaves. But that only works in places where there's no competition to threaten the tiny sprouts. Other plants casting shade on it would extinguish the new life immediately. And so, if a fluffy little seed package like this falls in a spruce or beech forest, the seed's life is over before it's even begun. That's why willows and poplars _____.

*minuscule 아주 작은

① prefer settling in unoccupied territory
② have been chosen as food for herbivores
③ have evolved to avoid human intervention
④ wear their dead leaves far into the winter

- The seeds of willows and poplars / are so minuscule / that you can just make out two tiny dark dots / in the fluffy flight hairs.
  버드나무와 포플러나무의 씨앗은 / 너무나 작다 / 그래서 당신은 두 개의 조그마한 검은 점을 겨우 알아볼 수 있다 / 솜털 같은 날아다니는 털에서

- One of these seeds / weighs a mere 0.0001 grams.
  이 씨앗 중 하나는 / 무게가 0.0001그램에 불과하다

- With such a meagre energy reserve, / **a seedling** can grow only 1–2 millimetres / before it runs out of steam / and **has to rely on food** / it makes for itself / using its young leaves.
  너무나 빈약한 에너지 비축량을 가지고 / 묘목은 겨우 1–2밀리미터만 자랄 수 있다 / 그것이 기력이 다하기 전에 / 그리고 양분에 의존해야 한다 / 그것이 스스로 만드는 / 그것의 어린잎을 사용해서

- But / that only works in places / where there's no competition / to threaten the tiny sprouts.
  하지만 / 그것은 장소에서만 효과가 있다 / 경쟁자가 없는 / 조그마한 싹을 위협하는

- Other plants / casting shade on it / would extinguish the new life / immediately.
  다른 식물들은 / 그것에 그늘을 드리우는 / 새로운 생명체를 없앨 것이다 / 즉시

- And so, / if a fluffy little seed package / like this / falls in a spruce or beech forest, / the seed's life is over / before it's even begun.
  그래서 / 만약 솜털 같은 작은 씨앗 꾸러미가 / 이처럼 / 가문비나무나 너도밤나무 숲에 떨어지면 / 그 씨앗의 생명은 끝난다 / 그것이 시작되기도 전에

- That's why / willows and poplars prefer settling / in unoccupied territory.
  그것이 이유이다 / 버드나무와 포플러나무가 정착하는 것을 선호하는 / 비어있는 땅에

해석 버드나무와 포플러나무의 씨앗은 너무나 작아서 당신은 솜털 같은 날아다니는 털에서 두 개의 조그마한 검은 점을 겨우 알아볼 수 있다. 이 씨앗 중 하나는 무게가 0.0001그램에 불과하다. 너무나 빈약한 에너지 비축량을 가지고, 묘목은 그것이 기력이 다하기 전에 겨우 1–2밀리미터만 자랄 수 있고 어린잎을 사용해서 스스로 만드는 양분에 의존해야 한다. 하지만 그것은 조그마한 싹을 위협하는 경쟁자가 없는 장소에서만 효과가 있다. 그것에 그늘을 드리우는 다른 식물들은 새로운 생명을 즉시 없앨 것이다. 그래서 만약 이처럼 솜털 같은 작은 씨앗 꾸러미가 가문비나무나 너도밤나무 숲에 떨어진다면, 그 씨앗의 생명은 그것이 시작되기도 전에 끝난다. 그것이 버드나무와 포플러나무가 비어있는 땅에 정착하는 것을 선호하는 이유이다.

① 비어있는 땅에 정착하는 것을 선호하는 ② 초식 동물의 먹이로 선택된
③ 인간의 간섭을 피하기 위해 진화한 ④ 죽은 나뭇잎을 한겨울까지 입고 있는

해설 버드나무와 포플러나무의 묘목은 어린잎이 만드는 양분에 의존해야 하는데, 그늘을 드리우는 다른 식물이 있으면 죽을 수밖에 없으므로, 비어있는 땅에 정착하는 것을 선호한다는 것을 알 수 있다. 따라서 빈칸에는 ①이 들어가야 적절하다.

정답 ①

04 ★★☆

밑줄 친 부분에 들어갈 말로 가장 적절한 것은? 2020 지방직 9급

All of us inherit something: in some cases, it may be money, property or some object — a family heirloom such as a grandmother's wedding dress or a father's set of tools. But beyond that, all of us inherit something else, something _____, something we may not even be fully aware of. It may be a way of doing a daily task, or the way we solve a particular problem or decide a moral issue for ourselves. It may be a special way of keeping a holiday or a tradition to have a picnic on a certain date. It may be something important or central to our thinking, or something minor that we have long accepted quite casually.

① quite unrelated to our everyday life
② against our moral standards
③ much less concrete and tangible
④ of great monetary value

어구

inherit 물려받다
something 무언가, 어떤 것
property 재산
object 물건
heirloom 가보
be aware of ~을 알고 있다
moral 도덕적인
minor 사소한
casually 무심코
unrelated 관련 없는
concrete 구체적인
tangible 유형의, 명백한
monetary 금전의

- **All of us inherit something:** / in some cases, / **it may be money, property or some object** / — a family heirloom / such as a grandmother's wedding dress or a father's set of tools.
  우리 모두는 무언가를 물려받는다 / 어떤 경우에는 / 그것이 돈, 재산 또는 어떤 물건일 수 있다 / 집안의 가보 / 할머니의 웨딩드레스나 아버지의 공구 세트와 같은

- **But beyond that,** / **all of us inherit something else,** / something <u>much less concrete and tangible</u>, / something we may not even be fully aware of.
  하지만 그것을 넘어 / 우리 모두는 다른 무언가를 물려받는다 / <u>훨씬 덜 구체적이고 유형적인 무언가를</u> / 우리가 심지어 완전히 알고 있지는 못할 수도 있는 무언가를

- **It may be a way** / of doing a daily task, / or the way / we solve a particular problem / or decide a moral issue / for ourselves.
  그것은 방법일 수 있다 / 일상적인 일을 하는 / 또는 방식일 수 있다 / 우리가 특정한 문제를 해결하는 / 또는 도덕적인 문제를 결정하는 / 스스로

- **It may be a special way** / of keeping a holiday or a tradition / to have a picnic / on a certain date.
  그것은 특별한 방법일 수 있다 / 휴일이나 전통을 지키는 / 소풍을 가는 / 특정한 날짜에

- **It may be something important or central** / to our thinking, / or something minor / that we have long accepted / quite casually.
  그것은 중요하거나 중심이 되는 무언가일 수 있다 / 우리의 사고에 / 아니면 사소한 무언가일 수도 있다 / 우리가 오랫동안 받아들인 / 아주 무심코

해석 우리 모두는 무언가를 물려받는다: 어떤 경우에는 그것이 돈, 재산 또는 할머니의 웨딩드레스나 아버지의 공구 세트와 같은 집안의 가보인 어떤 물건일 수 있다. 하지만 그것을 넘어, 우리 모두는 다른 무언가를, 훨씬 덜 구체적이고 유형적인 무언가를, 우리가 심지어 완전히 알고 있지는 못할 수도 있는 무언가를 물려받는다. 그것은 일상적인 일을 하는 방법일 수 있으며, 또는 우리가 특정한 문제를 해결하거나 도덕적인 문제를 스스로 결정하는 방법일 수도 있다. 그것은 휴일이나 특정한 날짜에 소풍을 가는 전통을 지키는 특별한 방법일 수 있다. 그것은 우리의 사고에 중요하거나 중심이 되는 무언가일 수 있고, 아니면 우리가 오랫동안 아주 무심코 받아들인 사소한 무언가일 수도 있다.

① 우리의 일상생활과 전혀 관계없는
② 우리의 도덕적 규범에 반하는
③ 훨씬 덜 구체적이고 유형적인
④ 대단한 금전적 가치가 있는

해설 첫 문장에서 우리 모두는 돈, 재산 또는 어떤 물건과 같은 유형의 것을 물려받는다고 말하고, 빈칸이 있는 두 번째 문장에서는 But(하지만)으로 시작하면서 그것을 넘어(beyond that) 우리 모두는 완전히 알고 있지는 못할 수도 있는 것을 물려받는다고 하며, 빈칸 다음 문장에서 그것의 예시로 일상적인 일을 하는 방법, 휴일이나 전통을 지키는 특별한 방법, 우리의 사고에 중요하거나 중심이 되는 무언가 등을 들고 있으므로 '훨씬 덜 구체적이고 유형적인 것'을 물려받는다고 해야 자연스럽다.

정답 ③

05 ★★☆

다음 빈칸에 들어갈 말로 가장 적절한 것은? 2020 법원직 9급

Much is now known about natural hazards and the negative impacts they have on people and their property. It would seem obvious that any logical person would avoid such potential impacts or at least modify their behavior or their property to minimize such impacts. However, humans are not always rational. Until someone has a personal experience or knows someone who has such an experience, most people subconsciously believe "It won't happen here" or "It won't happen to me." Even knowledgeable scientists who are aware of the hazards, the odds of their occurrence, and the costs of an event _____.

① refuse to remain silent
② do not always act appropriately
③ put the genetic factor at the top end
④ have difficulty in defining natural hazards

어구

- **natural hazard** 자연 재해
- **have an impact on** ~에 영향을 미치다
- **property** 재산
- **obvious** 명백한, 분명한
- **logical** 논리적인, 합리적인
- **avoid** 피하다
- **potential** 잠재적인
- **at least** 적어도
- **modify** 수정하다, 변경하다
- **minimize** 최소화하다
- **subconsciously** 잠재의식적으로
- **knowledgeable** 식견이 있는, 박식한
- **odds** 가능성
- **occurrence** 발생
- **appropriately** 적절하게
- **genetic** 유전적인
- **have difficulty -ing** ~에 어려움을 겪다

- Much is now known / about natural hazards and the negative impacts / they have / on people and their property.
  많은 것이 지금은 알려져 있다 / 자연 재해들과 그 부정적인 영향에 관해서 / 그것들이 미치는 / 사람들과 그들의 재산에 대해
- It would seem obvious / that any logical person would avoid such potential impacts / or at least modify their behavior or their property / to minimize such impacts.
  분명해 보일 것이다 / 합리적인 어떠한 사람이라도 그러한 잠재적 영향을 피하는 것이 / 또는 적어도 자신의 행동 또는 재산을 변경하는 것이 / 그러한 영향을 최소화하기 위해
- **However, / humans are not always rational.**
  하지만 / 사람들이 항상 합리적인 것은 아니다.
- Until someone has a personal experience / or knows someone / who has such an experience, / most people subconsciously believe / "It won't happen here" / or "It won't happen to me."
  누군가가 개인적인 경험을 할 때까지 / 또는 누군가를 알 때까지 / 그러한 경험을 한 / 대부분의 사람들은 잠재의식적으로 믿는다 / 그것(자연 재해)은 여기서는 일어나지 않을 거야 / 또는 그것은 나에게는 일어나지 않을 거야
- Even knowledgeable scientists / who are aware of the hazards, the odds of their occurrence, and the costs of an event / do not always act appropriately.
  식견이 있는 과학자들조차도 / 그 위험요소, 그것들의 발생 가능성 그리고 한 사건의 손실에 대해 알고 있는 / 항상 적절하게 행동하는 것은 아니다.

해석 자연 재해들과 그것들이 사람들과 그들의 재산에 대해 미치는 부정적인 영향에 관해서 지금은 많은 것이 알려져 있다. 합리적인 어떠한 사람이라도 그러한 잠재적 영향을 피하거나, 적어도 그러한 영향을 최소화하기 위해 자신의 행동 또는 재산을 변경하는 것이 분명해 보일 것이다. 하지만 사람들이 항상 합리적인 것은 아니다. 개인적으로 경험하거나 그러한 경험을 한 누군가를 알 때까지, 대부분의 사람들은 잠재의식적으로 "그것(자연 재해)은 여기서는 일어나지 않을 거야" 또는 "그것은 나에게는 일어나지 않을 거야"라고 믿는다. 그 위험요소, 그것들의 발생 가능성 그리고 한 사건의 손실에 대해 알고 있는 식견이 있는 과학자들조차도 항상 적절하게 행동하는 것은 아니다.

① 침묵하기를 거부한다　　　　　　　② 항상 적절하게 행동하는 것은 아니다
③ 유전적 요인을 최우선 순위에 둔다　　④ 자연재해를 정의하는데 어려움을 겪는다

해설 이 글의 주제는 인간이 항상 합리적이지는 않다는 것으로 이를 세 번째 문장에서 말하고 이를 부연 설명해 나가고 있다. 빈칸을 포함한 문장은 자연재해에 대해 식견이 있는 과학자들조차도 그 행동에 있어 합리적이지 않다는 내용이 되어야 하므로 빈칸에 들어갈 말로 가장 적절한 것은 ②이다.

정답 ②

06 ★★☆

빈칸에 들어갈 말로 가장 적절한 것은? 2020 소방공채 9급

> A well known speaker started off his seminar by holding up a $20 bill. In the room of 200, he asked, "Who would like this $20 bill?" Hands started going up. He said, "I am going to give this $20 to one of you but first, let me do this." He proceeded to crumple the dollar bill up. He then asked, "Who still wants it?" Still the hands were up in the air. "My friends, no matter what I did to the money, you still wanted it because it did not decrease in value. It was still worth $20. Many times in our lives, we are dropped, crumpled, and ground into the dirt by the decisions we make and the circumstances that come our way. We feel as though we are worthless. But no matter what has happened or what will happen, you will never _____. You are special. Don't ever forget it."

① lose your value
② suffer injury
③ raise your worth
④ forget your past

어구
- proceed to do 이어서 ~하다
- crumple 구기다
- grind 갈다, 빻다
- dirt 먼지, 흙
- come one's way ~에게 닥치다
- as though 마치 ~처럼
- suffer 겪다, 당하다

- A well known speaker started off his seminar / by holding up a $20 bill.
  한 유명한 연사가 그의 세미나를 시작했다 / 20달러 지폐를 듦으로써
- In the room of 200, / he asked, / "Who would like this $20 bill?"
  200명이 있는 방에서 / 그는 물었다 / 누가 이 20달러짜리 지폐를 원하시나요
- Hands started going up.
  손들이 올라오기 시작했다
- He said, / "I am going to give this $20 / to one of you / but first, / let me do this."
  그는 말했다 / 저는 이 20달러를 드릴 겁니다 / 여러분 중 한 명에게 / 하지만 먼저 / 제가 이걸 하겠습니다
- He proceeded to crumple / the dollar bill up.
  그는 이어서 구겨버렸다 / 그 달러 지폐를
- He then asked, / "Who still wants it?"
  그는 그러고 나서 물었다 / 누가 여전히 이것을 원하시나요
- Still / the hands were up in the air.
  여전히 / 손들이 공중에 들려 있었다.
- "My friends, / no matter what I did / to the money, / you still wanted it / because it did not decrease in value.
  여러분 / 제가 무엇을 했든 / 돈에 / 여러분은 여전히 그것을 원했습니다 / 왜냐하면 그것이 가치가 떨어지지 않기 때문이죠
- It was still worth $20.
  그것은 여전히 20달러의 가치가 있습니다.
- Many times in our lives, / we are dropped, crumpled, and ground into the dirt / by the decisions / we make / and the circumstances / that come our way.
  우리의 삶 속에서 여러 번 / 우리는 떨어지고 구겨지고 먼지로 갈려집니다 / 결정들에 의해 / 우리가 내리는 / 그리고 상황들에 의해 / 우리에게 닥치는
- We feel / as though we are worthless.
  우리는 느껴집니다 / 마치 우리가 쓸모없는 것처럼
- But / no matter what has happened / or what will happen, / you will never lose your value.
  하지만 / 무슨 일이 일어났든 / 또는 무슨 일이 일어나든 / 당신은 결코 당신의 가치를 잃지 않을 것입니다.
- You are special. Don't ever forget it."
  당신은 특별합니다. 그것을 결코 잊지 마세요

해석 한 유명한 연사가 20달러 지폐를 듦으로써 그의 세미나를 시작했다. 200명이 있는 방에서, 그는 "누가 이 20달러짜리 지폐를 원하시나요?"라고 물었다. 손들이 올라오기 시작했다. 그는 "이 20달러를 여러분 중 한 명에게 드릴 겁니다만, 먼저 제가 이걸 하겠습니다."라고 말했다. 그는 이어서 그 달러 지폐를 구겨버렸다. 그러고 나서 그는 "누가 여전히 이것을 원하시나요?"라고 물었다. 여전히 손들이 공중에 들려 있었다. "여러분, 제가 돈에 무엇을 했든, 여러분은 여전히 그것을 원했는데, 왜냐하면 그것은 가치가 떨어지지 않았기 때문이죠. 그것은 여전히 20달러의 가치가 있습니다. 우리의 삶 속에서 여러 번, 우리는 우리가 내리는 결정들과 우리에게 닥치는 상황들에 의해 떨어지고 구겨지고 먼지로 갈려집니다. 우리는 마치 우리가 쓸모없는 것처럼 느껴집니다. 하지만 무슨 일이 일어났든 또는 무슨 일이 일어나든, 당신은 결코 당신의 가치를 잃지 않을 것입니다. 당신은 특별합니다. 그것을 결코 잊지 마세요."

① 당신의 가치를 잃다 ② 부상을 당하다 ③ 당신의 가치를 올리다 ④ 당신의 과거를 잊다

해설 지폐가 구겨지더라도 그 가치가 떨어지지 않는 것처럼, 우리가 살면서 떨어지고 구겨지더라도 가치를 잃지 않는다는 내용이므로 빈칸에는 ①이 들어가야 자연스럽다.

정답 ①

07 ★★☆

밑줄 친 부분에 들어갈 말로 가장 적절한 것은?   2019 국가직 9급

> Why bother with the history of everything? _____.
> In literature classes you don't learn about genes; in physics classes you don't learn about human evolution. So you get a partial view of the world. That makes it hard to find *meaning* in education. The French sociologist Emile Durkheim called this sense of disorientation and meaninglessness *anomie*, and he argued that it could lead to despair and even suicide. The German sociologist Max Weber talked of the "disenchantment" of the world. In the past, people had a unified vision of their world, a vision usually provided by the origin stories of their own religious traditions. That unified vision gave a sense of purpose, of meaning, even of enchantment to the world and to life. Today, though, many writers have argued that a sense of meaninglessness is inevitable in a world of science and rationality. Modernity, it seems, means meaninglessness.

① In the past, the study of history required disenchantment from science
② Recently, science has given us lots of clever tricks and meanings
③ Today, we teach and learn about our world in fragments
④ Lately, history has been divided into several categories

어구
- bother with ~에 신경 쓰다
- evolution 진화
- disorientation 방향감각상실
- meaninglessness 무의미함
- lead to ~에 이르다
- despair 절망
- suicide 자살
- disenchantment 각성
- unified 통일된
- sense 의식, 감각
- origin story 기원 설화
- religious 종교적인
- enchantment 황홀감
- inevitable 불가피한, 필연적인
- rationality 이성, 합리성
- modernity 현대성
- clever trick 기발한 묘책
- in fragments 단편적으로
- category 범주

- Why bother / with the history of everything?
  왜 신경을 쓰죠 / 모든 것의 역사에

- Today, / we teach and learn / about our world / in fragments.
  오늘날 / 우리는 가르치고 배운다 / 우리의 세상에 대해 / 단편적으로

- In literature classes / you don't learn / about genes; / in physics classes / you don't learn / about human evolution.
  문학 수업에서 / 여러분은 배우지 않는다 / 유전자에 대해 / 물리학 수업에서 / 여러분은 대해 배우지 않는다 / 인간의 진화에

- So / you get a partial view / of the world.
  따라서 / 여러분은 부분적인 시각을 가진다 / 세계에 대해

- That makes it hard / to find *meaning* / in education.
  그것이 어렵게 만든다 / '의미'를 찾는 것을 / 교육에서

- The French sociologist Emile Durkheim called / this sense of disorientation and meaninglessness *anomie*, / and he argued / that it could lead to despair and even suicide.
  프랑스 사회학자인 Emile Durkheim은 불렀다 / 이러한 방향감각상실과 무의미함에 대한 의식을 '아노미'라고 / 그리고 그는 주장했다 / 그것이 절망과 심지어 자살로 이어질 수 있다고

- The German sociologist Max Weber talked / of the "disenchantment" of the world.
  독일 사회학자인 Max Weber는 이야기했다 / 세계의 '각성'에 대해

- In the past, / people had a unified vision of their world, / a vision / usually provided / by the origin stories / of their own religious traditions.
  과거에 / 사람들은 자신의 세상에 대한 통일된 시각을 지니고 있었다 / 시각인 / 보통 제공되는 / 기원설화에 의해 / 그들 자신의 종교적 전통의

- That unified vision gave a sense / of purpose, of meaning, even of enchantment / to the world and to life.
  그러한 통일된 시각은 감각을 주었다 / 목적의, 의미의, 심지어 황홀감의 / 세상과 인생에

- Today, / though, / many writers have argued / that a sense of meaninglessness is inevitable / in a world of science and rationality.
  오늘날 / 하지만 / 많은 작가들이 주장해 왔다 / 무의미함에 대한 의식은 불가피하다고 / 과학과 이성의 세계에서

- Modernity, / it seems, / means meaninglessness.
  현대성은 / 인 것 같다 / 무의미함을 뜻하는

해석 왜 모든 것의 역사에 신경을 쓰죠? 오늘날 우리는 우리의 세상에 대해 단편적으로 가르치고 배운다. 문학 수업에서 여러분은 유전자에 대해 배우지 않는다; 물리학 수업에서 여러분은 인간의 진화에 대해 배우지 않는다. 따라서 여러분은 세상에 대해 부분적인 시각을 가진다. 그것이 교육에서 '의미'를 찾는 것을 어렵게 만든다. 프랑스 사회학자인 Emile Durkheim은 방향감각상실과 무의미함에 대한 의식을 '아노미'라고 불렀고, 그것이 절망감과 심지어 자살로 이어질 수 있다고 주장했다. 독일 사회학자인 Max Weber는 세계의 '각성'에 대해 이야기했다. 과거에 사람들은 보통 그들 자신의 종교적 전통의 기원설화에 의해 제공되는 시각인 자신의 세상에 대한 통일된 시각을 지니고 있었다. 그러한 통일된 시각은 세상과 인생에 목적의, 의미의, 심지어 황홀감의 감각을 주었다. 하지만 오늘날 많은 작가들이 무의미함에 대한 의식은 과학과 이성의 세계에서 불가피하다고 주장해왔다. 현대성은 무의미함을 뜻하는 것 같다.

① 과거에, 역사 연구는 과학으로부터의 각성을 요구했다
② 최근에, 과학은 우리에게 많은 기발한 묘책과 의미를 주었다
③ 오늘날, 우리는 우리의 세상에 대해 단편적으로 가르치고 배운다
④ 최근에, 역사는 몇 가지 범주로 나누어졌다

해설 빈칸 다음에 나오는 두 문장에서 문학 수업에서 유전자에 대해 배우지 않고, 물리학 수업에서 인간의 진화에 대해서 배우지 않아서 세상에 대해 부분적인(partial) 견해를 가진다고 했으므로 이를 통해 빈칸에는 ③이 들어가야 자연스러움을 알 수 있다.

정답 ③

/ MEMO /

08 ★★★

빈칸에 들어갈 표현으로 가장 적절한 것은? 2019 사회복지직 9급

Stereotypes are one way in which we "define" the world in order to see it. They classify the infinite variety of human beings into a convenient handful of "types" towards whom we learn to act in stereotyped fashion. Life would be a wearing process _____. Stereotypes economize on our mental effort by covering up the blooming, buzzing confusion with big recognizable cut-outs. They save us the "trouble" of finding out what the world is like — they give it its accustomed look.

① if we tried to stick to stereotypes
② if we learned to act in stereotyped fashion
③ if we prejudged people before we ever lay eyes on them
④ if we had to start from scratch with every human contact

지문 분석

· Stereotypes are one way / in which we "define" the world / in order to see it.
고정관념들은 하나의 방법이다 / 우리가 세상을 '정의'하는 / 그것을 보기 위해

· **They classify / the infinite variety of human beings / into a convenient handful of "types" /** towards whom we learn to act / in stereotyped fashion.
그것들은 분류한다 / 무한한 종류의 인간들을 / 편리한 소수의 '유형들'로 / 우리가 대하도록 배우는 / 틀에 박힌 방식으로

· Life would be a wearing process / if we had to start from scratch / with every human contact.
삶은 지치게 하는 과정이 될 것이다 / 만약 우리가 아무것도 없이 시작해야 한다면 / 모든 인간관계를

· **Stereotypes economize on our mental effort /** by covering up the blooming, buzzing confusion / with big recognizable cut-outs.
고정관념은 우리의 정신적 노력을 아낀다 / 지독한 웅성대는 혼란을 완전히 덮음으로써 / 커다란 쉽게 알아볼 수 있는 오려낸 것으로

· **They save us the "trouble" /** of finding out / what the world is like / — they give it its accustomed look.
그것들은 우리에게 '수고'를 덜어준다 / 알아내는 / 세상이 어떠한지를 / 그것들(고정관념)은 그것(세상)에 그것의 익숙한 모습을 부여한다

해석 고정관념들은 우리가 세상을 보기 위해 그것(세상)을 '정의'하는 하나의 방법이다. 그것들은 무한한 종류의 인간들을 우리가 틀에 박힌 방식으로 대하도록 배우는 편리한 소수의 '유형들'로 분류한다. 만약 우리가 모든 인간관계를 처음부터 시작해야 한다면, 삶은 지치게 하는 과정이 될 것이다. 만약 우리가 모든 인간관계를 아무것도 없이 시작해야 한다면 삶은 지치게 하는 과정이 될 것이다. 고정관념은 지독한 웅성대는 혼란을 커다란 쉽게 알아볼 수 있는 오려낸 것으로 완전히 덮음으로써 우리의 정신적 노력을 아낀다. 그것들은 우리에게 세상이 어떠한지를 알아내는 '수고'를 덜어준다 — 그것들(고정관념)은 그것(세상)에 그것의 익숙한 모습을 부여한다.

① 만약 우리가 고정관념들을 고수하려고 애쓴다면
② 만약 우리가 틀에 박힌 방식으로 행동하기를 배운다면
③ 만약 우리가 그들을 보기도 전에 사람들을 속단한다면
④ 만약 우리가 모든 인간관계를 처음부터 시작해야 한다면

해설 고정관념은 무한한 종류의 인간들을 편리한 소수의 유형으로 분류해주고, 지독한 혼란을 커다란 조각으로 덮음으로써 정신적 노력을 아끼고, 세상이 어떠한 지 알아내는 수고를 덜어준다고 설명하고 있다. 따라서 고정관념이 없는 상황, 즉 우리가 아무것도 없는 상황에서 모든 인간관계를 시작해야 한다면 삶은 몹시 지치는 과정이 될 것이라고 추론할 수 있다. 따라서 빈칸에는 ④가 가장 적절하다.

정답 ④

09 ★★☆

다음 빈칸에 들어갈 말로 가장 적절한 것은?

2019 소방공채 9급

A large body of evidence suggests that a single decision to vote in fact increases the likelihood that others will vote. It is well known that when you decide to vote it also increases the chance that your friends, family, and coworkers will vote. This happens in part because they imitate you and in part because you might make direct appeals to them. And we know that direct appeals work. If I knock on your door and ask you to head to the polls, there is an increased chance that you will. This simple, old-fashioned, person-to-person technique is still the primary tool used by the sprawling political machines in modern-day elections. Thus, we already have a lot of evidence to indicate that _____ may be the key to solving the voting puzzle.

① financial aid
② social connections
③ political stance
④ cultural differences

- A large body of evidence suggests / that a single decision to vote / in fact / increases the likelihood / that others will vote.
  많은 증거가 시사한다 / 투표하려는 한사람의 결정이 / 실제로 / 가능성을 증가시킨다는 것을 / 다른 사람들이 투표할
- It is well known / that when you decide to vote / it also increases the chance / that your friends, family, and coworkers will vote.
  잘 알려져 있다 / 당신이 투표하기로 결정할 때 / 그것은 또한 가능성을 증가시킨다는 것을 / 당신의 친구들, 가족, 동료들이 투표할
- This happens / in part because they imitate you / and in part because you might make direct appeals / to them.
  이러한 일은 일어난다 / 부분적으로는 그들이 당신을 따라하기 때문에 / 그리고 부분적으로는 당신이 직접 호소를 할 수 있기 때문에 / 그들에게
- And we know / that direct appeals work.
  그리고 우리는 안다 / 직접적인 호소가 효과가 있다는 것을
- If I knock on your door / and ask you to head to the polls,/ there is an increased chance / that you will.
  내가 당신의 문을 노크하고 / 당신에게 투표소로 가라고 요청한다면 / 증가된 가능성이 있다 / 당신이 그럴
- This simple, old-fashioned, person-to-person technique / is still the primary tool / used by the sprawling political machines / in modern-day elections.
  이 간단한 구식인 면대면 기법은 / 여전히 주요한 수단이다 / 제멋대로 퍼져나가는 정치조직에 의해 사용되는 / 현대의 선거에서
- Thus, / we already have a lot of evidence / to indicate / that social connections may be the key / to solving the voting puzzle.
  그러므로 / 우리는 많은 증거를 이미 가지고 있다 / 보여주는 / 사회적 연결이 열쇠가 될 수도 있다는 것을 / 투표 퍼즐을 해결하는

해석 많은 증거가 투표하려는 한사람의 결정이 실제로 다른 사람들이 투표할 가능성을 증가시킨다는 것을 시사한다. 당신이 투표하기로 결정할 때, 그것은 또한 당신의 친구들, 가족, 동료들이 투표할 가능성을 증가시킨다는 것은 잘 알려져 있다. 이러한 일은 부분적으로는 그들이 당신을 따라하기 때문에 그리고 부분적으로는 당신이 그들에게 직접 호소를 할 수 있기 때문에 일어난다. 그리고 우리는 직접적인 호소가 효과가 있다는 것을 안다. 내가 당신의 문을 노크하고 당신에게 투표소로 가라고 요청한다면, 당신이 그럴 가능성은 증가한다. 이 간단한 구식인 면대면 기법은, 현대의 선거에서 제멋대로 퍼져나가는 정치조직에 의해 여전히 사용되는 주요한 수단이다. 그러므로 우리는 사회적 연결이 투표 퍼즐을 해결하는 열쇠가 될 수도 있다는 것을 보여주는 많은 증거를 이미 가지고 있다.

① 재정적 지원　　　　　　② 사회적 연결
③ 정치적 입장　　　　　　④ 문화적 차이

해설 첫 문장에서 투표하려는 한사람의 결정은 다른 사람들(친구들, 가족, 동료들)이 투표할 가능성을 증가시킨다고 말하고 또한 개인이 직접적으로 투표를 호소하는 경우 투표가능성이 높아진다고 설명하고 있으므로, 투표 문제의 해결에 '사회적 연결'이 열쇠가 될 수 있다고 해야 자연스럽다.

정답 ②

10 ★★☆

밑줄 친 부분에 들어갈 말로 가장 적절한 것을 고르시오. 2018 국가직 9급

Fear of loss is a basic part of being human. To the brain, loss is a threat and we naturally take measures to avoid it. We cannot, however, avoid it indefinitely. One way to face loss is with the perspective of a stock trader. Traders accept the possibility of loss as part of the game, not the end of the game. What guides this thinking is a portfolio approach; wins and losses will both happen, but it's the overall portfolio of outcomes that matters most. When you embrace a portfolio approach, you will be _____ because you know that they are small parts of a much bigger picture.

① less inclined to dwell on individual losses
② less interested in your investments
③ more averse to the losses
④ more sensitive to fluctuations in the stock market

어구

- threat 위협
- naturally 당연히
- take measures 조치를 취하다
- indefinitely 무기한으로
- perspective 시각, 관점
- stock trader 주식 거래자
- portfolio approach 포트폴리오 접근법
- overall 종합적인, 전반적인
- matter 중요하다
- embrace 포용하다, 받아들이다
- be inclined to do ~할 것 같다, 경향이 있다
- dwell on 깊게 생각하다, 곱씹다
- individual 개개의
- averse 싫어하는
- sensitive 민감한
- fluctuation 변동

지문 분석

· Fear of loss / is a basic part / of being human.
  손실에 대한 두려움은 / 기본적인 부분이다 / 인간의

· To the brain, / loss is a threat / and we naturally take measures / to avoid it.
  뇌에게 / 손실은 위협이다 / 그리고 우리는 당연히 조치를 취한다 / 그것을 피하기 위한

· We cannot, however, avoid it / indefinitely.
  우리는 하지만 그것을 피할 수는 없다 / 무기한으로

· One way to face loss / is with the perspective of a stock trader.
  손실을 마주하는 하나의 방식은 / 주식 거래자의 시각을 갖는 것이다.

· Traders accept the possibility of loss / as part of the game, / not the end of the game.
  주식 거래자들은 손실의 가능성을 받아들인다 / 게임의 일부로서 / 게임의 끝이 아닌

· What guides this thinking / is a portfolio approach; / wins and losses will both happen, / but it's the overall portfolio of outcomes / that matters most.
  이러한 사고를 이끄는 것은 / 포트폴리오 접근법이다 / 수익과 손실 둘 다 발생할 것이다 / 하지만 바로 결과의 종합적인 포트폴리오이다 / 가장 중요한 것은

· When you embrace a portfolio approach, / you will be <u>less inclined to dwell on individual losses</u> / because you know / that they are small parts of a much bigger picture.
  당신이 포트폴리오 접근법을 받아들일 때 / 당신은 개개의 손실들을 깊게 생각하는 경향이 덜할 것이다 / 왜냐하면 당신이 알기 때문이다 / 그것들(개개의 손실들)이 훨씬 큰 그림의 작은 부분들이라는 것을

해석 손실에 대한 두려움은 인간의 기본적인 부분이다. 뇌에게 손실은 위협이고 우리는 당연히 그것을 피하기 위한 조치를 취한다. 하지만 우리는 그것을 무기한으로 피할 수는 없다. 손실을 마주하는 하나의 방식은 주식 거래자의 시각을 갖는 것이다. 주식 거래자들은 손실의 가능성을 게임의 끝이 아닌 게임의 일부로서 받아들인다. 이러한 사고를 이끄는 것은 포트폴리오 접근법이다: 수익과 손실이 둘 다 발생할 것이지만, 가장 중요한 것은 바로 결과의 종합적인 포트폴리오이다. 당신이 포트폴리오 접근법을 받아들일 때, 당신은 <u>개개의 손실들을 깊게 생각하게 경향이 덜할</u> 것인데, 왜냐하면 그것들(개개의 손실들)이 훨씬 큰 그림의 작은 부분들이라는 것을 당신이 알기 때문이다.

① 개개의 손실들을 깊게 생각하는 경향이 덜할
② 당신의 투자에 덜 관심을 갖게 될
③ 손실을 더 싫어할
④ 주식시장에서 변동에 더 민감할

해설 손실의 가능성을 게임의 일부로서 받아들이는 포트폴리오 접근법을 수용하면, 개개의 손실들이 훨씬 큰 그림의 일부라는 것을 알기 때문에 개개의 손실에 대해 깊게 생각하지 않을 것이라는 것을 추론할 수 있으므로 빈칸에는 ①이 들어가야 가장 자연스럽다.

정답 ①

11 ★★☆

밑줄 친 부분에 들어갈 말로 가장 적절한 것을 고르시오. 2018 지방직 9급

The secret of successful people is usually that they are able to concentrate totally on one thing. Even if they have a lot in their head, they have found a method that the many commitments don't impede each other, but instead they are brought into a good inner order. And this order is quite simple: _____.
In theory, it seems to be quite clear, but in everyday life it seems rather different. You might have tried to decide on priorities, but you have failed because of everyday trivial matters and all the unforeseen distractions. Separate off disturbances, for example, by escaping into another office, and not allowing any distractions to get in the way. When you concentrate on the one task of your priorities, you will find you have energy that you didn't even know you had.

① the sooner, the better
② better late than never
③ out of sight, out of mind
④ the most important thing first

어구

concentrate on ~에 집중하다
commitment 책무
impede 방해하다
order 순서, 질서
clear 분명한, 명확한
decide on ~을 정하다
priority 우선사항
trivial 사소한
unforeseen 예기치 못한, 뜻밖의
distraction 집중을 방해하는 것
separate 떼어놓다
disturbance 방해물
escape 피하다, 달아나다
get in the way 방해하다

- **The secret of successful people** / is usually that they are able to concentrate / totally on one thing.
  성공한 사람들의 비결은 / 보통 그들이 집중할 수 있다는 것이다 / 전적으로 하나의 일에

- Even if they have a lot / in their head, / they have found a method / that the many commitments don't impede each other, / but instead they are brought into a good inner order.
  그들은 많은 것을 가지고 있더라도 / 자신의 머릿속에 / 그들은 방법을 찾았다 / 많은 책무들이 서로 방해하지 않는 / 하지만 대신에 그것들이 올바른 내적 순서로 정돈되어지는

- And / this order is quite simple: / <u>the most important thing first.</u>
  그리고 / 이 순서는 아주 간단하다 / <u>가장 중요한 일이 먼저이다.</u>

- In theory, / it seems to be quite clear, / but in everyday life / it seems rather different.
  이론상으로 / 그것은 아주 분명한 것 같다 / 하지만 일상생활 속에서 / 그것은 상당히 달라 보인다.

- You might have tried / to decide on priorities, / but you have failed / because of everyday trivial matters and all the unforeseen distractions.
  당신은 애써 왔을 수도 있다 / 우선사항들을 정하려고 / 하지만 당신은 실패해 왔다 / 일상의 사소한 문제들과 뜻밖의 집중을 방해하는 모든 것들 때문에

- **Separate off disturbances,** / for example, / by escaping into another office, / and not allowing / any distractions to get in the way.
  방해물들을 떼어 놓아라 / 예컨대 / 다른 사무실로 피함으로써 / 그리고 허용하지 않음으로써 / 어떠한 집중을 방해하는 것들도 방해하는 것을

- When you concentrate / on the one task of your priorities, / you will find / you have energy / that you didn't even know / you had.
  당신이 집중할 때 / 우선사항들 중 한 가지 일에 / 당신은 발견할 것이다 / 당신이 에너지를 가지고 있다는 것을 / 당신이 알지조차 못했던 / 당신이 가지고 있는지

해석   성공한 사람들의 비결은 보통 그들이 전적으로 하나의 일에 집중할 수 있다는 것이다. 그들은 자신의 머릿속에 많은 것을 가지고 있더라도, 많은 책무들이 서로 방해하지 않고 대신에 그것들이 올바른 내적 순서로 정돈되어지는 방법을 찾았다. 그리고 이 순서는 아주 간단하다: 가장 중요한 일이 먼저이다. 이론상으로, 그것은 아주 분명한 것 같지만, 일상생활 속에서 그것은 상당히 달라 보인다. 당신은 우선사항을 정하려고 애써 왔을 수도 있지만, 일상의 사소한 문제들과 뜻밖의 집중을 방해하는 모든 것들 때문에 실패해 왔다. 예컨대 다른 사무실로 피함으로써 그리고 어떠한 집중을 방해하는 것도 방해하는 것을 허용하지 않음으로써 방해물들을 떼어 놓아라. 당신이 우선사항 중 한 가지 일에 집중할 때, 당신은 당신이 가지고 있는지 알지조차 못했던 에너지를 가지고 있다는 것을 발견할 것이다.

① 빠를수록 더 좋다
② 하지 않는 것보다는 늦더라도 하는 것이 낫다
③ 눈에서 보이지 않으면, 곧 잊혀 진다
④ 가장 중요한 일이 먼저이다

해설   빈칸에는 성공한 사람들의 비결인 많은 책무들이 올바른 순서로 정돈되는 방법이 나와야 한다. 방해물들을 떼어놓고, 다른 것들보다 더 중요한 것 즉 우선사항 중 하나에 집중할 때 당신이 알지조차 못했던 에너지를 발견하게 될 것이라는 내용을 통해 빈칸에는 ④가 들어가야 자연스러움을 알 수 있다.

정답   ④

12 ★☆☆

다음 빈칸에 들어갈 말로 가장 적절한 것은? 2018 국회직 9급

A person's handwriting has long been recognized as a form of human identification. This fact is the reason people are required to sign checks, wills, and contracts. _____. For example, the serial killer Ted Bundy used several methods of killing his victims. Authorities first thought they were dealing with several different killers. With the help of handwriting identification, officials later realized they were seeking one serial killer. The Nazi war criminal, Josef Mengele, traveled to South America, and took the identity of another German man. After his death it was discovered that the handwriting of this man matched the handwriting of Mengele. Mengele had altered everything including his name, profession, and fingerprints, but he could not change his handwriting.

① Handwriting identification has played important roles in some criminal cases.
② Questioned handwriting may be found on a will, a contract, or a letter.
③ Handwriting identification is developed by forensic document examiners.
④ One type of a questioned signature is a deliberately altered signature.
⑤ There are two types of writing, request writing and non-request writing.

- A person's handwriting has long been recognized / as a form of human identification.
  사람의 필적은 오랫동안 인정되어 왔다 / 사람의 신원확인의 한 형태로
- This fact is the reason / people are required / to sign checks, wills, and contracts.
  이 사실은 이유다 / 사람들이 요구받는 / 수표, 유언장 그리고 계약서에 서명하도록
- Handwriting identification has played important roles / in some criminal cases.
  필적 신원확인은 중요한 역할을 해왔다 / 일부 범죄 사건들에서
- **For example,** / the serial killer Ted Bundy used several methods / of killing his victims.
  예컨대 / 연쇄 살인범 Ted Bundy는 몇 가지의 방법을 사용했다 / 자신의 희생자들을 살해하는
- Authorities first thought / they were dealing with several different killers.
  당국은 처음에는 생각했다 / 그들이 여러 다른 살인범들을 상대하고 있다고
- **With the help of handwriting identification, / officials later realized / they were seeking one serial killer.**
  필적 신원확인의 도움으로 / 당국자들은 나중에 깨달았다 / 그들이 한 명의 연쇄 살인범을 찾고 있다는 것을
- The Nazi war criminal, Josef Mengele, / traveled to South America, / and took the identity / of another German man.
  나치 전범인 Josef Mengele는 / 남미로 가서 / 그리고 신원을 취득했다 / 다른 독일인의
- **After his death / it was discovered / that the handwriting of this man / matched the handwriting of Mengele.**
  그의 죽음 후에 / 발견되었다 / 이 사람의 필적이 / Mengele의 필적과 일치한다는 것이
- Mengele had altered everything / including his name, profession, and fingerprints, / but he could not change his handwriting.
  Mengele는 모든 것을 바꾸었다 / 자신의 이름, 직업 그리고 지문을 포함하여 / 하지만 그는 자신의 필적을 바꾸지는 못했다.

[해석] 사람의 필적은 사람의 신원확인의 한 형태로 오랫동안 인정되어 왔다. 이 사실은 사람들이 수표, 유언장 그리고 계약서에 서명하도록 요구받는 이유이다. 필적 신원확인은 일부 범죄 사건들에서 중요한 역할을 해왔다. 예컨대, 연쇄 살인범 Ted Bundy는 자신의 희생자들을 살해하는 몇 가지의 방법을 사용했다. 당국은 처음에는 그들이 여러 다른 살인범들을 상대하고 있다고 생각했다. 필적 신원확인의 도움으로, 당국자들은 그들이 한 명의 연쇄 살인범을 찾고 있다는 것을 나중에 깨달았다. 나치 전범 Josef Mengele는 남미로 가서 다른 독일인의 신원을 취득했다. 그의 죽음 후에, 이 사람의 필적이 Mengele의 필적과 일치한다는 것이 발견되었다. Mengele는 자신의 이름, 직업 그리고 지문을 포함하여 모든 것을 바꾸었지만 그는 자신의 필적을 바꾸지는 못했다.
① 필적 신원확인은 몇몇 범죄 사건들에서 중요한 역할을 해왔다.
② 의심되는 필적이 유언장, 계약서 또는 편지에서 발견될 수 있다.
③ 필적 신원확인은 범죄과학수사의 서류 조사관에 의해 개발된다.
④ 의심되는 서명의 한 유형은 고의로 바뀐 서명이다.
⑤ 두 유형의 글이 있는데, 요청문과 비요청문이다.

[해설] 빈칸 이후의 문장에서 그 사례인 연쇄 살인범인 Ted Bundy와 나치 전범인 Josef Mengele를 통해 필적 신원확인이 범죄 사건들에서 중요한 역할을 해 왔다는 것을 알 수 있다. 따라서 빈칸에는 ①이 들어가야 적절하다.

[정답] ①

13

밑줄 친 부분에 들어갈 말로 가장 적절한 것을 고르시오.   2017 지방직 9급 12월

Before the lecture began, the speaker of the day distributed photocopies of his paper to each of the audience, and I got one and leafed through it and grasped the main idea of the text. Waiting for him to begin, I prayed in silence that this speaker would not read but speak instead directly to the audience with his own words about what he knew on the subject. But to my great disappointment, he _____. Soon I found I was mechanically following the printed words on the paper in my hand.

① was afraid of making his lecture too formal
② elaborated on his theories without looking at his paper
③ began to read his lengthy and well-prepared paper faithfully
④ made use of lots of humorous gestures to attract the audience

- Before the lecture began, / the speaker of the day / distributed photocopies of his paper / to each of the audience, / and I got one / and leafed through it / and grasped the main idea / of the text.
  강연이 시작되기 전에 / 오늘의 연사는 / 자신의 논문의 복사본을 나누어 주었다 / 각각의 청중에게 / 그리고 나는 한 부를 받았다 / 그리고 그것을 대충 훑어보았다 / 그리고 요지를 파악했다 / 그 글의

- Waiting for him to begin, / I prayed in silence / that this speaker would not read / but speak instead directly / to the audience / with his own words / about what he knew / on the subject.
  그가 시작하기를 기다리면서 / 나는 조용히 기도했다 / 이 연사가 읽어주는 것이 아니라 / 대신에 직접 연설해 주기를 / 청중에게 / 자신의 말로 / 그가 알고 있는 것에 대해 / 그 주제에 관하여

- But / to my great disappointment, / he began to read his lengthy and well-prepared paper / faithfully.
  하지만 / 대단히 실망스럽게도 / 그는 자신의 장황하면서도 잘 준비된 논문을 읽기 시작했다 / 충실하게

- Soon I found / I was mechanically following the printed words / on the paper / in my hand.
  곧 나는 발견했다 / 내가 인쇄된 단어들을 기계적으로 따라가고 있다는 것을 / 종이에 / 내 손에 있는

해석 강연이 시작되기 전에, 오늘의 연사는 각각의 청중에게 자신의 논문의 복사본을 나누어 주었고, 나는 한 부를 받아 그것을 대충 훑어보면서 그 글의 요지를 파악했다. 그가 시작하기를 기다리면서, 나는 이 연사가 읽어주는 것이 아니라 대신에 그 주제에 관하여 그가 알고 있는 것에 대해 자신의 말로 청중에게 직접 연설해 주기를 조용히 기도했다. 하지만 대단히 실망스럽게도, 그는 자신의 장황하면서도 잘 준비된 논문을 충실하게 읽기 시작했다. 곧 나는 내가 내 손에 있는 종이에 인쇄된 단어들을 기계적으로 따라가고 있다는 것을 발견했다.
① 자신의 강연을 너무 형식적으로 만들 것을 두려워했다
② 자신의 논문을 보지 않고 그의 이론을 자세히 설명했다
③ 자신의 장황하면서도 잘 준비된 논문을 충실하게 읽기 시작했다
④ 청중을 끌어들이기 위해 많은 재미있는 제스처를 사용했다

해설 빈칸 앞 문장에서 그 연사가 자신의 논문을 읽어주는 것이 아니라 자신의 말로 직접 청중에게 강연해 주기를 조용히 기도했다고 말하고, 빈칸이 포함된 문장에서 '하지만 대단히 실망스럽게도(But to my great disappointment)'로 시작하고 있으므로 빈칸에는 자신의 기도와는 반대되는 내용인 ③이 들어가야 자연스럽다.

정답 ③

14 ★★☆

다음 빈칸에 들어갈 단어로 가장 적절한 것은? 2017 교육행정직 9급

Humans evolved to detect sharp changes and distinctive events, such as the sudden appearance of a lion or sources of food. We are far less able to detect gradual changes. Ornstein and Ehrlich believe perceptual capacities that aided survival when humans were hunters and gatherers can now be a _____. Many of the threats facing civilization develop very slowly. Examples include the degradation of the environment, global warming, and erosion of the ozone layer. Ornstein and Ehrlich relate the large-scale threats we face to what they call the "boiled frog syndrome." Frogs placed in a pan of water that is slowly heated cannot detect the gradual rise in temperature. They will sit still until they die. Like the doomed frogs, many people seem unable to detect gradual but deadly trends in modern civilization.

① handicap
② relief
③ weapon
④ cure

어구
- evolve 진화하다
- detect 감지하다, 발견하다
- sharp 급격한
- distinctive 독특한
- gradual 점진적인
- perceptual 지각의
- gatherer 채집인
- threat 위협
- degradation 악화, 붕괴
- erosion 파괴, 침식
- doomed 죽을 운명의, 운이 다한
- deadly 치명적인
- handicap 핸디캡, 불리한 조건
- relief 안도, 안심
- cure 치유, 해결책

- **Humans evolved / to detect sharp changes and distinctive events,** / such as the sudden appearance of a lion / or sources of food.
  인간은 진화했다 / 급격한 변화들과 독특한 사건들을 감지하도록 / 사자의 갑작스런 출현이나 / 또는 식량원과 같은

- We are far less able to detect / gradual changes.
  우리는 훨씬 더 감지하지 못한다 / 점진적인 변화들은

- Ornstein and Ehrlich believe / **perceptual capacities that aided survival / when humans were hunters and gatherers** / can now be a handicap.
  Ornstein과 Ehrlich는 믿는다 / 생존을 도왔던 지각능력이 / 인간이 수렵인 및 채집인이었을 때 / 이제 핸디캡이 될 수 있다고

- **Many of the threats / facing civilization / develop very slowly.**
  많은 위협들이 / 문명사회를 마주하는 / 매우 느리게 진행된다.

- Examples include / the degradation of the environment, global warming, and erosion of the ozone layer.
  예들은 포함한다 / 환경의 악화, 지구온난화, 그리고 오존층 파괴를

- Ornstein and Ehrlich relate the large-scale threats / we face / to what they call the "boiled frog syndrome."
  Ornstein과 Ehrlich는 대규모의 위협들을 관련시킨다 / 우리가 마주하는 / 그들이 '삶은 개구리 신드롬'으로 부르는 것과

- Frogs / placed in a pan of water / that is slowly heated / cannot detect / the gradual rise in temperature.
  개구리는 / 물이 담긴 냄비에 놓인 / 천천히 데워지는 / 감지하지 못한다 / 점진적인 온도 상승을

- They will sit still / until they die.
  그것들은 가만히 앉아있을 것이다 / 그것들이 죽을 때까지

- **Like the doomed frogs, / many people seem unable to detect / gradual but deadly trends / in modern civilization.**
  죽을 운명의 개구리처럼 / 많은 사람들은 감지하지 못하는 것 같다 / 점진적이지만 치명적인 추세를 / 현대 문명의

해석 인간은 사자의 갑작스런 출현이나 식량원과 같은 급격한 변화들과 독특한 사건들을 감지하도록 진화했다. 우리는 점진적인 변화들은 훨씬 더 감지하지 못한다. Ornstein과 Ehrlich는 인간이 수렵인 및 채집인이었을 때 생존을 도왔던 지각능력이 이제 핸디캡이 될 수 있다고 믿는다. 문명사회를 마주하는 많은 위협들이 매우 느리게 진행된다. 예시들로는 환경의 악화, 지구온난화, 그리고 오존층 파괴가 있다. Ornstein과 Ehrlich는 우리가 마주하는 대규모의 위협들을 그들이 '삶은 개구리 신드롬'으로 부르는 것과 관련시킨다. 천천히 데워지는 물이 담긴 냄비에 놓인 개구리는 점진적인 온도 상승을 감지하지 못한다. 그것들은 죽을 때까지 가만히 앉아있을 것이다. 죽을 운명의 개구리처럼 많은 사람들은 현대 문명의 점진적이지만 치명적인 추세를 감지하지 못하는 것 같다.

① 핸디캡　　　② 안도　　　③ 무기　　　④ 해결책

해설 인간은 급격한 변화와 독특한 사건들을 감지하도록 진화했다고 하면서, 이러한 지각능력이 수렵채집인일 때에는 인간의 생존에 도움을 주었지만, 이제 우리가 마주하는 대규모의 위협은 아주 느리게 진행되어 인간이 감지하지 못한다고 했으므로 빈칸에는 이러한 지각능력이 '핸디캡'이 될 수 있다고 해야 자연스럽다.

정답 ①

15 ★☆☆

밑줄 친 부분에 들어갈 속담으로 가장 적절한 것은?   2017 서울 사회복지 9급

It's often said that _____. Actually this proverb is, for the most part, not true. For much of the history of modern neuroscience, the adult brain was believed to be a fixed structure that, once damaged, could not be repaired. But research published since the 1960s has challenged this assumption, showing that it is actually a highly dynamic structure, which changes itself in response to new experiences, and adapts to injuries — a phenomenon referred to as neuroplasticity.

① a stitch in time saves nine
② birds of a feather flock together
③ you can't teach an old dog new tricks
④ two heads are better than one

어구

- proverb 속담
- for the most part 대개
- neuroscience 신경과학
- fixed 고정된
- structure 구조
- damage 손상을 주다
- repair 회복하다, 수리하다
- challenge 이의를 제기하다
- assumption 가정
- dynamic 역동적인
- in response to ~에 반응하여
- adapt to ~에 적응하다
- phenomenon 현상
- refer to A as B: A를 B라고 부르다
- neuroplasticity 신경가소성
- stitch 바늘땀
- feather 깃털
- flock 모이다
- trick 재주

지문분석

· It's often said / that you can't teach an old dog new tricks.
  종종 말하여진다 / 늙은 개에게 새로운 재주를 가르칠 수는 없다고

· Actually / this proverb is, for the most part, not true.
  실제로 / 이 속담은 대개 사실이 아니다.

· For much of the history / of modern neuroscience, / the adult brain was believed / to be a fixed structure / that, once damaged, / could not be repaired.
  역사의 오랫동안 / 현대 신경 과학의 / 성인의 뇌는 여겨졌다 / 고정된 구조라고 / 일단 손상되면 / 회복될 수 없는

· But / research / published since the 1960s / has challenged this assumption, / showing / that it is actually a highly dynamic structure, / which changes itself / in response to new experiences, / and adapts to injuries / — a phenomenon / referred to as neuroplasticity.
  하지만 / 연구는 / 1960년대 이래로 발표된 / 이러한 가정에 이의를 제기해 왔다 / 그리고 보여주었다 / 그것(성인의 뇌)이 실제로는 매우 역동적인 구조라는 것을 / 그리고 그것은 스스로를 변화시킨다 / 새로운 경험에 반응하여 / 그리고 손상에 적응한다는 것을 / 이는 현상이다 / 신경가소성으로 불리는

해석 늙은 개에게 새로운 재주를 가르칠 수는 없다고 종종 말하여진다. 실제로 이 속담은 대개 사실이 아니다. 현대 신경과학의 역사의 오랫동안, 성인의 뇌는 일단 손상되면 회복될 수 없는 고정된 구조라고 여겨졌다. 하지만 1960년대 이래로 발표된 연구는 이 가정에 이의를 제기해 왔으며, 그것(성인의 뇌)이 실제로는 매우 역동적인 구조이며, 새로운 경험에 반응하여 스스로를 변화시키며 그리고 손상에 적응한다는 것을 보여주었다 — 이는 신경가소성으로 불리는 현상이다.

① 제때의 바늘 한 땀이 아홉 바느질을 덜어준다 (호미로 막을 데 가래로 막는다)
② 같은 깃털의 새들이 함께 모인다 (유유상종)
③ 늙은 개에게 새로운 재주를 가르칠 수는 없다
④ 두 사람이 한 사람보다 낫다 (백지장도 맞들면 낫다)

해설 It is often said 다음에 빈칸이 있으므로 빈칸의 내용은 통념이 되어야 한다. 이 글은 성인의 뇌는 한번 손상을 입으면 회복될 수 없는 고정된 구조라고 믿었던 예전의 통념과 달리 최근 연구에 따르면 그것은 새로운 경험에 반응하여 스스로를 변화시키고 손상에 적응한다고 설명하고 있다. 따라서 빈칸에 들어갈 속담으로 ③번이 가장 적절하다.

정답 ③

16 ★★☆

밑줄 친 부분에 들어갈 말로 가장 적절한 것을 고르시오. 2016 국가직 9급

There's a knock at your door. Standing in front of you is a young man who needs help. He's injured and is bleeding. You take him in and help him, make him feel comfortable and safe and phone for an ambulance. This is clearly the right thing to do. But if you help him just because you feel sorry for him, according to Immanuel Kant, _____. Your sympathy is irrelevant to the morality of your action. That's part of your character, but nothing to do with right and wrong. Morality for Kant wasn't just about what you do, but about why you do it. Those who do the right thing don't do it simply because of how they feel: the decision has to be based on reason, reason that tells you what your duty is, regardless of how you happen to feel.

① that wouldn't be a moral action at all
② your action is founded on reason
③ then you're exhibiting ethical behavior
④ you're encouraging him to be an honest person

어구

injured 다친, 부상을 입은
bleed 피를 흘리다
phone for ~를 전화로 부르다
feel sorry for ~를 불쌍히 여기다
sympathy 동정
irrelevant 상관없는, 관계없는
morality 도덕성
character 성격
be nothing to do with ~와 아무런 상관이 없다
be based on ~에 근거를 두다
reason 이성
regardless of ~에 상관없이
happen to do 우연히 ~하다
be founded on ~에 근거하다
exhibit 보여주다
ethical 윤리적인

- There's a knock / at your door.
  노크소리가 들린다 / 당신의 문에
- Standing in front of you is / a young man / who needs help.
  당신 앞에 서 있다 / 한 젊은이가 / 도움이 필요한
- He's injured and is bleeding.
  그가 부상을 입고 피를 흘리고 있다.
- You take him in and help him, / make him feel comfortable and safe / and phone for an ambulance.
  당신은 그를 안으로 들이고 그를 도와준다 / 그를 편안하고 안전하게 느끼도록 해 준다 / 그리고 구급차를 전화로 부른다.
- This is clearly the right thing / to do.
  이것은 분명 올바른 일이다 / 해야 할
- But / if you help him / just because you feel sorry for him, / according to Immanuel Kant, / that wouldn't be a moral action / at all.
  하지만 / 당신이 그를 돕는다면 / 단지 당신이 그를 불쌍히 여겨서 / 임마누엘 칸트에 따르면 / 그것은 도덕적인 행동이 아니다 / 전혀.
- Your sympathy is irrelevant / to the morality of your action.
  당신의 동정심은 상관이 없다 / 당신 행동의 도덕성과는
- That's part of your character, / but nothing to do with right and wrong.
  그것은 당신의 성격의 일부이다 / 하지만 옳고 그른 것과는 상관이 없다.
- Morality for Kant / wasn't just about what you do, / but about why you do it.
  칸트에게 있어 도덕성은 / 단지 당신이 무엇을 하는지에 관한 것일 뿐 아니라 / 당신이 왜 그것을 하는지에 관한 것이다
- Those who do the right thing / don't do it / simply because of how they feel: / the decision has to be based on reason, / reason that tells you / what your duty is, / regardless of how you happen to feel.
  올바른 일을 하는 사람들은 / 그것을 하는 것이 아니다 / 단지 그들이 어떻게 느끼는 지를 이유로 / 그 결정은 이성에 근거를 두어야 한다 / 당신에게 말해주는 이성 / 당신의 의무가 무엇인지를 / 당신이 우연히 어떻게 느끼는 지와는 상관없이

해석 당신의 문에 노크소리가 들린다. 당신 앞에 도움이 필요한 한 젊은이가 서 있다. 그는 다쳐서 피를 흘리고 있다. 당신은 그를 안으로 들여 도와주고, 그를 편안하고 안전하게 느끼도록 해주고, 구급차를 전화로 부른다. 이것은 분명 해야 할 올바른 일이다. 하지만 임마누엘 칸트에 따르면, 당신이 단지 그를 불쌍히 여겨서 그를 돕는다면, 그것은 도덕적인 행동이 전혀 아니다. 당신의 동정심은 당신 행동의 도덕성과는 상관이 없다. 그것은 당신의 성격의 일부이지만 옳고 그른 것과는 상관이 없다. 칸트에게 있어 도덕성은 단지 당신이 무엇을 하는 지에 관한 것일 뿐 아니라, 당신이 왜 그것을 하는지에 관한 것이다. 올바른 일을 하는 사람들은 단지 그들이 어떻게 느끼는 지를 이유로 그것을 하는 것이 아니다. 그 결정은 이성, 당신이 우연히 어떻게 느끼는 지와는 상관없이 당신에게 당신의 의무가 무엇인지를 말해주는 이성에 근거를 두어야 한다.
① 그것은 전혀 도덕적인 행동이 아니다
② 당신의 행동은 이성을 근거로 한다
③ 그러면 당신은 윤리적인 행동을 보여주고 있다.
④ 당신은 그에게 정직한 사람이 되도록 격려하고 있다

해설 이 글은 칸트의 이론에 따른 도덕성에 관한 설명이다. 빈칸 뒤에 오는 문장에서 동정은 행동의 도덕성(morality)과는 관련이 없다고 말하고 있으므로, 불쌍히 여겨 누군가를 돕는다면 도덕적인 행동이 아닐 것이므로 빈칸에는 ①번이 들어가야 자연스럽다.

정답 ①

17 ★☆☆

다음 빈칸에 들어갈 말로 가장 적절한 것은?   2016 교육행정직 9급

I once attended a seminar where the speaker's slide — a map of North America — was upside down. The speaker quickly said, "This is what North America looks like from the Southern Hemisphere," which got a good laugh. A year or so later, I was speaking and my map of Brazil was backwards, so I said, "Here's what Brazil looks like when seen from the center of the earth." It took them a minute to get it, but they laughed at this one too. Even though you're very careful to get your slides in right, sometimes you screw up, and if you're prepared with one of these stock _____, you can always get the audience on your side.

① maps
② slides
③ proverbs
④ jokes

지문 분석

- I once attended a seminar / where the speaker's slide — a map of North America — was upside down.
  나는 언젠가 한 세미나에 참석했었다 / 연사의 슬라이드인 북아메리카의 지도가 거꾸로 되어 있었던

- The speaker quickly said, / "This is what North America looks like / from the Southern Hemisphere," / which got a good laugh.
  그 연사는 재빠르게 말했다 / 이것은 북아메리카가 어떻게 보이는 지입니다 / 남반구에서 / 그리고 그것은 크게 웃겼다

- A year or so later, / I was speaking / and my map of Brazil was backwards, / so I said, / "Here's what Brazil looks like / when seen from the center of the earth."
  일 년쯤 후에 / 나는 강연을 하고 있었다 / 그리고 나의 브라질 지도가 반대방향으로 되어 있었다 / 그래서 나는 말했다 / 여기에 브라질이 어떻게 보이는 지가 있습니다 / 지구의 중심에서 보여질 때

- It took them a minute / to get it, / but they laughed at this one / too.
  그들은 일 분이 걸렸다 / 그것을 이해하는 데 / 하지만 그들은 이것에도 웃었다 / 또한

- Even though you're very careful / to get your slides in / right, / sometimes you screw up, / and if you're prepared with one of these stock jokes, / you can always get the audience / on your side.
  당신이 매우 조심하더라도 / 당신의 슬라이드를 넣으려고 / 바르게 / 때때로 당신은 실수 한다 / 그래서 당신이 이러한 흔한 농담들 중 하나가 준비되어 있다면 / 당신은 항상 청중을 가져올 수 있다 / 당신 편으로

해석 나는 한번은 연사의 슬라이드인 북아메리카의 지도가 거꾸로 되어 있었던 한 세미나에 참석했었다. 그 연사는 "이것은 남반구에서 북아메리카가 어떻게 보이는 지입니다."라고 재빠르게 말했고, 그것은 크게 웃겼다. 일 년쯤 후에, 나는 강연을 하고 있었고 나의 브라질 지도가 반대방향으로 되어 있어서, 나는 "여기에 지구의 중심에서 볼 때 브라질이 어떻게 보이는 지가 있습니다."라고 말했다. 그들은 그것을 이해하는 데 일 분이 걸렸지만 그들은 이것에도 또한 웃었다. 당신이 슬라이드를 바르게 넣으려고 매우 조심하더라도, 때때로 당신은 실수한다. 그래서 당신이 이러한 흔한 농담들 중 하나가 준비되어 있다면, 당신은 항상 청중을 당신 편으로 가져올 수 있다.

① 지도들 ② 슬라이드들 ③ 속담들 ④ 농담들

해설 이 글은 연사가 슬라이드에 지도가 잘못 들어간 실수를 했을 때, 농담을 함으로써 웃음을 이끌어 낸 일화 두 개를 설명하고 있다. 따라서 때때로 실수를 하더라도 흔한 '농담들(jokes)' 중 하나가 준비되어 있다면 청중을 항상 자기편으로 가져올 수 있다는 말이 되어야 자연스럽다.

정답 ④

어구

focused 집중한
purpose 목적
particularly 특별히
refrain from ~를 삼가다
determine 결정하다
intention 의도

18 ★★☆

다음 글의 빈칸에 들어갈 말로 가장 적절한 것은?　　2016 기상직 9급

Many people are so focused on sharing their thoughts, opinions, and ideas that they forget to think about how their message will be received, or whether it's a good idea to speak at all. Learning when you should not say anything is as important as learning how to say something. Ask yourself, "What do I want to say?" and "Why do I want to say it?" If the purpose of the communication is to make you feel better about something, and the information is not particularly helpful for the listener, perhaps _____. On the other hand, you shouldn't refrain from communicating feelings, thoughts, or reactions that influence your working relationships. Determining how much to talk is an important first step when planning your communication.

① you shouldn't hide your intention
② you had better say your personal interests
③ you should think learning is important
④ you shouldn't say anything

- **Many people are so focused / on sharing their thoughts, opinions, and ideas / that they forget to think / about how their message will be received, / or whether it's a good idea / to speak at all.**
  많은 사람들은 너무나 집중한다 / 자신의 생각, 의견 및 아이디어를 공유하는데 / 그래서 그들은 생각할 것을 잊어버린다 / 자신의 메시지가 어떻게 받아들여질 것인지에 대해 / 또는 좋은 생각인지 / 말하는 것 자체가

- **Learning / when you should not say anything / is as important / as learning / how to say something.**
  배우는 것은 / 당신이 언제 아무것도 말하지 않아야 하는지를 / 중요하다 / 배우는 것만큼 / 무언가를 어떻게 말해야 하는지를

- **Ask yourself, / "What do I want to say?" / and "Why do I want to say it?"**
  스스로에게 물어보아라 / 내가 무엇을 말하고 싶어 하는가를 / 그리고 내가 왜 그것을 말하고 싶어 하는가를

- **If the purpose of the communication / is to make you feel better / about something, / and the information is not particularly helpful / for the listener, / perhaps you shouldn't say anything.**
  만약 의사소통의 목적이 / 당신을 기분이 나아지도록 만드는 것이라면 / 무언가에 대해 / 그리고 그 정보가 특별히 도움이 되지 않는다면 / 듣는 사람에게 / 아마도 당신은 아무 것도 말하지 않아야 한다

- **On the other hand, / you shouldn't refrain / from communicating feelings, thoughts, or reactions / that influence your working relationships.**
  반면에 / 당신은 삼가서는 안 된다 / 감정, 생각 또는 반응을 전하는 것을 / 당신의 업무관계에 영향을 주는

- **Determining / how much to talk / is an important first step / when planning your communication.**
  결정하는 것은 / 얼마나 많이 말할 지 / 중요한 첫 단계이다 / 당신의 의사소통을 계획할 때

해석 많은 사람들은 자신의 생각, 의견 및 아이디어를 공유하는데 너무나 집중해서 자신의 메시지가 어떻게 받아들여질 것인지 또는 말하는 것 자체가 좋은 생각인지에 대해 생각할 것을 잊어버린다. 당신이 언제 아무것도 말하지 않아야 하는지를 배우는 것은 무언가를 어떻게 말해야 하는지를 배우는 것만큼 중요하다. 스스로에게 "내가 무엇을 말하고 싶어 하는가?" 그리고 "내가 왜 그것을 말하고 싶어 하는가?"를 물어보아라. 만약 의사소통의 목적이 무언가에 대해 당신의 기분이 나아지도록 만드는 것이라면 그리고 그 정보가 듣는 사람에게 특별히 도움이 되지 않는다면, 아마도 당신은 아무 것도 말하지 않아야 한다. 반면에 당신은 당신의 업무관계에 영향을 주는 감정, 생각 또는 반응을 전하는 것을 삼가서는 안 된다. 얼마나 많이 말할지 결정하는 것은 당신의 의사소통을 계획할 때 중요한 첫 단계이다.

① 당신은 당신의 의도를 숨기지 말아야 한다
② 당신은 당신의 개인적인 관심사를 말하는 것이 낫다
③ 당신은 배우는 것이 중요하다고 생각해야 한다
④ 당신은 아무 말도 하지 않아야 한다

해설 두 번째 문장에서 언제 아무것도 말하지 않아야 하는지를 배우는 것이 중요하다고 서술하고, 빈칸에 포함된 문장에서 '의사소통의 목적이 단지 자신의 기분을 좋게 하고 그 정보가 듣는 사람에게 특별히 도움이 되지 않는 경우라면'이라고 말하고 있으므로 빈칸에는 '당신이 아무 것도 말하지 않아야 한다.'가 들어가야 적절하다.

정답 ④

순서 배열

친절한영어 기본을 완성하는 독해

Chapter 01   독해 접근법

Chapter 02   제목, 주제, 요지

Chapter 03   연결어 넣기

Chapter 04   내용 일치와 불일치

Chapter 05   흐름상 어색한 문장

Chapter 06   빈칸 완성

Chapter 07   순서 배열

Chapter 08   문장 삽입

친절한영어 기본을 완성하는 독해

순서 배열

- UNIT 1 경쟁자보다 한발 앞서는 독해 TIP
- UNIT 2 문제 풀이

UNIT 1 | 경쟁자보다 한발 앞서는 독해 TIP

❶ 접근 방법

글의 순서 배열 문제는 글 속에 있는 여러 문장들을 논리적 흐름에 맞게 자연스럽게 배열할 수 있는 지를 판단하는 문제입니다. 글쓴이는 일정한 사실 또는 주장에 대해 글의 구조 및 흐름을 결정해서 문장을 전개해 나갑니다. 따라서 순서 배열 문제에서는 먼저 글의 소재를 확인하고 그리고 부연, 유추 및 대조, 인과, 나열 등 글의 구조를 고려하면서 문장 배열의 단서가 되는 어구 등을 정확하고 빠르게 찾는 것이 중요합니다.

❷ 독해 해법

(1) **주어진 문장 분석**

글의 순서 배열 문제에서는 주어진 문장에 글의 소재가 있습니다. 이를 먼저 파악하는 것이 필요합니다. 주어진 문장의 정확한 분석을 통해 이 글이 무엇에 관한 글인지 파악하고 나면 다음에 글이 어떻게 전개될 것인지 이해하기가 보다 쉬워집니다. 주어진 문장이 없는 경우는 두 가지 유형으로 나눌 수 있습니다. 시간적 순서에 따라 일어난 사건을 전개하는 유형과 그렇지 않은 유형입니다. 전자의 경우 지문에 있는 시간적 순서를 알려주는 단서를 미리 표시하고 문제를 풀면 도움이 됩니다. 그리고 후자의 경우에는 각 문장의 주어부분을 찾아 종합하면 글의 소재를 파악할 수 있게 됩니다.

(2) 지문 훑어보기

지문을 본격적으로 읽기 전에 현저하게 눈에 띄는 연결어, 지시어, 시간 표현 등을 미리 표시하고, 지문의 전개 방식을 예측하면 좋습니다. 난이도가 낮은 순서 배열 문제의 경우에는 이 단계에서 정답이 나오기도 하므로 시간을 절약할 수 있게 됩니다.

· 주어진 문장의 선후관계를 확인해 보시오.

(A) **This balancing act is difficult, / but it is a part of life.**
이러한 균형을 잡는 일은 어렵다 / 하지만 그것은 삶의 일부분이다.

(B) **We need to find a balance / between our own opposing forces.**
우리는 균형을 찾을 필요가 있다 / 우리 자신의 반대되는 힘들 사이에서

a balance와 this balancing act를 통해 (B) 다음에 (A)가 와야 함을 알 수 있다.

(3) 지문 읽기

이제 (A), (B), (C)의 순서를 정할 차례입니다. 글의 소재 또는 주제를 염두에 두고 글의 논리적 흐름에 맞게 문장들의 순서를 자연스럽게 연결해야 합니다. 순서 배열 문제에는 앞 뒤 문장의 내용을 연결시키는 고리 역할을 하는 단서가 반드시 있습니다. 이를 찾으면서 글을 읽을 필요가 있습니다. 물론 연결어, 지시어, 시간 표현도 연결 고리의 역할을 합니다. 그리고 순서 배열 문제에서 선택지의 소거법을 통해 정답을 찾는 것은 좋은 방법 중 하나입니다. 난이도가 있는 순서 배열 문제의 경우 다음 문장으로 오는 것을 찾는 것은 어렵지만 올 수 없는 문장을 소거하는 것은 보다 쉬울 수 있습니다.

(4) 정답 결정

배열한 순서에 따라 글을 읽으면서 논리적으로 자연스러운지 확인하고 정답을 결정하면 됩니다.

어구

stand out 두드러지다
decidedly 분명하게
restricted 제한된
vocalization 발성
ape 유인원
exhibit 보여주다
sophistication 정교함
exceed 넘어서다, 능가하다
that said 그렇긴 하지만
fall short of ~에 미치지 못하다
impressively 인상 깊게
artificial 인위적인
alongside ~와 함께
primate 영장류
incapable of ~할 수 없는
rudimentary 기초적인
intensive 집중적인
species-specific 한 종에만 국한된
trait 특성

UNIT 2 | 문제 풀이

01 ★★☆

주어진 글 다음에 이어질 글의 순서로 가장 적절한 것은? 2021 국가직 9급

To be sure, human language stands out from the decidedly restricted vocalizations of monkeys and apes. Moreover, it exhibits a degree of sophistication that far exceeds any other form of animal communication.

(A) That said, many species, while falling far short of human language, do nevertheless exhibit impressively complex communication systems in natural settings.

(B) And they can be taught far more complex systems in artificial contexts, as when raised alongside humans.

(C) Even our closest primate cousins seem incapable of acquiring anything more than a rudimentary communicative system, even after intensive training over several years. The complexity that is language is surely a species-specific trait.

① (A) – (B) – (C)
② (B) – (C) – (A)
③ (C) – (A) – (B)
④ (C) – (B) – (A)

- To be sure, / human language stands out / from the decidedly restricted vocalizations / of monkeys and apes.
  확실히 / 인간의 언어는 두드러진다 / 분명하게 제한된 발성 중에서 / 원숭이와 유인원의

- Moreover, / it exhibits a degree of sophistication / that far exceeds / any other form of animal communication.
  게다가 / 그것은 정교함의 정도를 보여준다 / 훨씬 넘어서는 / 다른 어떤 형태의 동물의 의사소통이든

- (A) That said, / many species, / while falling far short of human language, / do nevertheless exhibit / impressively complex communication systems / in natural settings.
  그렇긴 하지만 / 많은 종들은 / 인간의 언어에 훨씬 미치지 못하지만 / 그럼에도 불구하고 정말로 보여준다 / 인상 깊게 복잡한 의사소통 체계를 / 자연환경에서

- (B) And / they can be taught / far more complex systems / in artificial contexts, / as when raised alongside humans.
  그리고 / 그들은 배울 수 있다 / 훨씬 더 복잡한 체계들을 / 인위적인 상황에서 / 인간과 함께 길러지는 때와 같은

- (C) Even our closest primate cousins / seem incapable of acquiring anything / more than a rudimentary communicative system, / even after intensive training / over several years.
  심지어 우리의 가장 가까운 영장류 사촌조차 / 어떠한 것도 습득할 수 없는 것처럼 보인다 / 기초 의사소통 체계 이상의 / 집중적인 훈련 후에도 / 수년 동안

- The complexity / that is language / is surely a species-specific trait.
  복잡성은 / 언어라는 / 확실히 한 종에만 국한된 특성이다

해석 확실히, 인간의 언어는 원숭이와 유인원의 분명하게 제한된 발성 중에서 두드러진다. 게다가, 그것은 다른 어떤 형태의 동물의 의사소통이든 훨씬 넘어서는 정교함의 정도를 보여준다.
(C) 심지어 우리의 가장 가까운 영장류 사촌들조차 수년 동안 집중적인 훈련 후에도 기초 의사소통 체계 이상의 어떠한 것도 습득할 수 없는 것처럼 보인다. 언어라는 복잡성은 확실히 한 종에만 국한된 특성이다.
(A) 그렇긴 하지만, 많은 종들은 자연환경에서 인간의 언어에 훨씬 미치지 못하지만 그럼에도 불구하고 인상 깊게 복잡한 의사소통 체계를 정말로 보여준다.
(B) 그리고 그들은 인간과 함께 길러지는 때와 같은 인위적인 상황에서 훨씬 더 복잡한 체계들을 배울 수 있다.

해설 주어진 글에서 인간의 언어는 다른 어떤 형태의 동물의 의사소통이든 훨씬 능가하는 정교함을 보여주고 있다고 말한다. 다음으로 인간과 가장 가까운 영장류조차 기초적인 의사소통 체계 이상의 어떤 것도 습득할 없다는 (C)가 오는 것이 자연스럽다. 그리고 (A)에서 글의 흐름을 전환하는 That said(그렇긴 하지만)로 시작하여 많은 종들이 자연환경에서 인상 깊게 복잡한 의사소통 체계를 가지고 있다는 내용으로 이어지고, 마지막으로 And(그리고)로 연결되어 인위적인 상황에서는 훨씬 더 복잡한 체계를 배울 수 있다는 내용의 (B)로 마무리 짓는 것이 자연스럽다. 따라서 글의 순서로 가장 적절한 것은 ③이다.

정답 ③

02

주어진 글 다음에 이어질 글의 순서로 가장 적절한 것은? 2021 소방 공채 9급

There are hundreds of gas stations around San Francisco in the California Bay Area. One might think that gas stations would spread out to serve local neighborhoods.

(A) The phenomenon is partly due to population clustering. Gas stations will be more common where demand is high, like in a city, rather than in sparsely populated areas like cornfields.

(B) But this idea is contradicted by a common observation. Whenever you visit a gas station, there is almost always another in the vicinity, often just across the street. In general, gas stations are highly clustered.

(C) Moreover, there are many factors at play. Locating a gas station is an optimization problem involving demand, real estate prices, estimates of population growth, and supply considerations such as the ease of refueling.

① (A)-(C)-(B)
② (B)-(A)-(C)
③ (C)-(A)-(B)
④ (C)-(B)-(A)

- There are hundreds of gas stations / around San Francisco / in the California Bay Area.
  수백 개의 주유소가 있다 / 샌프란시스코 주변에는 / California Bay Area의
- One might think / that gas stations would spread out / to serve local neighborhoods.
  누구나 생각할 수 있다 / 주유소들이 널리 퍼질 것이라고 / 지역 이웃 사람들에게 서비스를 제공하기 위해
- (A) The phenomenon / is partly due to population clustering.
  그 현상은 / 부분적으로 인구 군집화 때문이다
- Gas stations will be more common / where demand is high, / like in a city, / rather than in sparsely populated areas / like cornfields.
  주유소는 더 흔할 것이다 / 수요가 높은 곳에 / 도시에서처럼 / 인구밀도가 희박한 지역에서보다는 / 옥수수 밭처럼
- (B) But / this idea is contradicted / by a common observation.
  하지만 / 이러한 생각은 부정된다 / 흔한 관찰에 의해
- Whenever you visit a gas station, / there is almost always another / in the vicinity, / often just across the street.
  당신이 주유소를 방문할 때마다 / 거의 항상 또 다른 주유소가 있다 / 그 부근에 / 종종 바로 길 건너편에
- In general, / gas stations are highly clustered.
  일반적으로 / 주유소는 매우 밀집되어 있다
- (C) Moreover, / there are many factors / at play.
  게다가 / 많은 요소들이 있다 / 작용하는
- Locating a gas station / is an optimization problem / involving demand, real estate prices, estimates of population growth, and supply considerations / such as the ease of refueling.
  주유소의 위치를 정하는 것은 / 최적화 문제이다 / 수요, 부동산가격, 인구증가에 대한 추정 및 공급 고려 사항들을 포함하는 / 급유의 용이성과 같은

해석 California Bay Area의 샌프란시스코 주변에는 수백 개의 주유소가 있다. 누구나 주유소들이 지역 이웃 사람들에게 서비스를 제공하기 위해 널리 퍼질 것이라고 생각할 수 있다. (B) 하지만 이러한 생각은 흔한 관찰에 의해 부정된다. 당신이 주유소를 방문할 때마다, 그 부근에 종종 바로 길 건너편에 거의 항상 또 다른 주유소가 있다. 일반적으로 주유소는 매우 밀집되어 있다.
(A) 그 현상은 부분적으로 인구 군집화 때문이다. 주유소는 옥수수 밭처럼 인구밀도가 희박한 지역에서보다는 도시에서처럼 수요가 높은 곳에 더 흔할 것이다.
(C) 게다가, 작용하는 많은 요소들이 있다. 주유소의 위치를 정하는 것은 수요, 부동산가격, 인구증가에 대한 추정, 급유의 용이성과 같은 공급 고려사항들을 포함하는 최적화 문제이다.

해설 이 글은 주유소의 분포에 대해 설명하는 글이다. 주어진 글에서 누구나 주유소가 펼쳐져 있을 것이라고 생각할 수 있다는 일반적 통념을 언급하고 있다. 하지만(But) 이러한 생각(this idea)이 일반적인 관찰과는 다르다는 내용인 (B)로 이어지고, 이 현상(The phenomenon)의 원인이 되는 한 요인인 인구밀집에 대해 말하는 (A)로 연결된 후, 이에 더하여(Moreover) 여러 요소가 작용한다는 내용인 (C)로 이어지는 것이 가장 자연스럽다. 따라서 글의 순서로 (B)-(A)-(C)가 적절하다.

정답 ②

03 ★☆☆

주어진 글 다음에 이어질 글의 순서로 가장 적절한 것은?   2020 국가직 9급

Past research has shown that experiencing frequent psychological stress can be a significant risk factor for cardiovascular disease, a condition that affects almost half of those aged 20 years and older in the United States.

(A) Does this mean, though, that people who drive on a daily basis are set to develop heart problems, or is there a simple way of easing the stress of driving?

(B) According to a new study, there is. The researchers noted that listening to music while driving helps relieve the stress that affects heart health.

(C) One source of frequent stress is driving, either due to the stressors associated with heavy traffic or the anxiety that often accompanies inexperienced drivers.

① (A) – (C) – (B)
② (B) – (A) – (C)
③ (C) – (A) – (B)
④ (C) – (B) – (A)

어구
frequent 빈번한
psychological 심리적인
significant 중요한
cardiovascular 심혈관의
condition 질환
affect (질병이) 발생하다, 영향을 주다
aged ~세(살)의
on a daily basis 매일
be set to do ~하도록 되어 있다
develop (병에) 걸리다
heart problem 심장 질환
ease 완화하다
note 언급하다, 주목하다
relieve 덜어주다
stressor 스트레스요인
associated with ~와 관련된
heavy traffic 교통정체
anxiety 불안
accompany 동반하다
inexperienced 미숙한

지문 분석

· Past research has shown / that experiencing frequent psychological stress / can be a significant risk factor / for cardiovascular disease, / a condition / that affects almost half of those aged 20 years and older / in the United States.
이전의 연구는 보여주었다 / 빈번한 심리적인 스트레스를 경험하는 것이 / 중요한 위험 요소가 될 수 있다는 것을 / 심혈관 질병의 / 이는 질환이다 / 20세 이상의 사람들의 거의 절반에게 발생하는 / 미국에서

· (A) Does this mean, / though, / that people who drive on a daily basis / are set to develop heart problems, / or is there a simple way / of easing the stress of driving?
이것은 의미하는가 / 하지만 / 매일 운전하는 사람들이 / 심장 질환에 걸리도록 되어있다는 것을 / 아니면 간단한 방법이 있는가 / 운전의 스트레스를 완화하는

· (B) According to a new study, / there is.
새로운 연구에 따르면 / 있다.

· The researchers noted / that listening to music / while driving / helps / relieve the stress / that affects heart health.
연구자들은 언급했다 / 음악을 듣는 것이 / 운전하면서 / 도움이 된다고 / 스트레스를 덜어주는 것에 / 심장 건강에 영향을 미치는

· (C) One source of frequent stress / is driving, / either due to the stressors / associated with heavy traffic / or the anxiety / that often accompanies inexperienced drivers).
빈번한 스트레스의 하나의 원인은 / 운전이다 / 스트레스 요인 때문이든 / 교통체증과 관련된 / 또는 불안으로 인한 것이든 / 미숙한 운전자들에게 종종 동반되는

해석 이전의 연구는 빈번한 심리적인 스트레스를 경험하는 것이 심혈관 질병의 중요한 위험 요소가 될 수 있다는 것을 보여주었는데, 이는 미국에서 20세 이상의 사람들의 거의 절반에 발생하는 질환이다.
(C) 빈번한 스트레스의 하나의 원인은 교통체증과 관련된 스트레스 요인 때문이든 또는 미숙한 운전자들에게 종종 동반되는 불안으로 인한 것이든 운전이다.
(A) 하지만, 이것은 매일 운전하는 사람들이 심장 질환에 걸리도록 되어 있다는 것을 의미하는가, 아니면 운전의 스트레스를 완화하는 간단한 방법이 있는가?
(B) 새로운 연구에 따르면, 있다. 연구자들은 운전하면서 음악을 듣는 것이 심장 건강에 영향을 미치는 스트레스를 덜어주는 것에 도움이 된다고 언급했다.

해설 주어진 글에서 '심리적인 스트레스와 심혈관 질환의 관계'에 대해 언급하고 있다. 다음으로 '스트레스의 빈번한 요인 중 하나'인 '운전(driving)'을 언급하는 (C)가 주어진 글에 이어지는 것이 적절하다. 그리고 이것에 대해 '운전과 심혈관 질환의 필연적인 관계 여부 또는 운전의 스트레스를 완화 방법 존재 유무'를 묻는 질문이 이어지는 (A)가 오는 것이 자연스럽다. 마지막으로 (A)의 질문에 대한 대답을 제시하는 (B)가 오는 것이 적절하다.

정답 ③

04 ★★★

주어진 글 다음에 이어질 글의 순서로 가장 적절한 것은?

2020 법원 9급

There is a wonderful story of a group of American car executives who went to Japan to see a Japanese assembly line. At the end of the line, the doors were put on the hinges, the same as in America.

(A) But something was missing. In the United States, a line worker would take a rubber mallet and tap the edges of the door to ensure that it fit perfectly. In Japan, that job didn't seem to exist.

(B) Confused, the American auto executives asked at what point they made sure the door fit perfectly. Their Japanese guide looked at them and smiled sheepishly. "We make sure it fits when we design it."

(C) In the Japanese auto plant, they didn't examine the problem and accumulate data to figure out the best solution — they engineered the outcome they wanted from the beginning. If they didn't achieve their desired outcome, they understood it was because of a decision they made at the start of the process.

① (A)-(B)-(C)   ② (A)-(C)-(B)
③ (B)-(A)-(C)   ④ (B)-(C)-(A)

어구

executive 임원, 간부
assembly line 조립라인
hinge 경첩
missing 빠져있는
rubber mallet 고무망치
tap 가볍게 치다
ensure 확실하게 하다
confused 당황한
make sure 확인하다
sheepishly 겸연쩍게
accumulate 축적하다
figure out 알아내다
engineer 설계하다
desired 바라는
process 과정, 공정

- There is a wonderful story / of a group of American car executives / who went to Japan / to see a Japanese assembly line.
  놀라운 이야기가 있다 / 일단의 미국자동차임원들의 / 일본에 간 / 일본의 한 조립라인을 보기 위해

- At the end of the line, / the doors were put / on the hinges, / the same as in America.
  라인 끝에서 / 문들이 부착되었다 / 경첩에 / 미국에서와 똑같이

- (A) But / something was missing.
  하지만 / 무언가가 빠져 있었다.

- In the United States, / a line worker would take a rubber mallet / and tap the edges of the door / to ensure / that it fit perfectly.
  미국에서는 / 조립라인 노동자가 고무망치를 잡곤 했다 / 그리고 문의 가장자리를 가볍게 치곤했다 / 확실하게 하기 위해 / 그것이 완벽하게 맞는지

- In Japan, / that job didn't seem to exist.
  일본에서는 / 그 일이 존재하지 않는 것 같았다.

- (B) Confused, / the American auto executives asked / at what point they made sure / the door fit perfectly.
  당황한 / 미국자동차임원들은 물었다 / 그들이 어느 시점에 확인하는지 / 문이 완벽하게 맞는지

- Their Japanese guide looked at them / and smiled sheepishly.
  그들의 일본인 가이드는 그들을 바라보았다 / 그리고 겸연쩍게 웃었다

- "We make sure / it fits / when we design it."
  우리는 확인합니다 / 그것이 맞는지 / 우리가 그것을 디자인할 때

- (C) In the Japanese auto plant, / they didn't examine the problem and accumulate data / to figure out the best solution / — they engineered the outcome / they wanted / from the beginning.
  일본 자동차 공장에서는 / 그들은 문제를 조사하고 데이터를 축적하지 않았다 / 최선의 해결책을 알아내기 위해 / 그들은 결과를 설계했다 / 그들이 원하는 / 처음부터

- If they didn't achieve their desired outcome, / they understood / it was because of a decision / they made / at the start of the process.
  만약 그들이 바라는 결과를 이루지 못했다면 / 그들은 이해했다 / 그것이 결정 때문이라고 / 그들이 내린 / 그 과정을 시작할 때

해석 일본의 한 조립라인을 보기 위해, 일본에 간, 일단의 미국 자동차 임원들의 놀라운 이야기가 있다. 라인 끝에서, 문들이 미국에서와 똑같이 경첩에 부착되었다.

(A) 하지만 무언가가 빠져 있었다. 미국에서는, 조립라인 노동자가 그것이 완벽하게 맞는지 확실하게 하기 위해, 고무망치를 잡고 문의 가장자리를 가볍게 치곤했다. 일본에서는, 그 일이 존재하지 않는 것 같았다.

(B) 당황한, 미국 자동차 임원들은 그들이 어느 시점에 문이 완벽하게 맞는지 확인하는지를 물었다. 그들의 일본인 가이드는 그들을 바라보고 겸연쩍게 웃었다. "우리는 그것을 디자인할 때 그것이 맞는지 확인합니다."

(C) 일본 자동차 공장에서는, 그들은 최선의 해결책을 알아내기 위해, 문제를 조사하고 데이터를 축적하지 않았다 — 그들은 처음부터 그들이 원하는 결과를 설계했다. 그들이 바라는 결과를 이루지 못했다면, 그것은 그 과정을 시작할 때 그들이 내린 결정 때문이라고 그들은 이해했다.

해설 주어진 문장에서 미국 자동차 임원들이 일본의 한 조립라인을 방문했는데, 조립라인의 끝에서 문을 경첩에 놓는 과정은 미국과 똑같다는 말을 하고 있다. (A)에서 하지만(But) 미국과 달리 한 과정이 존재하지 않았다는 내용이 이어지고, (B)에서 이에 당황한(Confused), 미국 자동차 임원들이 이유를 묻고 이를 설명하는 내용이 나오고, (C)에서는 (B)의 내용을 구체적으로 설명하는 내용이 이어지고 있으므로, 글의 순서는 (A)-(B)-(C)가 되어야 한다.

정답 ①

/ MEMO /

05 ★★☆

주어진 문장 다음에 이어질 글의 순서로 가장 적절한 것은?   2019 국가직 9급

South Korea boasts of being the most wired nation on earth.

(A) This addiction has become a national issue in Korea in recent years, as users started dropping dead from exhaustion after playing online games for days on end. A growing number of students have skipped school to stay online, shockingly self-destructive behavior in this intensely competitive society.

(B) In fact, perhaps no other country has so fully embraced the Internet.

(C) But such ready access to the Web has come at a price as legions of obsessed users find that they cannot tear themselves away from their computer screens.

① (A)–(B)–(C)
② (A)–(C)–(B)
③ (B)–(A)–(C)
④ (B)–(C)–(A)

어구

boast of ~을 자랑하다
wired 인터넷이 연결된
addiction 중독
drop dead 급사하다
exhaustion 피로
on end 계속
skip 빼먹다, 거르다
stay online 온라인에 접속해 있다
shockingly 지독하게, 엄청나게
self-destructive 자멸적인
intensely 치열하게, 격렬하게
embrace 수용하다
ready 손쉬운
come at a price 대가가 따르다
legions of 수많은
obsessed 중독된
tear oneself away from ~에서 뿌리치고 나오다

- South Korea boasts of / being the most wired nation / on earth.
  남한은 자랑한다 / 인터넷이 가장 잘 연결된 나라임을 / 지구상에서

- (A) This addiction has become a national issue / in Korea / in recent years, / as users started dropping dead / from exhaustion / after playing online games / for days on end.
  이러한 중독은 국가적인 이슈가 되었다 / 한국에서 / 최근 몇 년 동안에 / 사용자들이 급사하기 시작하면서 / 피로로 / 온라인 게임을 한 후에 / 며칠 동안 계속

- A growing number of students have skipped school / to stay online, / shockingly self-destructive behavior / in this intensely competitive society.
  점점 더 많은 수의 학생들이 학교를 빼먹었는데 / 온라인에 접속해 있기 위해 / 이는 지독하게 자멸적인 행동이다 / 이런 경쟁이 치열한 사회에서

- (B) In fact, / perhaps / no other country has so fully embraced the Internet.
  사실 / 아마 / 다른 어떤 나라도 인터넷을 그렇게 전적으로 수용하지는 않았다.

- (C) But / such ready access / to the Web / has come at a price / as legions of obsessed users find / that they cannot tear themselves away / from their computer screens.
  하지만 / 그러한 손쉬운 접근은 / 웹에 대한 / 대가가 따랐다 / 많은 중독된 사용자들이 알게 되면서 / 그들이 뿌리치고 나올 수 없다는 것을 / 자신의 컴퓨터 화면으로부터

해석 남한은 지구상에서 인터넷이 가장 잘 연결된 나라임을 자랑한다.
(B) 사실, 아마 다른 어떤 나라도 인터넷을 그렇게 전적으로 수용하지는 않았다.
(C) 하지만 웹에 대한 그러한 손쉬운 접근은 많은 중독된 사용자들이 자신의 컴퓨터 화면으로부터 뿌리치고 나올 수 없다는 것을 알게 되면서 대가가 따랐다.
(A) 이러한 중독은 사용자들이 며칠 동안 계속 온라인 게임을 한 후에 피로로 급사하기 시작하면서 최근 몇 년 동안에 한국에서 국가적인 이슈가 되었다. 점점 더 많은 수의 학생들이 온라인에 접속해 있기 위해 학교를 빼먹었는데, 이는 이런 경쟁이 치열한 사회에서 지독하게 자멸적인 행동이다.

해설 주어진 문장에서 남한이 지구상에서 인터넷이 가장 잘 연결된 나라임을 자랑한다는 내용 다음에 (B)에서 이를 강조하는 연결어 In fact(사실)로 시작하면서 다른 어떤 나라도 인터넷을 그렇게 전적으로 수용하지 않았다는 내용이 이어지고, (C)에서 대조의 연결어 But(하지만) 다음에 웹에 대한 그러한 손쉬운 접근으로 인해 생긴 대가인 중독된 사용자들을 언급하고, 마지막으로 (A)에서 이러한 중독(This addiction)이 국가적인 이슈가 되었다는 내용으로 연결되는 것이 자연스럽다. 따라서 주어진 글 다음에 이어질 글의 적절한 순서는 (B)-(C)-(A)이다.

정답 ④

06 ★★☆

주어진 글 다음에 이어질 글의 순서로 가장 적절한 것은?   2019 소방공채 9급

When people eat, they tend to confuse or combine information from the tongue and mouth (the sense of taste, which uses three nerves to send information to the brain) with what is happening in the nose (the sense of smell, which utilizes a different nerve input).

(A) With your other hand, pinch your nose closed. Now pop one of the jellybeans into your mouth and chew, without letting go of your nose. Can you tell what flavor went into your mouth?

(B) It's easy to demonstrate this confusion. Grab a handful of jellybeans of different flavors with one hand and close your eyes.

(C) Probably not, but you most likely experienced the sweetness of the jellybean. Now let go of your nose. Voilà — the flavor makes its appearance.

① (B) – (A) – (C) ② (B) – (C) – (A)
③ (C) – (A) – (B) ④ (C) – (B) – (A)

어구

tend to do ~하는 경향이 있다
confuse 혼동하다
tongue 혀
nerve 신경
utilize 이용하다
input 입력
pinch 꼭 집다
pop 쏙 넣다
chew 씹다
let go of ~을 놓다
flavor 맛
demonstrate 설명하다, 보여주다
grab 움켜쥐다
handful 움큼
most likely 아마, 필시
voilà 자 봐
make one's appearance 나타나다

· When people eat, / they tend to confuse or combine / information from the tongue and mouth / (the sense of taste, / which uses three nerves / to send information to the brain) / with what is happening in the nose / (the sense of smell, / which utilizes a different nerve input).
사람들이 음식을 먹을 때 / 그들은 혼동하거나 결합하는 경향이 있다 / 혀와 입에서 나오는 정보와 / (미각인데 / 이것은 세 개의 신경을 사용해서 / 정보를 뇌로 보낸다) / 코에서 일어나는 일을 / (후각인데 / 이것은 다른 신경 입력을 이용한다)

· (A) With your other hand, / pinch your nose closed.
너의 다른 손으로 / 너의 코를 꼭 집어서 막아라

· Now / pop one of the jellybeans / into your mouth / and chew, / without letting go of your nose.
이제 / 젤리빈 중 하나를 쏙 넣어라 / 너의 입에 / 그리고 씹어라 / 너의 코를 놓지 않은 채

· Can you tell / what flavor went into your mouth?
너는 알 수 있니 / 어떤 맛이 너의 입으로 들어갔는지

· (B) It's easy / to demonstrate this confusion.
쉽다 / 이러한 혼동을 설명하는 것은

· Grab a handful of jellybeans / of different flavors / with one hand / and close your eyes.
젤리빈을 한 움큼 쥐어라 / 각각 다른 맛의 / 한손으로 / 그리고 너의 눈을 감아라

· (C) Probably not, / but you most likely experienced the sweetness / of the jellybean.
아마도 아닐 것이다 / 하지만 너는 아마 단맛을 경험한 적이 있을 것이다 / 젤리빈의

· Now let go of your nose.
이제 너의 코를 놓아라.

· Voilà / — the flavor makes its appearance.
자 봐 / 그 맛이 나타난다.

해석 사람들이 음식을 먹을 때, 혀와 입에서 나오는 정보(미각인데, 이것은 세 개의 신경을 사용해서 정보를 두뇌로 보낸다)와 코에서 일어나는 일(후각인데, 이것은 다른 신경 입력을 이용한다)을 혼동하거나 결합하는 경향이 있다.
(B) 이러한 혼동을 설명하는 것은 쉽다. 한손으로 각각 다른 맛의 젤리빈을 한 움큼 쥐고 눈을 감아라.
(A) 다른 손으로 코를 꼭 집어서 막아라. 이제 코를 놓지 않은 채, 젤리빈 중 하나를 입에 쏙 넣고 씹어라. 어떤 맛이 입으로 들어갔는지 알 수 있니?
(C) 아마도 아닐 것이다. 하지만 아마 젤리빈의 단맛을 경험한 적이 있을 것이다. 이제 코를 놓아라. 자 봐 — 그 맛이 나타난다.

해설 사람들이 음식을 먹을 때, 입에서 오는 정보와 코에서 오는 정보를 혼동하는 경향이 있다는 주어진 글 다음에 이러한 혼동(this confusion)을 설명하는 것은 쉽다고 말하는 (B)로 이어지는 것이 자연스럽다. 그리고 이를 증명하는 실험을 서술하는데, (B)의 말미에 한손(with one hand)으로 젤리빈을 움켜쥐고, (A)의 다른 한손(With your other hand)으로 코를 막는 지시로 이어지는 것이 적절하다. 다음으로 (A)의 말미에 나온 질문에 대해 (C)의 대답으로 연결되는 것이 자연스럽다.

정답 ①

07 ★★☆

주어진 문장 다음에 이어질 글의 순서로 가장 적절한 것은? 2018 지방직 9급

> Devices that monitor and track your health are becoming more popular among all age populations.

(A) For example, falls are a leading cause of death for adults 65 and older. Fall alerts are a popular gerotechnology that has been around for many years but have now improved.

(B) However, for seniors aging in place, especially those without a caretaker in the home, these technologies can be lifesaving.

(C) This simple technology can automatically alert 911 or a close family member the moment a senior has fallen.

*gerotechnology 노인을 위한 양로 기술

① (B) – (C) – (A)   ② (B) – (A) – (C)
③ (C) – (A) – (B)   ④ (C) – (B) – (A)

어구
- monitor 감시하다
- track 추적하다
- fall 낙상, 넘어짐
- leading 주된
- alert 경보, 알리다
- senior 노인
- age in place 살아온 집에서 늙다
- caretaker 돌보는 사람
- lifesaving 구명의, 생명을 구하는
- automatically 자동으로

- Devices / that monitor and track your health / are becoming more popular / among all age populations.
  장치들이 / 당신의 건강을 감시하고 추적하는 / 더 인기를 얻고 있다 / 모든 연령대의 사람들 사이에서

- (A) For example, / falls are a leading cause of death / for adults 65 and older.
  예컨대 / 낙상은 사망의 주된 원인이다 / 65세 이상 성인들에게

- Fall alerts are a popular gerotechnology / that has been around / for many years / but have now improved.
  낙상 경보는 대중적인 양로기술이다 / 주변에 있어 왔던 / 수년 동안 / 하지만 이제 개선되었다

- (B) However, / for seniors / aging in place, / especially those without a caretaker / in the home, / these technologies can be lifesaving.
  하지만 / 노인들에게 / 살아온 집에서 늙어가는 / 특히 돌보는 사람이 없는 사람들에게 / 가정 내 / 이러한 기술들은 생명을 구할 수도 있다.

- (C) This simple technology / can automatically alert 911 or a close family member / the moment a senior has fallen.
  이 간단한 기술은 / 자동으로 911 또는 가까운 가족 구성원에 알릴 수 있다 / 노인이 넘어지자마자

해석 당신의 건강을 감시하고 추적하는 장치들이 모든 연령대의 사람들 사이에서 더 인기를 얻고 있다.
(B) 하지만, 살아온 집에서 늙어가는 노인들, 특히 가정 내 돌보는 사람이 없는 사람들에게, 이러한 기술들은 생명을 구할 수도 있다.
(A) 예컨대. 낙상은 65세 이상 성인들에게 사망의 주된 원인이다. 낙상 경보는 수년 동안 주변에 있어 왔던 노인을 위한 대중적인 양로 기술이지만 이제 개선되었다.
(C) 이 간단한 기술은 노인이 넘어지자마자 자동으로 911 또는 가까운 가족 구성원에 알릴 수 있다.

해설 주어진 문장은 건강을 감시하고 추적하는 장치들(Devices)이 모든 연령대의 사람들(among all age populations) 사이에서 인기를 얻고 있다는 말하고 있다. 다음으로 (B)에서 하지만(However) 특히 가정 내 돌보는 사람이 없는 노인들(seniors)에게 이러한 기술들(these technologies)이 생명을 구할 수 있다고 언급하고, 이어서 (A)에서 예시(For example)로 낙상 경보 기술에 대해 말하고, 마지막으로 (C)에서 낙상 경보 기술을 가리키는 이 단순한 기술(This simple technology)이 가족이나 응급 구조대원에게 경보를 보내는 특징을 설명하는 순서로 연결되는 것이 글의 순서로 가장 자연스럽다.

정답 ②

08 ★★☆

〈보기〉 글을 문맥에 가장 어울리게 순서대로 배열한 것은?　　2018 서울시 9급

〈보기〉

㉠ The trigger for the aggressive driver is usually traffic congestion coupled with a schedule that is almost impossible to meet.

㉡ Unfortunately, these actions put the rest of us at risk. For example, an aggressive driver who resorts to using a roadway shoulder to pass may startle other drivers and cause them to take an evasive action that results in more risk or even a crash.

㉢ As a result, the aggressive driver generally commits multiple violations in an attempt to make up time.

㉣ Aggressive driving is a traffic offense or combination of offenses such as following too closely, speeding, unsafe lane changes, failing to signal intent to change lanes, and other forms of negligent or inconsiderate driving.

① ㉠ - ㉢ - ㉡ - ㉣
② ㉠ - ㉣ - ㉢ - ㉡
③ ㉣ - ㉠ - ㉢ - ㉡
④ ㉣ - ㉡ - ㉢ - ㉠

- ㉠ **The trigger for the aggressive driver / is usually traffic congestion / coupled with a schedule / that is almost impossible / to meet.**
  난폭 운전자가 되는 계기는 / 대개 교통 혼잡 때문이다 / 스케줄과 결부된 / 거의 불가능한 / 맞추기가
- ㉡ **Unfortunately, / these actions / put the rest of us at risk.**
  유감스럽게도 / 이러한 행동들이 / 나머지 우리들을 위험에 처하게 한다.
- **For example, / an aggressive driver / who resorts to using a roadway shoulder / to pass / may startle other drivers / and cause them to take an evasive action / that results in more risk or even a crash.**
  예컨대 / 난폭 운전자는 / 도로 갓길 사용을 하는 / 추월하기 위해 / 다른 운전자들을 깜짝 놀라게 할 수 있고 / 그리고 그들이 회피 행동을 취하게 할 수 있다 / 더 큰 위험이나 심지어 충돌사고를 초래하는
- ㉢ **As a result, / the aggressive driver generally commits multiple violations / in an attempt to make up time.**
  그 결과 / 난폭 운전자는 일반적으로 다수의 위반을 저지른다 / 시간을 만회하기 위한 시도로
- ㉣ **Aggressive driving is a traffic offense or combination of offenses / such as following too closely, speeding, unsafe lane changes, failing to signal intent to change lanes, and other forms of negligent or inconsiderate driving.**
  난폭 운전이란 교통위반 또는 위반들의 결합이다 / 너무 가깝게 따라가는 것, 과속, 위험한 차선변경, 차선변경 의도를 신호로 보내지 않는 것, 여타 형태의 부주의하거나 배려 없는 운전과 같은

해석 ㉣ 난폭 운전이란 교통위반 또는 너무 가깝게 따라가는 것, 과속, 위험한 차선변경, 차선변경 의도를 신호로 보내지 않는 것, 여타 형태의 부주의하거나 배려 없는 운전과 같은 위반들의 결합이다.
㉠ 난폭 운전자가 되는 계기는 대개 맞추기가 거의 불가능한 스케줄과 결부된 교통 혼잡 때문이다.
㉢ 그 결과, 난폭 운전자는 일반적으로 시간을 만회하기 위한 시도로 다수의 위반을 저지른다.
㉡ 이러한 행동들이 나머지 우리들을 위험에 처하게 한다. 예컨대, 추월하기 위해 도로 갓길 사용을 하는 난폭 운전자는 다른 운전자들을 깜짝 놀라게 하고, 더 큰 위험이나 심지어 충돌사고를 초래하는 회피행동을 취하게 할 수 있다.

해설 이 글은 난폭 운전에 대한 글로, ㉣에서 난폭 운전의 정의를 내리고, ㉠에서 난폭 운전의 유발원인(The trigger)에 대해 맞추기가 불가능한 스케줄과 결부된 교통 혼잡이라고 설명하고, ㉢에서 그 결과(As a result), 난폭 운전자가 시간을 만회하기 위해 다수의 위반을 범한다고 말하고, 마지막으로 ㉡에서 이러한 행동들(these actions)이 나머지 우리들을 위험에 빠뜨린다는 내용으로 이어지는 게 자연스럽다.

정답 ③

09 ★★☆

주어진 글 다음에 이어질 글의 순서로 가장 적절한 것은? 2017 지방직 9급 상반기

> I remember the day Lewis discovered the falls. They left their camp at sunrise and a few hours later they came upon a beautiful plain and on the plain were more buffalo than they had ever seen before in one place.
>
> (A) A nice thing happened that afternoon, they went fishing below the falls and caught half a dozen trout, good ones, too, from sixteen to twenty-three inches long.
>
> (B) After a while the sound was tremendous and they were at the great falls of the Missouri River. It was about noon when they got there.
>
> (C) They kept on going until they heard the faraway sound of a waterfall and saw a distant column of spray rising and disappearing. They followed the sound as it got louder and louder.

① (A)–(B)–(C) ② (B)–(C)–(A)
③ (C)–(A)–(B) ④ (C)–(B)–(A)

어구
- discover 발견하다, 알아내다
- fall 폭포
- come upon ~를 우연히 발견하다(만나다)
- plain 평원
- trout 송어
- tremendous 엄청나게 큰
- faraway sound 멀리 들리는 소리
- distant 먼
- column 기둥
- spray 물보라

- **I remember the day / Lewis discovered the falls.**
  나는 그 날을 기억한다 / Lewis가 그 폭포를 발견한

- **They left their camp / at sunrise / and a few hours later / they came upon a beautiful plain / and on the plain were more buffalo / than they had ever seen / before / in one place.**
  그들은 그들의 캠프를 떠났다 / 동틀 녘에 / 그리고 몇 시간 후에 / 그들은 우연히 아름다운 평원을 발견했다 / 그리고 그 평원에는 더 많은 버팔로들이 있었다 / 그들이 이제까지 본 것보다 / 이전에 / 한 장소에서

- **(A) A nice thing happened / that afternoon, / they went fishing / below the falls / and caught half a dozen trout, / good ones, too, / from sixteen to twenty-three inches long.**
  멋진 일이 일어났다 / 그날 오후에 / 그들은 낚시하러 갔다 / 그 폭포 아래로 / 그리고 여섯 마리의 송어를 잡았는데 / 질도 또한 좋은 것들이었다 / 16인치에서 23인치 길이의

- **(B) After a while / the sound was tremendous / and they were / at the great falls / of the Missouri River.**
  잠시 후에 / 그 소리는 엄청나게 컸다 / 그리고 그들은 있었다 / 거대한 폭포에 / 미주리 강의

- **It was about noon / when they got there.**
  정오쯤이었다 / 그들이 그곳에 도착했을 때는

- **(C) They kept on going / until they heard / the faraway sound of a waterfall / and saw / a distant column of spray rising and disappearing.**
  그들은 계속해 갔다 / 그들이 들을 때까지 / 멀리서 들리는 폭포의 소리를 / 그리고 보았다 / 먼 물보라 기둥이 솟았다가 사라지는 것을

- **They followed the sound / as it got louder and louder.**
  그들은 그 소리를 따라갔다 / 그것이 점점 더 커지는 동안

해석 나는 Lewis가 그 폭포를 발견한 그 날을 기억한다. 그들은 동틀 녘에 그들의 캠프를 떠났고 몇 시간 후에 우연히 아름다운 평원을 발견했는데, 그들이 이전에 한 장소에서 이제까지 본 것보다 그 평원에는 더 많은 버팔로들이 있었다.
(C) 그들은 그들이 멀리서 들리는 폭포의 소리를 들을 때까지 계속해 갔고, 먼 물보라 기둥이 솟았다가 사라지는 것을 보았다. 그들은 그 소리가 점점 더 커지는 동안 그 소리를 따라갔다.
(B) 잠시 후에, 그 소리는 엄청나게 컸고 그들은 미주리 강의 거대한 폭포에 있었다. 그들이 그곳에 도착했을 때는 정오쯤이었다.
(A) 그날 오후에 멋진 일이 일어났는데, 그들은 그 폭포 아래로 낚시하러 가서 여섯 마리의 송어를 잡았는데, 16인치에서 23인치 길이의 질도 또한 좋은 것이었다.

해설 이러한 이야기 유형의 글은 시간의 순서에 따라 일어나는 일들을 서술하는 경우가 많다. 주어진 문장에서 그들이 동틀 녘에(at sunrise) 캠프를 떠났다고 말하고, 다음으로 (C)에서 그들이 계속 가면서 멀리서 들리는 폭포소리를 따라갔다는 내용을 언급하고, (B)는 그들이 정오쯤(about noon)에 폭포에 도착한 상황을 설명하고 있다. 마지막으로 (A)에서는 그날 오후(that afternoon)에 폭포 아래로 낚시하러 가서 송어를 잡은 일을 묘사하고 있다.

정답 ④

10 ★☆☆

주어진 글 다음에 이어질 글의 순서로 가장 적절한 것은? 2017 교육행정직 9급

Some organizations do have policies which allow either men or women to take career breaks to look after children.

(A) Indeed, the knowledge of this may well be a cause of the low take-up of such schemes by men.

(B) Organizations, therefore, not only need to establish the structures which allow careers to be more flexible, they also need to change attitudes which typically remain thoroughly traditional.

(C) However, not only have very few fathers actually availed themselves of such opportunities, anecdotal evidence also suggests that if they had done so, their careers would have been 'ruined' for life.

① (A) – (C) – (B) ② (B) – (A) – (C)
③ (C) – (A) – (B) ④ (C) – (B) – (A)

어구

career break 휴직
look after ~를 돌보다
may well be 아마 ~일 것이다
take-up 이용자 비율, 수령자 비율
scheme 제도, 계획
establish 확립하다
structure 구조
flexible 유연한
typically 일반적으로, 보통
thoroughly 철저하게
traditional 전통적인
avail oneself of ~를 이용하다
opportunity 기회
anecdotal 일화적인, 입증되지 않은
evidence 증거
ruin 망치다
for life 평생

- Some organizations do have **policies** / which allow either men or women / to take career breaks / to look after children.
  어떤 단체들은 정책들을 정말로 가지고 있다 / 남자들이나 여자들에게 허용하는 / 육아 휴식을 갖는 것을 / 아이들을 돌보기 위한

- (A) Indeed, / **the knowledge of this** / may well be a cause / of the low take-up of such schemes / by men.
  사실 / 이것을 아는 것이 / 아마 원인일 것이다 / 그러한 제도들에 대한 낮은 이용자 비율의 / 남자들에 의한

- (B) Organizations, / **therefore**, / not only need to establish the structures / which allow careers to be more flexible, / they also need to change attitudes / which typically remain thoroughly traditional.
  단체들은 / 그러므로 / 구조를 확립할 필요가 있을 뿐만 아니라 / 경력을 더 유연하도록 허용하는 / 그들은 또한 태도를 바꿀 필요가 있다 / 일반적으로 여전히 철저하게 전통적인

- (C) **However**, / not only have very few fathers actually availed themselves of such **opportunities**, / anecdotal evidence also suggests / that if they had done so, / their careers would have been 'ruined' / for life.
  하지만 / 아주 소수의 아버지들만이 실제로 그러한 기회를 이용했을 뿐 아니라 / 일화적인 증거는 역시 시사하고 있다 / 그들이 그렇게 했더라면 / 그들의 경력은 '망쳐졌을' 것이라는 것을 / 평생

해석 일부 단체들은 남자들이나 여자들에게 아이들을 돌보기 위한 육아 휴식을 갖는 것을 허용하는 정책들을 정말로 가지고 있다.
(C) 하지만, 아주 소수의 아버지들만이 실제로 그러한 기회를 이용했을 뿐 아니라, 일화적인 증거는 그들이 그렇게 했더라면 그들의 경력은 평생 망쳐졌을 것이라는 것을 역시 시사하고 있다.
(A) 사실, 이것을 아는 것이 아마 남자들에 의한 그러한 제도들에 대한 낮은 이용자 비율의 원인일 것이다.
(B) 그러므로, 단체들은 경력을 더 유연하도록 허용하는 구조를 확립할 필요가 있을 뿐만 아니라, 또한 일반적으로 여전히 철저하게 전통적인 태도를 바꿀 필요가 있다.

해설 주어진 문장은 일부 단체들은 육아 휴직을 허용하는 정책을 가지고 있다고 말하고 있다. 다음으로 (C) 이와 대조적으로 하지만(However) 아주 소수의 아버지들만이 그러한 제도를 이용하고 있고, 그 제도를 이용했더라면 경력이 망쳐졌을 것이라는 내용이 이어지고, (A)에서 이것을 아는 것이(the knowledge of this) 아마 낮은 이용자 비율의 원인일 것이라는 설명으로 연결되고, 마지막으로 (B)에서 그러므로(therefore) 다음에 이에 대한 해결책을 제시하는 것이 글의 순서로 가장 자연스럽다.

정답 ③

11 ★★☆

다음 글을 문맥에 맞게 순서대로 배열한 것은?   2016 서울시 9급

⊙ Rosa Parks was arrested, jailed, convicted and fined. She refused to pay. Her experience set off a 382-day boycott of Montgomery city buses.

ⓒ According to the segregation laws of the day, Rosa Parks, an African American, was required to sit in the back of the bus. She was accused of encroaching on the whites-only section, and the bus driver tried to convince her to obey the law.

ⓒ Instead, Rosa Parks kept both her mien and her seat. At last, the driver warned her that he would send for the police. "Go ahead and call them." Parks answered.

ⓔ On December 1, 1955, Rosa Parks took a city bus home from her job at a store in downtown Montgomery, Alabama.

① ⓒ - ⊙ - ⓔ - ⓒ
② ⓔ - ⓒ - ⊙ - ⓒ
③ ⓒ - ⓒ - ⓔ - ⊙
④ ⓔ - ⓒ - ⓒ - ⊙

지문 분석

- ㉠ Rosa Parks was arrested, jailed, convicted / and fined.
  Rosa Parks는 체포되고, 수감되고, 유죄선고를 받고 / 그리고 벌금을 부과 받았다

- She refused to pay.
  그녀는 벌금 내기를 거부했다.

- Her experience set off a 382-day boycott / of Montgomery city buses.
  그녀의 경험은 382일간의 거부운동을 유발했다 / 몽고메리 시내버스에 대한

- ㉡ According to the segregation laws / of the day, / Rosa Parks, an African American, / was required / to sit in the back of the bus.
  인종차별 법에 따라 / 그 당시의 / 아프리카계 미국인인 Rosa Parks는 / 요구받았다 / 버스 뒷자리에 앉도록

- She was accused / of encroaching on the whites-only section, / and the bus driver tried to convince / her to obey the law.
  그녀는 비난을 받았다 / 백인전용 구역을 침범한 것에 대해 / 그리고 버스 운전기사는 설득하려고 애썼다 / 그녀에게 법을 준수하도록

- ㉢ Instead, / Rosa Parks kept both her mien and her seat.
  대신에 / Rosa Parks는 자신의 태도와 자신의 좌석 둘 다를 지켰다

- At last, / the driver warned her / that he would send for the police.
  마침내 / 그 운전기사는 그녀에게 경고했다 / 그가 경찰을 부를 것이라고

- "Go ahead and call them."
  자 어서 그들을 부르세요

- Parks answered.
  Parks가 대답했다

- ㉣ On December 1, 1955, / Rosa Parks took a city bus home / from her job / at a store / in downtown Montgomery, Alabama.
  1955년 12월 1일 / Rosa Parks는 집으로 가는 시내버스를 탔다 / 자신의 직장에서 / 한 가게의 / Alabama주의 Montgomery 시내에 있는

해석

㉣ 1955년 12월 1일, Rosa Parks는 Alabama주의 Montgomery 시내에 있는 한 가게의 자신의 직장에서 집으로 가는 시내버스를 탔다.
㉡ 그 당시의 인종차별 법에 따라, 아프리카계 미국인인 Rosa Parks는 버스 뒷자리에 앉도록 요구받았다. 그녀는 백인전용 구역을 침범한 것에 대해 비난을 받았고, 버스 운전기사는 그녀에게 법을 준수하도록 설득하려고 애썼다.
㉢ 대신에, Rosa Parks는 자신의 태도와 자신의 좌석 둘 다를 지켰다. 마침내 그 운전기사는 그녀에게 경찰을 부를 것이라고 경고했다. 자 어서 그들을 부르세요. Parks가 대답했다.
㉠ Rosa Parks는 체포되고, 수감되고, 유죄선고를 받고, 벌금을 부과 받았다. 그녀는 벌금 내기를 거부했다. 그녀의 경험은 몽고메리 시내버스에 대한 382일간의 거부운동을 유발했다.

해설 이 글은 몽고메리 버스 거부운동 유발에 대해 시간상 흐름에 따라 사건을 설명하고 있다. 구체적인 날짜와 함께 Rosa Parks가 자신의 직장에서 집으로 가는 버스를 탔다는 내용의 ㉣이 맨 앞에 오며, 그 다음으로는 Rosa가 그 당시의 인종차별 법에 따라 버스 뒤쪽에 앉도록 요구받았다는 내용의 ㉡이 이어지고, 하지만 대신에(Instead) Rosa가 앉아있던 자리를 지켰다는 내용인 ㉢이 연결되고, 마지막으로 Rosa가 체포되고 벌금을 부과 받으면서 몽고메리 시내버스에 대한 거부운동이 유발되었다는 내용인 ㉠이 오는 것이 글의 순서로 가장 자연스럽다.

정답 ④

12 ★★☆

주어진 글 다음에 이어질 글의 순서로 가장 적절한 것은? 2016 사회복지 9급

Two major techniques for dealing with environmental problems are conservation and restoration. Conservation involves protecting existing natural habitats. Restoration involves cleaning up and restoring damaged habitats. The best way to deal with environmental problems is to prevent them from happening. Conserving habitats prevents environmental issues that arise from ecosystem disruption.

(A) To solve the problem, the city built a sewage-treatment complex. Since then, the harbor waters have cleared up. Plants and fish have returned, and beaches have been reopened.

(B) For example, parks and reserves protect a large area in which many species live. Restoration reverses damage to ecosystems. Boston Harbor is one restoration success story.

(C) Since the colonial period, the city dumped sewage directly into the harbor. The buildup of waste caused outbreaks of disease. Beaches were closed. Most of the marine life disappeared and as a result, the shellfish industry shut down.

① (A) – (B) – (C)
② (B) – (C) – (A)
③ (C) – (A) – (B)
④ (C) – (B) – (A)

- Two major techniques / for dealing with environmental problems / are conservation and restoration.
  두 가지 주요한 기술은 / 환경 문제들을 다루기 위한 / 보존과 복원이다.
- Conservation involves / protecting existing natural habitats.
  보존은 수반한다 / 현존하는 자연 서식지를 보호하는 것을
- Restoration involves / cleaning up and restoring damaged habitats.
  복원은 수반한다 / 손상된 서식지를 깨끗이 하고 회복시키는 것을
- The best way / to deal with environmental problems / is to prevent them from happening.
  최선의 방법은 / 환경 문제들을 다루는 / 그것들이 발생하는 것을 막는 것이다.
- Conserving habitats / prevents environmental issues / that arise from ecosystem disruption.
  서식지를 보존하는 것은 / 환경 문제들을 막는 것이다 / 생태계 붕괴로부터 생기는
- (A) To solve the problem, / the city built a sewage-treatment complex.
  그 문제를 해결하기 위해 / 그 도시는 하수처리단지를 지었다
- Since then, / the harbor waters have cleared up.
  그 이후로 / 항구의 물이 맑아졌다.
- Plants and fish have returned, / and beaches have been reopened.
  식물과 물고기가 돌아왔다 / 그리고 해변은 다시 문이 열렸다
- (B) For example, / parks and reserves protect a large area / in which many species live.
  예컨대 / 공원과 보호 구역은 넓은 지역을 보호한다 / 많은 종이 사는
- Restoration / reverses damage to ecosystems.
  복원은 / 생태계 피해를 되돌린다
- Boston Harbor is one restoration success story.
  Boston Harbor는 하나의 복원 성공담이다.
- (C) Since the colonial period, / the city dumped sewage / directly into the harbor.
  식민지 시대 이후로 / 그 도시는 하수를 버렸다 / 바로 항구로
- The buildup of waste / caused outbreaks of disease.
  쓰레기의 증가는 / 질병의 발생을 초래했다.
- Beaches were closed.
  해변은 폐쇄되었다
- Most of the marine life disappeared / and as a result, / the shellfish industry shut down.
  대부분의 해양 생물은 사라졌고 / 그 결과 / 갑각류 산업이 문을 닫았다.

해석 환경 문제를 다루기 위한 두 가지 주요한 기술은 보존과 복원이다. 보존은 현존하는 자연 서식지를 보호하는 것을 수반한다. 복원은 손상된 서식지를 깨끗이 하고 회복시키는 것을 수반한다. 환경 문제들을 다루는 최선의 방법은 그것들이 발생하는 것을 막는 것이다. 서식지를 보존하는 것은 생태계 붕괴로부터 생기는 환경 문제들을 막는 것이다.

(B) 예컨대, 공원과 보호 구역은 많은 종이 사는 넓은 지역을 보호한다. 복원은 생태계 피해를 되돌린다. Boston Harbor는 하나의 복원 성공담이다.

(C) 식민지 시대 이후로, 그 도시는 하수를 바로 항구로 버렸다. 쓰레기의 증가는 질병의 발생을 초래했다. 해변은 폐쇄되었다. 대부분의 해양 생물은 사라졌고, 그 결과 갑각류 산업이 문을 닫았다.

(A) 그 문제를 해결하기 위해, 그 도시는 하수처리단지를 지었다. 그 이후로, 항구의 물이 맑아졌다. 식물과 물고기가 돌아왔고, 해변은 다시 문이 열렸다.

해설 주어진 문장에서 보존과 복원을 설명하고, 환경 문제를 다루는 최선의 방법은 보존이라고 설명하면서 서식지를 보존하는 것이 환경문제를 예방한다고 말한다. 그리고 (B)에서 보존의 예(For example)로서 공원과 보호구역을 들고 있다. (B)의 후반부에 복원의 성공담으로 보스턴 항구를 소개하고 있다. 그리고 (C)에서 그 도시(the city)의 환경문제가 악화된 경과를 설명하고, 마지막으로 (A)에서 그 문제를 해결하기 위한 노력 및 환경의 복원에 대한 과정을 설명하는 것이 자연스럽다. 따라서 (B)-(C)-(A)가 글의 순서로 적절하다.

정답 ②

/ MEMO /

8

문장 삽입

Chapter 01   독해 접근법

Chapter 02   제목, 주제, 요지

Chapter 03   연결어 넣기

Chapter 04   내용 일치와 불일치

Chapter 05   흐름상 어색한 문장

Chapter 06   빈칸 완성

Chapter 07   순서 배열

Chapter 08   문장 삽입

친절한영어 기본을 완성하는 독해

문장 삽입

- UNIT 1 경쟁자보다 한발 앞서는 독해 TIP
- UNIT 2 문제 풀이

UNIT 1 | 경쟁자보다 한발 앞서는 독해 TIP

❶ 접근 방법

문장 삽입 문제는 지문의 여러 문장들이 응집성을 가질 수 있게끔 주어진 문장을 적절하게 배치할 수 있는 지를 판단하는 문제입니다. 응집성이 있는 글이 되기 위해서는 글의 소재 및 주제를 중심으로 각각의 문장이 논리적으로 연결되어져야 합니다. 그러므로 문장 삽입 문제를 풀 때에는 글의 소재 및 주제를 파악하면서 글의 구조 및 흐름을 염두에 두고 접근해야 합니다.

❷ 독해 해법

(1) 주어진 문장을 정확하게 분석

문장 삽입 문제에서 주어진 문장은 문제를 푸는 가장 중요한 단서가 됩니다. 먼저 주어진 문장에서 글의 소재를 파악해 보아야 합니다. 주어진 문장에서 글의 소재가 파악되지 않는 경우에는 다음 단계인 지문을 읽을 때 대개 지문의 첫 문장을 읽으면 글의 소재가 파악됩니다. 주어진 문장에 연결어, 지시어, 앞 뒤 문장의 연결 고리가 되는 어구가 있다면 문제를 푸는 핵심 단서가 되므로 반드시 표시를 합니다.

· **Such variation, / however, / was common then / with the spelling of many words, / not just names.**
그러한 차이는 / 하지만 / 그 당시에 흔했다 / 많은 단어들의 철자법에서 / 단지 이름뿐만 아니라

(2) 주어진 문장의 앞 뒤 내용 예상해 보기

연결어, 지시어, 앞 뒤 문장의 연결 고리가 되는 어구를 중심으로 앞 뒤 문장을 예상해 보는 것은 정확하고 빠르게 정확을 찾는데 도움을 줍니다. 난이도가 낮은 문제에서는 이 단계에서 지문 훑어보기를 통해 바로 정답이 나올 수 있으므로 시간을 절약하게 됩니다.

(3) 지문 읽기

이제 지문을 읽어 내려가야 할 차례입니다. 주어진 문장과 지문의 첫 문장에서 파악한 글의 소재를 중심으로 글을 읽어 내려가면서 논리적 흐름을 확인해야 합니다. 논리가 단절되거나 비약되는 지점 즉 논리가 비어있는 부분을 찾아야 합니다. 주어진 문장의 연결어, 지시어, 앞 뒤 문장의 연결 고리가 되는 어구는 정답을 알려주는 중요한 단서가 되므로 이것을 적극 활용하면서 정답을 찾아야 합니다.

(4) 정답 결정

주어진 문장을 선택한 위치에 넣고 글의 흐름이 자연스러운지 확인하고 정답을 결정하면 됩니다.

UNIT 2 | 문제 풀이

01 ★☆☆

주어진 문장이 들어갈 위치로 가장 적절한 것은? 2021 국가직 9급

> For example, the state archives of New Jersey hold more than 30,000 cubic feet of paper and 25,000 reels of microfilm.

Archives are a treasure trove of material: from audio to video to newspapers, magazines and printed material — which makes them indispensable to any History Detective investigation. While libraries and archives may appear the same, the differences are important. (①) An archive collection is almost always made up of primary sources, while a library contains secondary sources. (②) To learn more about the Korean War, you'd go to a library for a history book. If you wanted to read the government papers, or letters written by Korean War soldiers, you'd go to an archive. (③) If you're searching for information, chances are there's an archive out there for you. Many state and local archives store public records — which are an amazing, diverse resource. (④) An online search of your state's archives will quickly show you they contain much more than just the minutes of the legislature — there are detailed land grant information to be found, old town maps, criminal records and oddities such as peddler license applications.

* treasure trove 귀중한 발굴물(수집물)
* land grant (대학·철도 등을 위해) 정부가 주는 땅

어구

archive 기록 보관소
material 자료
indispensable 필수적인, 없어서는 안 될
be made up of ~로 구성되다
primary source 1차 자료
contain 보유하다, 포함하다
secondary source 2차 자료
chances are 아마 ~일 것이다
store 보관하다, 저장하다
minutes 회의록
legislature 국회, 입법기관
land grant 토지 무상불하
oddity 특이한 것
peddler 행상인
license 면허
application 신청서

- For example, / the state archives of New Jersey hold / more than 30,000 cubic feet of paper and 25,000 reels of microfilm.
  예컨대 / 뉴저지의 기록 보관소는 보유하고 있다 / 30,000 입방피트 이상의 문서와 25,000 릴 이상의 마이크로필름을

- Archives are a treasure trove of material: / from audio to video to newspapers, magazines and printed material / — which makes them indispensable / to any History Detective investigation.
  기록 보관소는 자료의 귀중한 발굴물이다 / 오디오에서 비디오, 신문, 잡지 및 인쇄물에 이르기까지 / 그리고 이것은 그것들(기록 보관소)을 필수적으로 만든다 / 어떠한 역사 탐지 조사에서도

- While libraries and archives may appear the same, / the differences are important.
  도서관과 기록 보관소가 똑같은 것으로 보일 수 있지만 / 차이점이 중요하다.

- ① An archive collection / is almost always made up of primary sources, / while a library contains secondary sources.
  기록 보관소의 소장품은 / 거의 항상 1차 자료로 구성되어 있다 / 반면에 도서관은 2차 자료를 보유한다

- ② To learn more / about the Korean War, / you'd go to a library / for a history book.
  더 알기 위해 / 한국 전쟁에 대해 / 당신은 도서관에 갈 것이다 / 역사책을 찾아

- If you wanted to read the government papers, / or letters written by Korean War soldiers, / you'd go to an archive.
  만약 당신이 정부 문서를 읽기 원한다면 / 또는 편지들을 / 한국 전쟁 병사들에 의해 쓰인 / 당신은 기록 보관소에 갈 것이다

- ③ If you're searching for information, / chances are there's an archive / out there / for you.
  만약 당신이 정보를 찾고 있다면 / 아마 기록 보관소가 있을 것이다 / 그곳에 / 당신을 위한

- Many state and local archives / store public records / — which are an amazing, diverse resource.
  많은 주 및 지역의 기록 보관소는 / 공공 기록들을 보관한다 / 그리고 그것들은 놀랍고 다양한 자료이다

- ④ An online search of your state's archives / will quickly show you / they contain much more / than just the minutes of the legislature / — there are detailed land grant information to be found, / old town maps, criminal records and oddities / such as peddler license applications.
  당신의 주 기록 보관소에 대한 온라인 검색은 / 당신에게 빠르게 보여줄 것이다 / 그것들(기록 보관소)이 훨씬 더 많은 것을 보유하고 있다는 것을 / 단지 국회 회의록 보다 / 상세한 토지 무상불하 정보가 있다 / 발견될 수 있는 / 구시가지 지도, 범죄 기록과 특이한 것들 / 행상 면허 신청서와 같은

해석 기록 보관소는 오디오에서 비디오, 신문, 잡지 및 인쇄물에 이르기까지 자료의 귀중한 발굴물이며, 이것은 그것들(기록 보관소)을 어떠한 역사 탐지 조사에서도 필수적으로 만든다. 도서관과 기록 보관소가 똑같은 것으로 보일 수 있지만, 차이점이 중요하다. ① 기록 보관소의 소장품은 거의 항상 1차 자료로 구성되어 있는 반면에 도서관은 2차 자료를 보유한다. ② 한국 전쟁에 대해 더 알기 위해, 당신은 역사책을 찾아 도서관에 갈 것이다. 만약 당신이 정부 문서를 또는 한국 전쟁 병사들에 의해 쓰인 편지들을 읽기 원한다면, 당신은 기록 보관소에 갈 것이다. ③ 만약 당신이 정보를 찾고 있다면, 아마 그곳에 당신을 위한 기록 보관소가 있을 것이다. 많은 주 및 지역의 기록 보관소는 공공 기록들을 보관하는데, 그것들은 놀랍고 다양한 자료이다. ④ 예컨대, 뉴저지의 기록 보관소는 30,000 입방피트 이상의 문서와 25,000 릴 이상의 마이크로필름을 보유하고 있다. 당신의 주 기록 보관소에 대한 온라인 검색은 / 당신에게 그것들(기록 보관소)이 단지 국회 회의록 보다 훨씬 더 많은 것을 보유하고 있다는 것을 빠르게 보여줄 것이다 — 발견될 수 있는 상세한 토지 무상 불하 정보, 구시가지 지도, 범죄 기록과 행상 면허 신청서와 같은 특이한 것들이 있다.

해설 이 글은 기록 보관소에 대해서 도서관과의 대조를 통해 설명하고 있다. 주어진 문장은 예컨대(For example), 뉴저지의 기록 보관소가 30,000 입방피트 이상의 문서와 25,000 릴 이상의 마이크로필름을 보유하고 있다고 설명하고 있으므로, ④ 앞의 문장인 많은 주 및 지역의 기록 보관소가 놀랍고 다양한 자료들을 보관하고 있다는 내용의 사례로 연결되는 것이 자연스럽다. 따라서 주어진 문장이 들어갈 위치로 가장 적절한 것은 ④이다.

정답 ④

/ MEMO /

02 ★★☆

글의 흐름으로 보아, 주어진 문장이 들어가기에 가장 적절한 곳은?   2021 법원직 9급

With love and strength from the tribe, the tiny seeds mature and grow tall and crops for the people.

In the Pueblo indian culture, corn is to the people the very symbol of life. (①) The Corn Maiden "grandmother of the sun and the light" brought this gift, bringing the power of life to the people. (②) As the corn is given life by the sun, the Corn Maiden brings the fire of the sun into the human bodies, giving man many representations of his love and power through nature. (③) Each Maiden brings one seed of corn that is nurtured with love like that given to a child and this one seed would sustain the entire tribe forever. (④) The spirit of the Corn Maidens is forever present with the tribal people.

지문 분석

- With love and strength from the tribe, / the tiny seeds mature and grow tall and crops / for the people.
  그 부족의 사랑과 힘으로 / 그 조그마한 씨앗은 다 자라고 커져서 농작물이 된다 / 사람들을 위한

- In the Pueblo indian culture, / corn is to the people the very symbol / of life.
  푸에블로 인디언 문화에서 / 옥수수는 사람들에게 바로 상징이다 / 생명의

- ① The Corn Maiden / "grandmother of the sun and the light" / brought this gift, / bringing the power of life / to the people.
  Corn Maiden은 / '태양과 빛의 조상'인 / 이 선물을 가져왔다 / 그리고 생명의 힘을 가져다주었다 / 사람들에게

- ② As the corn is given life / by the sun, / the Corn Maiden brings the fire of the sun / into the human bodies, / giving man / many representations of his love and power / through nature.
  옥수수가 생명을 부여받음에 따라 / 태양에 의해 / 콘 메이든은 태양의 불을 가져다준다 / 인간의 몸에 / 그리고 인간에게 준다 / 그의 사랑과 힘을 나타낸 많은 것들을 / 자연을 통해

- ③ Each Maiden brings one seed of corn / that is nurtured with love / like that given to a child / and this one seed would sustain the entire tribe / forever.
  각각의 메이든은 옥수수 씨앗 하나를 가져다준다 / 사랑으로 키워진 / 아이에게 주어진 것과 같은 / 그리고 이 하나의 씨앗은 전체의 부족을 살아가게 할 것이다 / 영원히

- ④ The spirit of the Corn Maidens / is forever present / with the tribal people.
  Corn Maiden의 정신은 / 영원히 존재한다 / 부족 사람들과 함께

해석 푸에블로 인디언 문화에서, 옥수수는 그 사람들에게 바로 생명의 상징이다. ① '태양과 빛의 조상'인 Corn Maiden은 이 선물을 가져와서 사람들에게 생명의 힘을 가져다주었다. ② 옥수수가 태양에 의해 생명을 부여받음에 따라, Corn Maiden은 인간의 몸에 태양의 불을 가져다주며, 자연을 통해 인간에게 그의 사랑과 힘을 나타낸 많은 것들을 준다. ③ 각각의 Maiden은 아이에게 주어진 것과 같은 사랑으로 키워진 옥수수 씨앗 하나를 가져다주며, 이 하나의 씨앗은 전체의 부족을 영원히 살아가게 할 것이다. ④ 그 부족의 사랑과 힘으로, 그 작은 씨앗은 다 자라고 커져서 그 사람들을 위한 농작물이 된다. Corn Maiden의 정신은 부족 사람들과 함께 영원히 존재한다.

해설 이 글은 푸에블로 인디언 부족 문화에서 생명의 상징인 옥수수에 대한 글이다. ④ 앞 문장에서 처음으로 각각의 Maiden이 가져다주는 옥수수 씨앗(one seed of corn)에 대해서 언급하고, 주어진 문장에서 그 작은 씨앗들(the tiny seeds)이 다 자라고 커져서 사람들을 위한 농작물이 된다고 설명하고 있으므로, 주어진 문장이 들어가기에 가장 적절한 곳은 ④이다.

정답 ④

03 ★★☆

주어진 문장이 들어갈 위치로 가장 적절한 것은?　　　2020 국가직 9급

> It was then he remembered his experience with the glass flask, and just as quickly, he imagined that a special coating might be applied to a glass windshield to keep it from shattering.

In 1903 the French chemist, Edouard Benedictus, dropped a glass flask one day on a hard floor and broke it. (①) However, to the astonishment of the chemist, the flask did not shatter, but still retained most of its original shape. (②) When he examined the flask he found that it contained a film coating inside, a residue remaining from a solution of collodion that the flask had contained. (③) He made a note of this unusual phenomenon, but thought no more of it until several weeks later when he read stories in the newspapers about people in automobile accidents who were badly hurt by flying windshield glass. (④) Not long thereafter, he succeeded in producing the world's first sheet of safety glass.

어구

apply 적용하다, 쓰다
windshield 자동차 앞 유리
shatter 산산조각 나다
keep A from ~ing A가 ~하는 것을 막다
to one's astonishment 놀랍게도
retain 유지하다
contain 포함하다, 담고 있다
residue 잔여물
solution 용액
make a note of ~를 메모하다
phenomenon 현상
thereafter 그 후
sheet 판, 시트

- It was then / he remembered his experience / with the glass flask, / and just as quickly, / he imagined / that a special coating might be applied / to a glass windshield / to keep it from shattering.
  바로 그때였다 / 그가 자신의 경험을 기억한 것은 / 유리 플라스크에 관한 / 그리고 그 만큼 빨리 / 그는 생각했다 / 특별한 코팅이 적용될 수 있다 / 자동차 앞 유리에 / 그것이 산산이 부서지는 것을 막기 위해

- In 1903 / the French chemist, Edouard Benedictus, / dropped a glass flask / one day / on a hard floor / and broke it.
  1903년에 / 프랑스의 화학자, Edouard Benedictus는 / 유리 플라스크를 떨어뜨렸다 / 어느 날 / 딱딱한 바닥에 / 그리고 그것을 깨뜨렸다

- ① However, / to the astonishment of the chemist, / the flask did not shatter, / but still retained most of its original shape.
  하지만 / 그 화학자가 놀랍게도 / 플라스크는 산산조각 나지 않았다 / 하지만 여전히 그것의 원래 형태의 대부분을 유지했다

- ② When he examined the flask / he found / that it contained a film coating / inside, / a residue / remaining from a solution of collodion / that the flask had contained.
  그가 플라스크를 검사했을 때 / 그는 발견했다 / 그것이 필름 코팅을 포함하고 있다는 것을 / 안쪽에 / 이는 잔여물이었다 / 콜로디온 용액에서 남은 / 그 플라스크가 담고 있었던

- ③ He made a note of this unusual phenomenon, / but / thought no more of it / until several weeks later / when he read stories / in the newspapers / about people / in automobile accidents / who were badly hurt / by flying windshield glass.
  그는 이 특이한 현상을 메모했다 / 하지만 / 그것에 대해 더 이상 생각하지 않았다 / 몇 주 후까지 / 그가 기사를 읽었을 때 / 신문에서 / 사람들에 대한 / 자동차 사고에서 / 심하게 다친 / 날아오는 자동차 앞 유리에 의해

- ④ Not long thereafter, / he succeeded / in producing the world's first sheet of safety glass.
  그 후 얼마 지나지 않아 / 그는 성공했다 / 세계 최초의 안전유리판을 생산하는데

해석 1903년에, 프랑스의 화학자, Edouard Benedictus는 어느 날 딱딱한 바닥에 유리 플라스크를 떨어뜨려 그것을 깨뜨렸다. ① 하지만, 그 화학자가 놀랍게도 플라스크는 산산조각 나지 않았고, 여전히 그것의 원래 형태의 대부분을 유지했다. ② 그가 플라스크를 검사했을 때, 그것이 안쪽에 필름 코팅을 포함하고 있다는 것을 발견했는데, 이는 그 플라스크가 담고 있었던 콜로디온 용액에서 남은 잔여물이었다. ③ 그는 이 특이한 현상을 메모했지만, 몇 주 후 그가 자동차 사고에서 날아오는 자동차 앞 유리에 의해 심하게 다친 사람들에 대한 기사를 신문에서 읽었을 때까지 그것에 대해 더 이상 생각하지 않았다. ④ 그가 유리 플라스크에 관한 자신의 경험을 기억한 것은 바로 그때였고, 그 만큼 빨리, 그는 그것(자동차 앞 유리)이 산산조각 나는 것을 막기 위해 특별한 코팅이 자동차 앞 유리에 적용될 수 있다고 생각했다. 그 후 얼마 지나지 않아, 그는 세계 최초의 안전유리판을 생산하는데 성공했다.

해설 이 글은 프랑스의 화학자 Edouard Benedictus가 안전유리를 생산하게 된 과정에 대해 설명하고 있다. 주어진 문장은 그가 유리 플라스크에 관한 자신의 경험을 기억한 것은 바로 그 때(then)였다고 말하고 있으므로, ④ 앞의 문장인 날아오는 자동차 앞 유리에 심하게 부상을 당한 사람들에 대한 신문기사를 읽었을 때까지는 그것에 대해 생각하지 않았다는 내용 다음에 주어진 문장이 연결되는 것이 자연스럽다.

정답 ④

04 ★★☆

글의 흐름으로 보아, 주어진 문장이 들어가기에 가장 적절한 곳은?   2020년 국회직 9급

This new fad is actually very old; for hundreds of years in India, a woman's friends have painted her to celebrate her wedding day.

A popular fad for many teenagers is tattooing. ① Parents are usually horrified by these permanent designs on their children's skin, but the young people see them as a fashion statement. ② In the new millennium, some parents are greatly relieved when their teenage children turn to a new fad, a temporary form of decorating the hands, feet, neck, or legs — a method of painting beautiful designs that last only about three weeks. ③ Another fad from India, however, causes parents more worry — *bidis*. Children and young teens are attracted to these thin cigarettes in candy flavors such as orange, chocolate, mango, and raspberry. The problem? *Bidis* contain more nicotine than regular cigarettes. ④ Unfortunately, many children think these are "cool" — fashionable. ⑤ So until a new fad comes along, "Indian style is hot," as one radio commentator observed.

- **This new fad is actually very old; / for hundreds of years / in India, / a woman's friends have painted her / to celebrate her wedding day.**
  이 새로운 유행은 사실은 매우 오래된 것이다 / 수백 년 동안 / 인도에서 / 여자의 친구들이 그녀를 칠해왔다 / 그녀의 결혼식을 축하하려고

- A popular fad / for many teenagers / is tattooing.
  한 가지 인기 있는 유행은 / 많은 10대들에게 / 문신을 새기는 것이다

- ① Parents are usually horrified / by these permanent designs on their children's skin, / but the young people see them / as a fashion statement.
  부모들은 대개 몸서리친다 / 이 영구적인 디자인에 / 자신의 아이들의 피부에 있는 / 하지만 젊은 사람들은 그것들을 여긴다 / 패션 표현으로

- ② In the new millennium, / some parents are greatly relieved / when their teenage children turn to a new fad, / a temporary form / of decorating the hands, feet, neck, or legs / — a method / of painting beautiful designs / that last only about three weeks.
  새로운 밀레니엄 시대에 / 일부 부모들은 매우 안도한다 / 그들의 10대 아이들이 새로운 유행으로 방향을 바꿀 때 / 일시적 형식인 / 손, 발, 목 또는 다리를 장식하는 / 이는 한 방식이다 / 아름다운 디자인을 그리는 / 대략 3주간만 지속되는

- ③ Another fad from India, / however, / causes parents more worry / — *bidis*.
  인도에서 온 또 다른 유행이 / 하지만 / 부모들에게 더 많은 걱정을 야기한다 / '비디스'

- Children and young teens are attracted / to these thin cigarettes / in candy flavors / such as orange, chocolate, mango, and raspberry.
  아이들과 어린 10대들은 끌린다 / 이러한 가는 담배에 / 사탕 맛의 / 오렌지, 초콜릿, 망고와 라즈베리와 같은

- The problem? *Bidis* contain more nicotine / than regular cigarettes.
  문제는? '비디스'에는 더 많은 니코틴이 들어있다 / 보통의 담배보다

- ④ Unfortunately, / many children think / these are "cool" / — fashionable.
  유감스럽게도 / 많은 아이들이 생각한다 / 이것들이 '멋지다'고 / 즉 유행에 맞다고

- ⑤ So / until a new fad comes along, / "Indian style is hot," / as one radio commentator observed.
  그래서 / 새로운 유행이 나타날 때까지 / '인도 스타일은 인기 있을 것이다' / 한 라디오 시사해설자가 말한 것처럼

해석 많은 10대들에게 한 가지 인기 있는 유행은 문신을 새기는 것이다. ① 부모들은 대개 자신의 아이들의 피부에 있는 이 영구적인 디자인에 몸서리치지만, 젊은 사람들은 그것들을 패션 표현으로 여긴다. ② 새로운 밀레니엄 시대에, 일부 부모들은 자신의 10대 아이들이 손, 발, 목 또는 다리를 장식하는 일시적 형식인 새로운 유행으로 방향을 바꿀 때 매우 안도한다 — 이는 대략 3주간만 지속되는 아름다운 디자인을 그리는 한 방식이다. ③ <u>이 새로운 유행은 사실은 매우 오래된 것이다; 인도에서 수백 년 동안, 여자의 친구들이 그녀의 결혼식을 축하하려고 그녀를 칠해왔다.</u> 하지만, 인도에서 온 또 다른 유행이 부모들에게 더 많은 걱정을 야기한다 — '비디스' 아이들과 어린 10대들은 오렌지, 초콜릿, 망고와 라즈베리와 같은 사탕 맛의 이러한 가는 담배에 끌린다. 문제는? '비디스'에는 보통의 담배보다 더 많은 니코틴이 들어있다. ④ 유감스럽게도, 많은 아이들이 이것들이 '멋지다'고 즉 유행에 맞다고 생각한다. ⑤ 그래서 새로운 유행이 나타날 때까지 한 라디오 시사해설자가 말한 것처럼 '인도 스타일은 인기 있을 것이다.'

해설 이 글은 10대들에게 유행하는 문신과 '비디스'에 관해 설명하는 글이다. ③ 앞의 문장에서 10대들이 새로운 유행(a new fad)인 손, 발, 목 또는 다리를 장식하는 일시적 형식에 방향을 돌리고 있는 것에 부모가 안도한다는 말을 하고 있는데, 그 다음에 이 새로운 유행(This new fad)이 사실은 인도에서 매우 오랫동안 해 온 것이라고 설명하는 주어진 문장으로 이어지는 것이 자연스럽다. 그리고 주어진 문장 다음에 인도에서 온 또 다른 유행(Another fad)이 부모들에게 더 많은 걱정을 야기한다고 연결되는 것이 적절하므로, 주어진 문장이 들어갈 위치는 ③이다.

정답 ③

/ MEMO /

05 ★★☆

글의 흐름으로 보아 주어진 문장이 들어가기에 가장 적절한 곳은? 2019 지방직 9급

The same thinking can be applied to any number of goals, like improving performance at work.

The happy brain tends to focus on the short term. (①) That being the case, it's a good idea to consider what short-term goals we can accomplish that will eventually lead to accomplishing long-term goals. (②) For instance, if you want to lose thirty pounds in six months, what short-term goals can you associate with losing the smaller increments of weight that will get you there? (③) Maybe it's something as simple as rewarding yourself each week that you lose two pounds. (④) By breaking the overall goal into smaller, shorter-term parts, we can focus on incremental accomplishments instead of being overwhelmed by the enormity of the goal in our profession.

어구

apply 적용하다
any number of 여러 많은
performance 성과
tend to do ~하는 경향이 있다
that being the case 사정이 그렇다면
accomplish 성취하다
eventually 결국
lead to ~에 이르다
associate 연관시키다
increment 증대, 점증
overwhelm 압도하다
enormity 거대함
profession 직업

지문분석

· **The same thinking can be applied** / to any number of goals, / like improving performance / at work.
<u>똑같은 생각이 적용될 수 있다 / 여러 많은 목표들에도 / 성과를 향상시키는 것과 같은 / 직장에서</u>

· The happy brain tends to focus / on the short term.
행복한 두뇌는 집중하는 경향이 있다 / 단기(短期)에

· ① That being the case, / it's a good idea / to consider / what short-term goals we can accomplish / that will eventually lead to accomplishing long-term goals.
사정이 그렇다면 / 좋은 생각이다 / 고려하는 것은 / 우리가 어떤 단기적인 목표를 성취할 수 있을지 / 결국 장기적인 목표를 성취하는 것에 이르는

· ② For instance, / if you want to lose thirty pounds / in six months, / what short-term goals can you associate / with losing the smaller increments of weight / that will get you there?
예컨대 / 당신이 30파운드를 줄이기를 원한다면 / 6개월 안에 / 당신은 어떤 단기적인 목표를 관련시킬 수 있습니까 / 더 작은 점증적 체중감소와 / 당신을 거기에 이르게 할

· ③ Maybe / it's something as simple / as rewarding yourself / each week / that you lose two pounds.
아마도 / 그것은 간단한 것일 수 있다 / 당신자신에게 보상하는 것만큼 / 매주 / 당신이 2파운드를 줄인 것을

· ④ By breaking the overall goal / into smaller, shorter-term parts, / we can focus on incremental accomplishments / instead of being overwhelmed / by the enormity of the goal / in our profession.
전체적인 목표를 나눔으로써 / 더 작고 단기적인 부분들로 / 우리는 점진적인 성취에 집중할 수 있다 / 압도당하지 않고 / 목표의 거대함에 의해 / 우리의 직업에서

해석 행복한 두뇌는 단기(短期)에 집중하는 경향이 있다. ① 사정이 그렇다면, 우리가 장기적인 목표를 성취하는 것으로 결국 이어지는, 어떤 단기적인 목표를 성취할 수 있을지 고려하는 것은, 좋은 생각이다. ② 예컨대 당신이 6개월 안에 30파운드를 줄이기를 원한다면, 당신은 당신을 거기에 이르게 할 어떤 단기적인 목표를 더 작은 점증적 체중감소와 관련시킬 수 있습니까? ③ 아마, 그것은 당신이 2파운드를 줄인 것을 매주 당신자신에게 보상하는 것만큼 간단한 것일 수 있다. ④ <u>직장에서 성과를 향상시키는 것과 같은 여러 많은 목표들에도 똑같은 생각이 적용될 수 있다.</u> 전체적인 목표를 더 작고 단기적인 부분들로 나눔으로써, 우리는 우리의 직업에서 목표의 거대함에 의해 압도당하지 않고 점진적인 성취에 집중할 수 있다.

해설 이 글은 장기적인 목표를 단기적인 성취로 나누어서 달성하는 것이 필요하다는 글이다. ④ 앞에서는 체중을 줄일 때의 예시를 들어 설명하고, ④ 뒤에서는 우리의 직업에서 전체적인 목표를 단기적인 것으로 나눔으로써 점진적인 성취에 집중할 수 있다는 글로 이어지므로, 직장에서도(at work) 똑같은 생각이(The same thinking) 적용될 수 있다는 내용인 주어진 문장은 ④에 들어가야 가장 자연스럽다.

정답 ④

06

글의 흐름으로 보아, 주어진 문장이 들어가기에 가장 적절한 곳은? 2019 법원직 9급

> "Soft power" on the contrary is "the ability to achieve goals through attraction and persuasion, rather than coercion or fee."

The concept of "soft power" was formed in the early 1990s by the American political scientist, deputy defense of the Clinton's administration, Joseph Nye, Jr. The ideas of the American Professor J. Nye allowed to take a fresh look at the interpretation of the concept of "power," provoked scientific debate and stimulated the practical side of international politics. (①) In his works he identifies two types of power: "hard power" and "soft power." (②) He defines "hard power" as "the ability to get others to act in ways that contradict their initial preferences and strategies." (③) The "soft power" of the state is its ability to "charm" other participants in the world political process, to demonstrate the attractiveness of its own culture (in a context it is attractive to others), political values and foreign policy (if considered legitimate and morally justified). (④) The main components of "soft power" are culture, political values and foreign policy.

- "Soft power" / on the contrary / is "the ability / to achieve goals / through attraction and persuasion, / rather than coercion or fee."
  '소프트 파워'는 / 그와는 반대로 / '능력이다 / 목표를 성취하는 / 유인과 설득을 통해 / 강압이나 요금보다는'

- The concept of "soft power" was formed / in the early 1990s / by the American political scientist, deputy defense of the Clinton's administration, Joseph Nye, Jr.
  '소프트 파워'의 개념은 만들어졌다 / 1990년대 초에 / 미국 정치학자이자 클린턴 정부의 국방부차관이었던 Joseph Nye, Jr에 의해

- The ideas of the American Professor J. Nye / allowed to take a fresh look / at the interpretation / of the concept of "power," / provoked scientific debate / and stimulated the practical side / of international politics.
  미국인 교수 J. Nye의 아이디어는 / 새롭게 보는 것을 허용했다 / 해석을 / '힘'의 개념에 대한 / 과학적 논쟁을 유발했다 / 그리고 실용적인 측면을 자극했다 / 국제정치의

- ① In his works / he identifies two types of power: / "hard power" and "soft power."
  그의 연구에서 / 그는 두 유형의 힘을 확인한다 / '하드 파워'와 '소프트 파워'

- ② He defines "hard power" / as "the ability / to get others to act / in ways / that contradict their initial preferences and strategies."
  그는 '하드 파워'를 정의한다 / '능력으로 / 다른 사람들을 행동하게 하는 / 방식으로 / 그들의 처음의 선호와 전략과는 모순되는'

- ③ The "soft power" of the state / is its ability / to "charm" other participants / in the world political process, / to demonstrate the attractiveness / of its own culture (in a context it is attractive to others), political values and foreign policy (if considered legitimate and morally justified).
  국가의 '소프트 파워'는 / 그것의 능력이다 / 다른 참가자들을 '매혹'하는 / 세계 정치 과정에서 / 매력을 입증하기 위해 / 그 자신의 문화(그것이 다른 이들에게 매력적이라는 맥락에서), 정치적 가치 그리고 외교 정책(합법적이고 도덕적으로 정당하다고 여겨진다면)의

- ④ The main components of "soft power" / are culture, political values and foreign policy.
  '소프트 파워'의 주요 구성 요소는 / 문화, 정치적 가치 그리고 외교 정책이다.

해석 '소프트 파워'의 개념은 1990년대 초에 미국 정치학자이자 클린턴 정부의 국방부차관이었던 Joseph Nye, Jr에 의해 만들어졌다. 미국인 교수 J. Nye의 아이디어는 '힘'의 개념에 대한 해석을 새롭게 보는 것을 허용했고, 과학적 논쟁을 유발했으며, 그리고 국제정치의 실용적인 측면을 자극했다. ① 그의 연구에서 그는 두 유형의 힘 즉 '하드 파워'와 '소프트 파워'를 확인한다. ② 그는 '하드 파워'를 '다른 사람들을 그들의 처음의 선호와 전략과는 모순되는 방식으로 행동하게 하는 능력'으로 정의한다. ③ 그와는 반대로 '소프트 파워'는 '강압이나 요금보다는 유인과 설득을 통해 목표를 성취하는 능력'이다. 국가의 '소프트 파워'는 그 자신의 문화(그것이 다른 이들에게 매력적이라는 맥락에서), 정치적 가치 그리고 외교 정책(합법적이고 도덕적으로 정당하다고 여겨진다면)의 매력을 입증하기 위해 세계 정치 과정에서 다른 참가자들을 '매혹'하는 그것의 능력이다. ④ '소프트 파워'의 주요 구성 요소는 문화, 정치적 가치 그리고 외교 정책이다.

해설 주어진 문장은 소프트 파워에 대한 정의이며, 그와는 반대로(on the contrary)를 통해 앞 문장에서는 이와는 반대의 내용이 나와야 함을 알 수 있다. 지문을 보면 ③ 앞의 문장에서는 '하드 파워(hard power)'에 대한 설명이 있고 ③ 뒤에서는 '소프트 파워(soft power)'에 대한 세부적인 부연 설명이 있으므로, 주어진 문장이 들어가기에 가장 적절한 곳은 ③이다.

정답 ③

07 ★★☆

〈보기〉의 문장이 들어갈 곳으로 가장 적절한 것은?　　2018 서울시 9급 3월

〈보기〉

If you are unhappy yourself, you will probably be prepared to admit that you are not exceptional in this.

(①) Animals are happy so long as they have health and enough to eat. Human beings, one feels, ought to be, but in the modern world they are not, at least in a great majority of cases. (②) If you are happy, ask yourself how many of your friends are so. (③) And when you have reviewed your friends, teach yourself the art of reading faces; make yourself receptive to the moods of those whom you meet in the course of an ordinary day. (④)

- · **If you are unhappy yourself,** / you will probably be prepared to admit / that **you are not exceptional / in this.**
  만약 당신 자신이 행복하지 않다면 / 당신은 아마 인정할 준비가 되어있을 것이다 / 당신이 예외가 아니라는 것을 / 이점에서

- · ① Animals are happy / so long as they have / health and enough to eat.
  동물들은 행복하다 / 그들이 가지기만 하면 / 건강과 먹을 충분한 것을

- · **Human beings,** / one feels, / ought to be, / but in the modern world / **they are not,** / at least / **in a great majority of cases.**
  인간들도 / 누구나 생각한다 / 그럴 것이라고 / 하지만 현대 세계에서 / 그들은 그렇지 않다 / 적어도 / 대부분의 경우에

- · ② If you are happy, / ask yourself / how many of your friends are so.
  만약 당신이 행복하다면 / 스스로에게 물어보아라 / 당신의 친구들 중 몇 명이나 그러한지

- · ③ And / when you have reviewed your friends, / teach yourself / the art of reading faces; / make yourself receptive / to the moods of those / whom you meet / in the course of an ordinary day. ④
  그리고 / 당신이 자신의 친구를 살펴봤을 때 / 스스로에게 가르쳐라 / 표정을 읽는 기술을 / 당신 자신이 잘 받아들이게 해라 / 사람들의 기분을 / 당신이 만나는 / 평범한 하루 중에

해석 ① 동물들은 건강과 먹을 충분한 것을 가지기만 하면 행복하다. 인간들도 그럴 것이라고 누구나 생각하지만, 현대 세계에서 그들은 적어도 대부분의 경우에 그렇지 않다. ② 만약 당신 자신이 행복하지 않다면, 당신은 아마 이점에서 당신이 예외가 아니라는 것을 인정할 준비가 되어있을 것이다. 만약 당신이 행복하다면, 스스로에게 당신의 친구들 중 몇 명이나 그러한지 물어보아라. ③ 그리고 당신이 자신의 친구를 살펴봤을 때, 스스로에게 표정을 읽는 기술을 가르쳐라; 평범한 하루 중에 당신이 만나는 사람들의 기분을 당신 자신이 잘 받아들이게 해라. ④

해설 이 글은 동물과 대비하여 인간의 행복에 대해 설명하고 있는 글이다. ② 앞에서 동물들은 건강하고 먹을 충분한 것만 있으면 행복하지만 인간은 대부분의 경우에(in a great majority of cases) 그러하지 않다고 말하고 있다. 〈보기〉 문장은 만약 당신이 행복하지 않다면 이점(in this)에서 당신도 예외가 아니라고 설명하고 있으므로, 〈보기〉 문장이 들어가기에 가장 적절한 곳은 ②이다.

정답 ②

08

다음 주어진 문장이 들어가기에 가장 적절한 곳은?

But road traffic crashes and injuries are preventable.

Road traffic injuries are a growing public health issue, disproportionately affecting vulnerable groups of road users, including the poor. (①) More than half the people killed in traffic crashes are young adults aged between 15 and 44 years — often the breadwinners in a family. (②) Furthermore, road traffic injuries cost low-income and middle-income countries between 1% and 2% of their gross national product — more than the total development aid received by these countries. (③) In high-income countries, an established set of interventions have contributed to significant reductions in the incidence and impact of road traffic injuries. (④) These include the enforcement of legislation to control speed and alcohol consumption, mandating the use of seat belts and crash helmets.

* breadwinner 생계를 책임지는 사람

지문 분석
- But / road traffic crashes and injuries are preventable.
  하지만 / 도로 교통사고와 상해는 예방할 수 있다

- Road traffic injuries / are a growing public health issue, / disproportionately affecting vulnerable groups of road users, / including the poor.
  도로교통 상해는 / 증가하는 공중보건 문제이다 / 그리고 취약한 도로 이용자 집단에 지나치게 영향을 미친다 / 가난한 사람들을 포함해서

- ① More than half the people / killed in traffic crashes / are young adults / aged between 15 and 44 years / — often the breadwinners / in a family.
  사람들의 절반이상이 / 교통사고에서 사망한 / 젊은 성인들이다 / 15세에서 44세 사이의 / 종종 생계를 책임지는 사람들이다 / 가정에서

- ② Furthermore, / road traffic injuries cost / low-income and middle-income countries / between 1% and 2% of their gross national product / — more than the total development aid / received by these countries.
  게다가 / 도로교통 상해는 비용을 치르게 한다 / 저소득 및 중간소득 국가들에게 / 국민 총생산의 1%에서 2% 사이로 / 이는 총 개발지원금보다 더 많다 / 이러한 국가들이 받는

- ③ In high-income countries, / an established set of interventions / have contributed to significant reductions / in the incidence and impact / of road traffic injuries.
  고소득 국가들에서 / 확립된 일련의 개입은 / 현저한 감소에 기여해왔다 / 발생과 영향의 / 도로교통 상해의

- ④ These include / the enforcement of legislation / to control speed and alcohol consumption, / mandating the use / of seat belts and crash helmets.
  이것들은 포함한다 / 법률의 시행을 / 과속과 음주를 통제하는 / 그리고 사용을 의무화한다 / 안전벨트와 안전모의

해석 도로교통 상해는 증가하는 공중보건 문제이며, 가난한 사람들을 포함해서 취약한 도로 이용자 집단에 지나치게 영향을 미친다. ① 교통사고에서 사망한 사람들의 절반이상이 15세에서 44세 사이의 젊은 성인들이고, 종종 가정에서 생계를 책임지는 사람들이다. ② 게다가, 도로교통 상해는 저소득 및 중간소득 국가들에게 국민 총생산의 1%에서 2% 사이로 비용을 치르게 하는데, 이는 이러한 국가들이 받는 총 개발지원금보다 더 많다. ③ 하지만 도로 교통사고와 상해는 예방할 수 있다. 고소득 국가들에서, 확립된 일련의 개입은 도로교통 상해의 발생과 영향의 현저한 감소에 기여해왔다. ④ 이것들은 과속과 음주를 통제하는 법률의 시행을 포함하며, 안전벨트와 안전모의 사용을 의무화한다.

해설 ③ 앞에서는 저소득 및 중간소득 국가들에서 도로교통 상해가 국민 총생산의 1%에서 2%의 비용을 치르게 한다는 내용이 나오고, ③ 뒤에서는 고소득 국가들에서 확립된 일련의 개입이 도로교통 상해의 발생과 영향을 크게 줄였다고 말하고 있으므로, 하지만(But) 도로 교통사고와 상해는 예방될 수 있다는 내용의 주어진 문장은 ③에 들어가는 것이 가장 자연스럽다.

정답 ③

09 ★★☆

주어진 문장이 들어갈 위치로 가장 적절한 곳은?

2017 국가직 9급

This inequality is corrected by their getting in their turn better portions from kills by other people.

Let us examine a situation of simple distribution such as occurs when an animal is killed in a hunt. One might expect to find the animal portioned out according to the amount of work done by each hunter to obtain it. (①) To some extent this principle is followed, but other people have their rights as well. (②) Each person in the camp gets a share depending upon his or her relation to the hunters. (③) When a kangaroo is killed, for example, the hunters have to give its main parts to their kinfolk and the worst parts may even be kept by the hunters themselves. (④) The net result in the long run is substantially the same to each person, but through this system the principles of kinship obligation and the morality of sharing food have been emphasized.

어구

inequality 불평등
correct 바로잡다
turn 차례
kill 사냥감
examine 검토하다, 살펴보다
distribution 분배
portion out 분배하다
obtain 얻다
to some extent 어느 정도까지는
principle 원칙
right 권리
as well 역시
share 몫
depending upon ~에 따라
kinfolk 친족, 친척
net result 최종 결과
in the long run 결국에는
substantially 실질적으로
obligation 의무
morality 도덕
emphasize 강조하다

- **This inequality is corrected / by their getting / in their turn / better portions / from kills by other people.**
 이러한 불평등은 바로잡을 수 있다 / 그들이 받음으로써 / 자신의 차례에서 / 더 나은 몫을 / 다른 사람들의 사냥감으로부터

- Let us examine a situation / of simple distribution such / as occurs / when an animal is killed / in a hunt.
 상황을 검토해 보자 / 그런 간단한 분배의 / 일어나는 / 한 동물이 잡혔을 때 / 사냥에서

- One might expect / to find the animal portioned out / according to the amount of work / done by each hunter / to obtain it.
 사람은 기대할 수 있다 / 그 동물이 분배되는 것을 보기를 / 일의 양에 따라 / 각각의 사냥꾼에 의해 행해진 / 그것을 얻기 위해

- ① To some extent / this principle is followed, / but other people have their rights / as well.
 어느 정도까지는 / 이 원칙이 따라진다 / 하지만 다른 사람들도 자신의 권리를 가진다 / 또한

- ② Each person / in the camp / gets a share / depending upon his or her relation / to the hunters.
 각각의 사람은 / 그 캠프에 있는 / 몫을 받는다 / 자신의 관계에 따라 / 사냥꾼들과의

- ③ When a kangaroo is killed, / for example, / the hunters have to give its main parts / to their kinfolk / and the worst parts may even be kept / by the hunters themselves.
 캥거루가 사냥되었을 때 / 예컨대 / 사냥꾼들은 그 주요한 부위를 주어야 한다 / 자신의 친족에게 / 그리고 심지어 가장 나쁜 부위가 남겨질 수 있다 / 사냥꾼들 자신에 의해

- ④ The net result / in the long run / is substantially the same / to each person, / but / through this system / the principles of kinship obligation / and the morality of sharing food / have been emphasized.
 최종적인 결과는 / 결국에는 / 실질적으로 동일하다 / 각각의 사람에게 / 하지만 / 이러한 시스템을 통해 / 친족관계의 의무라는 원칙과 / 음식을 나누는 도덕성이 / 강조되어 왔다

해석 사냥에서 한 동물이 잡혔을 때 일어나는 그런 간단한 분배 상황을 검토해 보자. 사람은 그것을 얻기 위해 각각의 사냥꾼에 의해 행해진 일의 양에 따라 그 동물이 분배되는 것을 보기를 기대할 수 있다. ① 어느 정도까지는 이 원칙이 따라지지만 다른 사람들도 또한 자신의 권리를 가진다. ② 그 캠프에 있는 각각의 사람은 자신의 사냥꾼들과의 관계에 따라 몫을 받는다. ③ 예컨대, 캥거루가 사냥되었을 때 사냥꾼들은 그 주요한 부위를 자신의 친족에게 주어야 하고, 심지어 가장 나쁜 부위가 사냥꾼들 자신에 의해 남겨질 수 있다. ④ 이러한 불평등은 그들이 자신의 차례에서 다른 사람들의 사냥감으로부터 더 나은 몫을 받음으로써 바로잡을 수 있다. 결국에는 최종적인 결과는 실질적으로 각각의 사람에게 동일하지만, 이러한 시스템을 통해 친족관계의 의무라는 원칙과 음식을 나누는 도덕성이 강조되어 왔다.

해설 ④ 앞의 문장에서 캥거루를 잡은 사냥꾼이 심지어 가장 나쁜 부위를 가질 수 있다고 말하고 있는데, 주어진 문장에서 이러한 불평등(This inequality)은 이것을 지칭한다. 그리고 ④ 뒤에서는 최종적인 결과는 결국 각각의 사람에게 동일하다고 말하고 있으므로, 이러한 불평등이 교정되고 바로잡히는 방법을 설명하는 주어진 문장은 ④에 들어가야 가장 자연스럽다.

정답 ④

10 ★☆☆

다음 주어진 문장이 들어갈 가장 적절한 곳은? 2017 서울시 9급

Instead, these employees spoke first of the sincerity of the relationships at work, that their work culture felt like an extension of home, and that their colleagues were supportive.

(①) There is a clear link between job satisfaction and productivity. However, job satisfaction also depends on the service culture of an organization. (②) This culture comprises the things that make a business distinctive and make the people who work there proud to do so. (③) When employees of the "Top 10 Best Companies to Work For" were asked by Fortune magazine why they loved working for these companies, it was notable that they didn't mention pay, reward schemes, or advancing to a more senior position. (④)

어구

sincerity 진실성
extension 연장
colleague 동료
supportive 도와주는, 지원하는
job satisfaction 직업 만족도
productivity 생산성
comprise ~로 구성되다
distinctive 독특한
notable 주목할 만한
reward scheme 보상제도
advance 승진하다
senior position 상급직

Instead, / these employees spoke first / of the sincerity of the relationships / at work, / that their work culture felt / like an extension of home, / and that their colleagues were supportive.
대신에 / 이 직원들은 먼저 이야기했다 / 관계의 진실성에 대해 / 직장에서의 / 자신의 직장 문화는 느껴진다는 것 / 가정의 연장처럼 / 그리고 자신의 동료들이 도와준다는 것

· ① There is a clear link / between job satisfaction and productivity.
  명확한 연관성이 있다 / 직업 만족도와 생산성 사이에는

· However, / job satisfaction also depends / on the service culture of an organization.
  하지만 / 직업 만족도는 또한 의존한다 / 조직의 서비스 문화에

· ② This culture comprises the things / that make a business distinctive / and make / the people who work there / proud / to do so.
  이러한 문화는 것들로 구성되어 있다 / 기업을 독특하게 만드는 / 그리고 만드는 / 그곳에서 일하는 사람들을 / 자랑스러워하도록 / 그렇게 하는 것을

· ③ When employees / of the "Top 10 Best Companies to Work For" / were asked / by Fortune magazine / why they loved / working for these companies, / it was notable / that they didn't mention / pay, reward schemes, or advancing / to a more senior position. ④
  직원들이 / '일하기 좋은 10대 기업'의 / 질문 받았을 때 / Fortune지로부터 / 그들이 왜 좋아하는지 / 이 기업에서 일하기를 / 주목할 만했다 / 그들이 언급하지 않았다는 것은 / 급여, 보상제도 또는 승진을 / 상급직으로의

해석 ① 직업 만족도와 생산성 사이에는 명백한 연관성이 있다. 하지만 직업 만족도는 또한 조직의 서비스 문화에 의존한다. ② 이러한 문화는 기업을 독특하게 만들고, 그곳에서 일하는 사람들이 그렇게 하는 것을 자랑스러워하도록 만드는 것들로 구성되어 있다. ③ '일하기 좋은 10대 기업'의 직원들이 Fortune지로부터 그들이 왜 이 기업에서 일하기를 좋아하는지 질문 받았을 때 그들이 급여, 보상제도 또는 상급직으로의 승진을 언급하지 않았다는 것은 주목할 만했다. ④ 대신에, 이 직원들은 직장에서의 관계의 진실성에 대해, 즉 자신의 직장 문화는 가정의 연장처럼 느껴지고, 자신의 동료들이 도와준다는 것을 먼저 이야기했다.

해설 ④ 앞에서 '일하기 좋은 10대 기업'의 직원들이 자신의 기업에서 일하기를 좋아하는 이유에 대해 급여, 보상, 승진에 대해서 언급하지 않았다고 말하고 있다. 주어진 문장에서는 대신에(Instead)로 시작하면서 이와 대비되는 내용으로 그 직원들이 먼저 직장에서의 관계의 진실성에 대해 이야기했다고 설명하고 있다. 따라서 주어진 문장이 들어가기에 가장 적절한 곳은 ④이다.

정답 ④

11 ★★☆

주어진 문장이 들어갈 위치로 가장 적절한 곳은? 2016 지방직 9급

> But the truth is, after you successfully make it through this problem, there will be another problem to face.

Some people are convinced that life is simply a series of problems to be solved. The sooner they get through with the problem they are facing, the sooner they will be happy. (①) And after you overcome that obstacle, there will be something else to overcome and there's always another mountain to climb. (②) That's why it is important to enjoy the journey, not just the destination. (③) In this world, we will never arrive at a place where everything is perfect and we have no more challenges. (④) As admirable as setting goals and reaching them may be, you can't get so focused on accomplishing your goals that you make the mistake of not enjoying where you are right now.

어구

make it through ~를 통과하다
face 직면하다
convinced 확신하는
a series of 일련의
get through with ~를 끝내다
overcome 극복하다
obstacle 장애물
journey 여행, 여정
destination 목적지
admirable 훌륭한
accomplish 성취하다, 달성하다

지문 분석
- But / the truth is, / after you successfully make it through this problem, / there will be another problem / to face.
  하지만 / 진실은 이다 / 당신이 성공적으로 이 문제를 통과한 후에는 / 또 다른 문제가 있을 것이다 / 직면하는

- Some people are convinced / that life is simply a series of problems / to be solved.
  어떤 사람들은 확신한다 / 인생은 그저 일련의 문제들이라고 / 해결되어야 할

- The sooner they get through with the problem / they are facing, / the sooner they will be happy.
  그들은 더 빠르게 문제를 끝낼수록 / 자신이 직면하고 있는 / 그들은 더 빨리 행복해질 것이다

- ① And / after you overcome that obstacle, / there will be something else / to overcome / and there's always another mountain / to climb.
  그리고 / 당신이 그 장애물을 극복한 후에는 / 다른 어떤 것이 있을 것이다 / 극복해야 할 / 그리고 항상 또 다른 산이 있다 / 올라야 할

- ② That's why / it is important / to enjoy the journey, / not just the destination.
  바로 이것이 이유다 / 중요한 / 여정을 즐기는 것이 / 단지 목적지가 아니라

- ③ In this world, / we will never arrive / at a place / where everything is perfect / and we have no more challenges.
  이 세상에서 / 우리는 결코 도달하지 못할 것이다 / 지점에 / 모든 것이 완벽하고 / 그리고 우리에게 더 이상의 도전이 없는

- ④ As admirable as / setting goals and reaching them may be, / you can't get so focused / on accomplishing your goals / that you make the mistake / of not enjoying / where you are right now.
  훌륭할 지라도 / 그것들(목표)을 정하고 도달하는 것이 / 당신은 너무 집중해서는 안 된다 / 목표를 달성하는 것에 / 당신이 실수를 할 만큼 / 즐기지 못하는 / 당신이 현재 있는 곳을

해석 어떤 사람들은 인생은 그저 해결되어야 할 일련의 문제들이라고 확신한다. 그들은 더 빠르게 자신이 직면하고 있는 문제를 끝낼수록, 그들은 더 빨리 행복해질 것이다. ① 하지만 진실은 당신이 성공적으로 이 문제를 통과한 후에는, 직면하는 또 다른 문제가 있을 것이다. 그리고 당신이 그 장애물을 극복한 후에는 극복해야 할 다른 어떤 것이 있을 것이고, 올라야 할 또 다른 산이 항상 있다. ② 바로 이것이 단지 목적지가 아니라 여정을 즐기는 것이 중요한 이유다. ③ 이 세상에서, 우리는 모든 것이 완벽하고 더 이상의 도전이 없는 지점에 결코 도달하지 못할 것이다. ④ 그것들(목표)을 정하고 도달하는 것이 훌륭할 지라도, 당신이 현재 있는 곳을 즐기지 못하는 실수를 할 만큼, 목표를 달성하는 것에 너무 집중해서는 안 된다.

해설 ① 앞에서는 사람들이 문제를 더 빨리 끝낼수록 더 빨리 행복해 질것이라고 말하고, 주어진 문장에서는 하지만(But)으로 시작하면서 이와는 대조적인 내용으로 볼 수 있는 문제를 해결한 후에는 직면하는 또 다른 문제가 있다는 내용이 언급되고 있다. 그리고 ① 뒤에서는 주어진 문장에 대한 부연 설명으로 당신이 장애물을 극복하면 또 다른 장애물이 있을 것이라는 내용으로 이어지고 있으므로, 주어진 문장이 들어갈 위치로 가장 적절한 곳은 ①이다.

정답 ①

12 ★★☆

글의 흐름으로 보아 주어진 문장이 들어가기에 가장 적절한 곳은? 2016 교육행정직 9급

> This factor is evident in technology, since most technological advancements are the result of such recombinations.

An innovation may be anything — from new religious beliefs to a technological change — that is internally generated by members of the society. People are constantly changing what they do and how they do it. In most cases these changes are minor, imperceptible, and unconscious. (①) In the telling of a myth a person may delete some part while elaborating another. (②) Individuals may wear their hair differently or paint their faces with a new design. (③) Most innovations consist of the recombining of two or more existing ideas or objects to produce something new. (④) In North America, Fulton took a paddle wheel, a steam engine, and a boat and put them together to create a steamboat.

어구

evident 분명한
advancement 발전
recombination 재결합
innovation 혁신
internally 내적으로
generate 만들어내다
minor 작은, 사소한
imperceptible 지각할 수 없는
unconscious 무의식적인
myth 신화
delete 삭제하다
elaborate 자세히 설명하다
wear (머리를 특정 모양으로) 하고 있다
consist of ~로 구성되다
existing 기존의
paddle wheel 외륜
put together 조합하다

- **This factor is evident / in technology, / since most technological advancements are the result / of such recombinations.**
  이러한 요소가 분명하다 / 기술에서는 / 왜냐하면 대부분의 기술 발전이 결과이기 때문이다 / 그러한 재결합의

- An innovation may be anything / — from new religious beliefs to a technological change / — that is internally generated / by members of the society.
  혁신은 무엇이든 될 수 있다 / 새로운 종교적 믿음에서 기술적인 변화까지 / 내적으로 만들어지는 / 사회 구성원들에 의해

- People are constantly changing / what they do / and how they do it.
  사람들은 끊임없이 바꾸고 있다 / 자신들이 하는 것을 / 그리고 그들이 그것을 하는 방법을

- In most cases / these changes are minor, imperceptible, / and unconscious.
  대부분의 경우에 / 이러한 변화들은 작고, 지각할 수 없고 / 그리고 무의식적이다

- ① In the telling of a myth / a person may delete some part / while elaborating another.
  신화에 대해 이야기할 때 / 한 사람은 어떤 부분을 삭제할 수 있다 / 다른 부분을 자세히 설명하면서

- ② Individuals may wear their hair differently / or paint their faces / with a new design.
  개인들은 자신의 머리를 다르게 할 수 있다 / 또는 자신의 얼굴을 화장할 수도 있다 / 새로운 디자인으로

- ③ **Most innovations consist of the recombining / of two or more existing ideas or objects / to produce something new.**
  대부분의 혁신은 재결합으로 구성된다 / 둘 이상의 기존의 아이디어 또는 물체의 / 새로운 어떤 것을 만들어내기 위해

- ④ In North America, / **Fulton** took a paddle wheel, a steam engine, and a boat / and **put them together** / to create a steamboat.
  북미에서 / Fulton은 외륜, 증기 기관 그리고 배를 가져왔다 / 그리고 이것들을 조합했다 / 증기선을 만들기 위해

해석 혁신은 새로운 종교적 믿음에서 기술적인 변화까지 사회 구성원들에 의해 내적으로 만들어지는 무엇이든 될 수 있다. 사람들은 자신들이 하는 것과 그것을 하는 방법을 끊임없이 바꾸고 있다. 대부분의 경우에 이러한 변화들은 작고, 지각할 수 없고, 무의식적이다. ① 신화에 대해 이야기할 때, 한 사람은 다른 부분을 자세히 설명하면서 어떤 부분을 삭제할 수 있다. ② 개인들은 자신의 머리를 다르게 하거나 또는 자신의 얼굴을 새로운 디자인으로 화장할 수도 있다. ③ 대부분의 혁신은 새로운 어떤 것을 만들어내기 위해 둘 이상의 기존의 아이디어 또는 물체의 재결합으로 구성된다. ④ 이러한 요소가 기술에서는 분명한데, 왜냐하면 대부분의 기술 발전이 그러한 재결합의 결과이기 때문이다. 북미에서, Fulton은 증기선을 만들기 위해 외륜, 증기 기관 그리고 배를 가져와서 그리고 이것들을 조합했다.

해설 이 글은 혁신에 대해 설명하고 있다. ④ 앞에서는 대부분의 혁신은 둘 이상의 기존의 아이디어 또는 물체의 재결합(recombining)으로 구성된다고 말하고, 주어진 문장에서는 대부분의 기술 발전이 그러한 재결합(such recombination)의 결과이기 때문에 이러한 요소가 기술(in technology)에서 분명하다고 서술하고 있다. ④ 뒤에서는 재결합을 통한 기술적 혁신의 예로 증기선(steamboat)을 들고 있으므로, 주어진 문장이 들어가기에 가장 적절한 곳은 ④이다.

정답 ④

MEMO

/ MEMO /

/ MEMO /

기본을
완성하는
독해

....

초판발행 2021년 10월 14일
편저자 제석강
발행인 양승윤
발행처 ㈜용감한컴퍼니
등록번호 제2016-000098호
전화 070-4603-1578
팩스 070-4850-8623
이메일 cs@bravecompany.net
ISBN 979-11-6743-093-9
정가 17,000원

이 책은 ㈜용감한컴퍼니가 저작권자와의 계약에 따라 발행한 것이므로
본사의 허락 없이는 어떠한 형태나 수단으로도 이 책의 내용을 이용하지 못합니다.
잘못된 책은 구입처에서 교환해 드립니다.